Corvette K.

Four People Chance

Genuss des Schweigens

novum pro

www.novumverlag.com

Bibliografische Information
der Deutschen Nationalbibliothek:

Die Deutsche Nationalbibliothek
verzeichnet diese Publikation in
der Deutschen Nationalbibliografie.
Detaillierte bibliografische Daten
sind im Internet über
http://www.d-nb.de abrufbar.

Alle Rechte der Verbreitung,
auch durch Film, Funk und Fernsehen,
fotomechanische Wiedergabe,
Tonträger, elektronische Datenträger
und auszugsweisen Nachdruck,
sind vorbehalten.

© 2015 novum Verlag

ISBN 978-3-99038-579-1
Lektorat: Silvia Zwettler
Umschlagfoto:
Viorel Sima | Dreamstime.com
Umschlaggestaltung, Layout & Satz:
novum Verlag

Gedruckt in der Europäischen Union
auf umweltfreundlichem, chlor- und
säurefrei gebleichtem Papier.

www.novumverlag.com

Kapitel 1

Ein warmer Sonnenstrahl spiegelte bunte Lichter an die Fensterglasscheibe. Ihre Wärme erfüllte mich mit einer Lust, sofort aus dem Bett zu steigen und raus an die frische Luft zu gehen. Doch ich blieb in meinem Bett liegen. Ich dachte über die vergangene Nacht nach. Es wurde gestern noch reichlich spät. Meine Freundin und ich hatten uns bei Nico und Bastien zu einem Pokerabend getroffen. Zweite Wahl wäre gewesen, tanzen zu gehen, da ich aber tanzen hasste, war die Entscheidung nicht weiter schwer gewesen. Schmunzelnd schob ich den Gedanken beiseite und sah aus dem Fenster.

„Na ja, den ganzen Tag im Bett liegen zu bleiben ist bei dem Wetter echt zu schade."

Ich drehte mich nach links und schaute in die mir wohl am vertrautesten braunen Augen, die ich kannte. Ihr rotbraunes Haar hing wild bis zu ihren Schultern hinab.

„Guten Morgen", sagte Amanda mit einem verschmitzten Lächeln.

„Morgen", erwiderte ich ebenso mit einem Lächeln und strich ihr mit meinen Fingern über den Arm.

„Wie spät ist es?"

„11 Uhr", wie immer wunderte es mich, wie sie es schaffte, aufzuwachen und gleich ernst zu werden. Ich an ihrer Stelle war noch etwas benommen. Das hing bestimmt mit ihrem Beruf zusammen. Als Leichenbeschauerin musste man sehr konzentriert arbeiten. Zudem musste man, soweit ich das wusste, sich strikt an die Vorgehensweisen halten, da war es unmöglich, sich einen Fehltritt zu erlauben. Amanda stieg aus dem Bett, zog sich ihre Jeans und ihr blassbraunes Top an und ging links gegenüber ins Badezimmer. Ich zog mir die hellorange Decke bis zu den Schultern und starrte auf die Zimmerdecke. Neben mir stand meine Kommode, die aus dunklem Holz bestand und auf der eine Lampe mit weißem Schirm krönte. Ich rieb mir über meine Augen und stand endlich aus dem Doppelbett auf. Während sie aus dem Badezimmer herauskam, legte ich mir gerade meinen schwarzen Rock mit Tüll und ein gelbes Top an.

„Wir wollten doch heute in die Stadt, um ein bisschen zu bummeln", erinnerte Amanda mich und holte ihre grüne Tasche hervor, die neben dem Bett lag.

„Ja, ich muss mich nur noch zurechtmachen."

Also ging ich ebenfalls ins Bad und schaute erst mal lange in den Spiegel. Zwei trüb aussehende grüne Augen schauten mich an. Funkelnde Steine umrandeten den Spiegelrahmen. Ich sah zu Boden, was ein morgendlicher Tick von mir war. Die weißen Kacheln wurden von einem karamellfarbigen Teppich bedeckt. Eine große Badewanne bildete den Blickfang des Raumes. Zudem stand noch eine kleine Dusche im hinteren Eck und eine weiße Toilette gegenüber. Ja, ich ließ immer wieder meinen Blick durch das Badezimmer schweifen, ehe ich irgendetwas darin erledigte. Ich wusch mir mein Gesicht gründlich mit kaltem Wasser und trug danach Mascara auf, dann putzte ich mir die Zähne. Als Letztes nahm ich meine Bürste und kämmte meine Haare. Einen letzten Blick in den Spiegel werfend öffnete ich die Tür und ging ins Schlafzimmer zurück. Amanda tippte gerade etwas in ihr Blackberry 10, das neu auf dem Markt erschienen und demnach entsprechend teuer war. Einstweilen kramte ich meine schwarze Tragetasche heraus. Vor mir lagen viele verschiedene Kleidungsstücke in den unterschiedlichsten Farben. Außerdem liebte ich Schuhe über alles. Meine Sammlung war bemerkenswert. Die meisten Sachen schickte mir mein Vater als Trost dafür, dass er fast nie hier war, da er ein sehr erfolgreicher Geschäftsmann war und viele Länder bereiste. Bei diesem Gedanken spürte ich einen leichten Druck in meiner Brust.

Er fehlte mir manchmal schrecklich, auch wenn ich es mochte, allein meinen Angelegenheiten nachzugehen. Um mich wieder auf das Wesentliche zu konzentrieren, klappte ich schnell die Schranktüren zu und schnappte mir den Hausschlüssel.

„Können wir?"

Amanda starrte mich an, ich hatte nicht bemerkt, dass sie ihr Handy längst beiseitegelegt hatte. Ich nickte nur, weil es mir unangenehm war, und ging die gebogene Holztreppe zum Flur hinunter. Sie folgte mir und bestaunte wie immer die eleganten Farbkombinationen. Der Teppich bestand aus einem orientalischen Muster und die Wände waren passend dazu gefärbt. Ein großes Gemälde hing an der rechten Wand vor der Haustür. Das Bild hatte keine genauen Formen und strahlte viel Fantasie und Fröhlichkeit aus. Amanda riss mich aus meinen Gedanken, als sie die Tür öffnete und nach draußen stolzierte. Mein silberner Audi TT Roadster stand vor der Garage, dort wo ich ihn gestern Nacht stehen gelassen hatte. Amanda setzte sich neben mir auf den Beifahrersitz. Ich ließ den Motor an, stellte den Rückwärtsgang ein und fuhr rückwärts hinunter auf die Straße. Wir fuhren in Richtung Stadtmitte.

In der Stadt von Cervens hatten wir das Auto in einer Tiefgarage geparkt. Unterwegs zum Hauptplatz St. Mountry liefen wir kleinen Kindern entgegen, die uns nach dem Weg zum nächstgelegenen Café fragten. Der eine trug ein grünes Cap und blaue Shorts und der andere Junge trug ein rotes Sweatshirt und hatte zudem viele Sommersprossen im Gesicht. Wir sagten ihnen den Weg und die kleinen Jungen bedankten sich rasch und rannten in die Richtung, die wir ihnen genannt hatten. Als wir nach fünfzehn Minuten Fußweg die Stadtmitte erreichten, mussten wir feststellen, dass einige Leute ebenfalls die Idee hatten, einen Einkaufsbummel zu machen. Die Stadtmitte bot viele Läden und Geschäfte an. Alle Schaufenster waren mit Bedacht sorgfältig eingeräumt, um bestmöglich Kunden anzulocken. Viele Leute gingen in die Läden hinein und andere kamen voll bepackt mit Tüten und Taschen wieder heraus. In der Mitte des Marktplatzes stand ein Springbrunnen, direkt vor dem Rathaus. Neben dem Brunnen stand wie jeden Samstag der Eiswagen. Zugegeben meine Lieblingssorte war Joghurt, aber heute war mir zu viel los, um eines zu kaufen. Wir schauten uns die Schaufenster der Modegeschäfte an. An einem blieb Amanda stehen. „**People-Chance**" prangte über dem kleinen, aber niedlich wirkenden

Laden. Bunte Blumen schmückten die Umgebung und ließen sie freundlicher wirken.

„Komm, gehen wir mal rein! Ich möchte mir neue Schuhe kaufen."

Bevor ich antworten konnte, packt sie mich bereits am Arm und zog mich buchstäblich in den Laden hinein. Im Laden roch es leicht nach Orange. Die Wände waren allesamt in einem Olivengrün gestrichen. Dunklere Linien zogen sich verschnörkelt an den Mauern entlang, die mich unwillkürlich an das Gemälde vor unserer Haustür erinnerten. Die vielen Lichter ließen den Raum im besten Lichtbild erstrahlen. Der Laden war in drei Abschnitte unterteilt. Im vorderen Bereich waren die Kasse und viele Kleiderständer. Weiter hinten gab es die Schuhe und Handtaschen und links in einem Raum neben der Kasse waren die Umkleidekabinen und Toiletten.

„Guten Tag", eine kleine und zierlich wirkende Frau lächelte uns an.

„Guten Tag", grüßten wir ebenfalls.

„Ich sehe mich dann mal bei den Schuhen um", murmelte meine Freundin und ging in die hintere Abteilung.

„Sollten Sie Hilfe brauchen, geben Sie einfach Bescheid", entgegnete die Verkäuferin namens Mori freundlich und verschwand in die Personalabteilung. Während Amanda in der Schuhabteilung war, sah ich mich im vorderen Bereich um. Das kleine Geschäft bot viele verschiedene T-Shirts, Tops, Jacken, Jeans, Röcke und Kleider an. Die vielen verschiedenen Farben hätten für die jeweiligen Kleidungsstücke nicht treffender sein können. Es gab Klamotten mit besonders speziellem, maßlos brillantem Schnitt, aber es gab nebenbei auch schlichtere Klamotten, die trotzdem modisch wirkten. Ich ging zwischen den vielen Kleiderständern hindurch und vor einem blieb ich stehen. Dort hingen T-Shirts, die ein Logo mit drei goldenen Blättern in der Mitte, enthielten. Die saftigen, dunklen Farben ließen die Goldtöne hervorragen. Mir gefiel am besten das dunkelgrüne T-Shirt. Da ich es kaufen wollte, suchte ich nach einer passenden Größe. Als ich die richtige Größe gefunden hatte, zog ich aus Versehen ein anderes Kleidungsstück mit, das daraufhin auf dem Fußboden landete. Hastig hob ich es auf und war im Begriff, es wieder hinzuhängen, als ich bemerkte, dass es sich um ein Kinderhemd handelte. Es sah einfach niedlich aus und so fuhr ich sanft mit meinem Finger darüber. Der Stoff war hellblau und sehr weich. Das Hemd musste wohl versehentlich auf den falschen Ständer gehängt worden sein, denn als ich mich umsah, bemerkte ich, dass neben mir ein Ständer ausschließlich voll mit Kindersachen stand. Eine angenehme Wärme durchflutete mich, als ich das Hemd in meinen Händen hielt. In letzter Zeit passierte mir so etwas öfters, wenn mir Sachen, die etwas mit Kindern zu tun hatten, über den Weg kamen.

„Wir dachten uns, wir könnten auch für Jüngere Kleidung entwerfen."

Ich erschrak, als plötzlich neben mir die zierliche Mori stand. Die Verkäuferin lächelte mich an. Unwillkürlich musste ich ebenfalls anfangen zu lächeln.

„Wissen Sie, es ist schön, wenn Kinder Mode von uns tragen. Ich liebe es, Kinder lächeln zu sehen. Das macht mich einfach glücklich."

„Ich kann mir gut vorstellen, dass es einen als Verkäuferin noch glücklicher macht, wenn die Kinder auch noch die selbst entworfene Mode tragen", entgegnete ich. Sie nickte und erzählte: „Bisher haben wir ausschließlich für Erwachsene und Heranwachsende Mode kreiert. Ich habe einen Sohn. Er ist jetzt neun Jahre alt und sehr kreativ. Durch ihn hatte ich einige Ideen für dieses Geschäft. Ich hatte eines Abends urplötzlich die Idee, nicht nur für Jugendliche und Erwachsene kreative Modekleidung zu entwerfen, sondern auch mal für die Kinder. Alle Kleidungsstücke, die Sie hier sehen, habe ich entworfen", sie machte eine ausschweifende Handbewegung.

„Ich fragte mich, warum sollen die Kleineren nicht auch spezielle Kleidungsstücke tragen. Natürlich sollten diese nicht zu teuer sein und die Fantasie der Kleinen vollwertig befriedigen. Also machte ich mich, gleich noch an diesem Abend, an die Kleidungsstücke ran. Ich hatte in dieser Nacht drei Klamotten kreiert."

Mir schoss ein Gedanke durch den Kopf und ich sah auf das grüne T-Shirt, das ich in meiner linken Hand hielt.

„Ja, die drei goldenen Blätter in der Mitte stehen für die drei Kleidungsstücke, die ich in dieser Nacht fertiggebracht habe."

Ich nickte nur, weil ich sie für viel jünger gehalten hatte, etwa ungefähr in meinem Alter. Nun strahlte sie für mich eine völlig andere Aura aus. Eine Aura der Weisheit und der Erfahrung.

„Na ja, ich geh dann mal wieder an die Arbeit", sie lächelte mich noch einmal an und ging in den Personalbereich. Ich ließ mir ihre Worte noch einmal durch den Kopf gehen.

„Oh, Mann! Es gibt so viele tolle Schuhe, welche soll ich nur nehmen?"

Amanda kam auf mich zu und hielt zwei unterschiedliche Schuhpaare hoch. Ich zeigte mit meiner rechten Hand auf die schwarzen Pumps, zog sie aber schnell wieder weg, als ich bemerkte, dass ich ja noch immer das Hemdchen hielt.

„Was hast du denn da in der Hand?", neugierig schaute sie auf das blaue Kinderhemd. Ich wurde knallrot.

„Hm, meinst du nicht, dass dir das ein bisschen zu klein ist?", grinste sie.

Ich streckte ihr die Zunge raus und sie beantwortete dies mit einem noch breiter werdenden Grinsen. Amanda ging an die Kasse und zahlte für die schwarzen Pumps. Die anderen Schuhe gab sie der Verkäuferin.

„Okay, bist du so weit?"

„Gleich, ich muss nur noch das T-Shirt bezahlen."

Also hängte ich das Kinderhemd wieder an den Kleiderständer und bezahlte meine Ware ebenfalls.

„Vielen Dank und auf Wiedersehen", sagte die Blonde mit dem Namensschildchen „Simone". Wir verließen den Laden und schlenderten mit unseren Tüten Richtung Tiefgarage.

„Der Laden ist echt super. Ich hätte mich fast nicht entscheiden könne, was für Schuhe ich nehmen sollte."

Ich starrte auf den Boden und bekam nur vage ihren Satz mit, ich war in Gedanken ganz woanders.

„Hey, Erde an Jane!"

Amanda fuchtelte vor meinem Gesicht herum.

„Alles in Ordnung? Du bist so still geworden, seit wir den Laden verlassen haben."

Ich blinzelte einen Moment lang, dann rückte ich mit der Sprache heraus:

„Sag mal, hast du schon mal darüber nachgedacht, wie es wäre, ein Kind zu haben?"

„Wie kommst du denn jetzt auf die Schiene?", ihre Überraschung versuchte sie kein bisschen zurückzuhalten.

„Na ja, es wäre doch schön, ein Kind großzuziehen. Das wäre ein wundervolles Erlebnis."

„Ich weiß nicht recht, es könnte schwierig sein. Ich stelle mir das nicht so einfach vor. Es läuft ja schließlich nicht jeden Tag alles perfekt. Ein Kind ist nicht nur für kurze Zeit gedacht, sondern es beeinträchtigt dein ganzes Leben. Das muss man sich vorher gut überlegen ...

Sag bloß, das ist dir *jetzt* in dem Laden eingefallen."

„Nein, das Gefühl danach hatte ich schon länger, nur jetzt bin ich mir hundert Prozent sicher. Außerdem rede ich ja auch nicht davon, dass es nie ein Problem geben wird. Nur wenn so etwas vorkommt, würde ich einfach alles daran setzen, das Beste daraus zu machen. Verstehst du, ich will eines mit dir großziehen, weil ich sehen will, wie es sich entwickelt, spüren, wie es dich anlächelt, und trösten, wenn es weint. Auch in schwierigen Zeiten würde ich für es da sein und ich werde es lieben mit jedem Tag, der vergeht."

„Jane, das klingt ja alles ganz gut, wie du das alles beschreibst, und ich hab überhaupt keinen Zweifel daran, dass du eine gute Mutter abgeben würdest. Jedoch, mal angenommen ich wäre damit einverstanden, wie willst du überhaupt schwanger werden?"

„Na ja, auf jeden Fall nicht von jedem x-Beliebigen."

Ich schaute Amanda an. Ihre Augen forschten in meinen. Beschämt wendete ich den Blick ab.

„Du brauchst gar nicht erst so zu tun, ich weiß genau, wer dir da vorschwebt."

Sie kannte mich einfach zu gut. Das war gut, denn so musste ich nicht viel sagen, um mich verständlich zu machen.

„Aber mal ehrlich, glaubst du wirklich, Bastien ist der Richtige?"

Bastien war mein allerbester Freund und äußerst vertrauensvoll.

„Ich wüsste nicht, wer sonst noch infrage käme. Ihm vertraue ich am meisten und ich glaube auch nicht, dass es da zu Gefühlen oder Problemen kommen kann."

„Hm ..."

Amanda blickte nachdenklich.

„Bitte, Amanda", ich nahm ihre Hand in meine. Sie schaute mich an.

„Ich sehe doch, dass du auch neugierig geworden bist und erleben willst, wie es ist, ein Kind großzuziehen. Außerdem würde es uns noch fester miteinander verbinden, weil *wir* für es verantwortlich sind."

„Okay, das mag zwar stimmen. Aber genau *das* ist es ja, *wir* sind für es verantwortlich. Da hilft nicht nur eine gewisse Neugierde. Ich würde mir die Sache noch mal gründlich durch den Kopf gehen lassen."

Ich nickte und umarmte sie kurz.

„Okay, aber hör dir auch meine Argumente an, so wie ich deine, bevor wir gemeinsam entscheiden!"

Wir unterhielten uns noch weiter über dieses Thema.

Kapitel 2

Ganz allein stand ich auf dem Hügel vor Bastiens Haus. Letztendlich hatte ich es doch geschafft, Amanda zu einem Kind zu überreden, weil sie wusste, dass ich schon längst dazu bereit war. Allerdings hatte es mich einige Mühe gekostet, ihren festen Standpunkt zu durchbrechen, und ich wusste beim besten Willen nicht, wie es Bastien aufnehmen würde. Der Himmel über mir wurde von einem grauen Schleier bedeckt. Dicke schwarze Wolken versperrten mir die Sicht auf einen sonst rot gefärbten Horizont. Auf dem Hügel konnte man einen Sonnenuntergang wunderbar betrachten. Ich hatte ihn hier schon sehr oft betrachtet, da Amanda, Nico und ich öfters zu Bastien fuhren. Wir warteten immer vor seinem Haus, wenn wir zusammen ausgingen, und dabei bekam ich jedes Mal diesen wunderschönen Sonnenuntergang zu Gesicht. Nur heute würde ich ihn nicht sehen. Direkt unter seinem Haus war das Meer. Die Wellen platschten gegen die hohen Mauern. Der Wind wirbelte farbige Blätter umher. Es hörte sich an, als würden sie zum Takt des Meeresrauschens singen. Ein kalter Luftzug wehte in mein Gesicht und mir stiegen Tränen in die Augen. Langsam wurde ich nervös, weil Bastien nicht zu Hause zu sein schien. Wahrscheinlich musste er noch arbeiten, es passierte öfters, dass er erst später nach Hause kam. Sein Beruf brachte das so mit sich. Zudem waren oft viele seiner Mitarbeiter krank und so mussten die restlichen Arbeiter doppelt so viel arbeiten. Er erzählte mir so was immer, da ich ihn auch mal öfters ohne die beiden besuchte. Schließlich kannten wir uns auch am längsten und waren schon damals in unserer Kindheit eng miteinander befreundet. In unserer Abschlussklasse waren wir sogar ein Paar. Nach dem Abschluss merkte er allerdings, dass er ein Interesse an Männern gefunden hatte, und so haben wir uns nach einem Jahr in Freundschaft getrennt. Trotzdem waren wir uns noch immer sehr nah. Anfangs hatte ich das nicht glauben können, weil er gar nicht so aussah, als wenn er einen gewissen Reiz an Männern gefunden hätte. Eigentlich sah er mehr aus wie ein dunkler Verführer, der sein Leben ganz normal zu führen schien. Allerdings muss man ja auch nicht unbedingt so aussehen, wie ein Homosexueller meist dargestellt wird. Sie waren meiner Meinung nach genauso wie alle anderen auch, nur dass sie oft mehr Verständnis aufbringen konnten als „normale" Männer. Außerdem war Bastien nicht nur homosexuell. Er mochte bestimmte Frauentypen immer noch, nur dass er jetzt mehr das männliche Geschlecht bevorzugte. Meiner Meinung nach war er bisexuell, eine Meinung, die Amanda mit mir teilte. Mit der Zeit hatte ich mich dann aber daran gewöhnt und wir erzählten uns noch immer Neuigkeiten oder Probleme. Manchmal trafen wir uns auch einfach so, ohne irgendetwas zu besprechen oder gar etwas zu sagen. Wir wussten fast immer, was der andere fühlte.

Sauer auf mich selbst, dass ich nicht zuvor angerufen hatte, stampfte ich die lange gebogene Steintreppe herunter. Vor der letzten Stufe blieb ich stehen und hob den Kopf. Zwei strahlende graublaue Augen blickten mich an. Die Augen von Bastien. Vor Schreck stieß ich gegen die steinige Kante der Treppe und zuckte zusammen.

„Hey, was machst du denn hier?"

Ich entspannte mich wieder und sah ihn an. Seine schwarzen, verwuschelten Haare umrahmten seine markanten Gesichtszüge. Die hellen grauen Augen schienen sein leicht gebräuntes Gesicht zu erhellen. An seiner Stirn klebten einzelne Haarsträhnen. Er trug eine schwarze Jacke und eine dunkelblaue Jeans.

„Entschuldige, ich war kurz in der Stadt, um ein wichtiges Paket abzuschicken. Mein Handy hatte ich zu Hause liegen gelassen."

Ich blinzelte: „Was, … nein! Ich habe nicht angerufen."

„Ach so, na dann." Er sah mich erwartungsvoll an.

Ich hob gerade meine Stimme an, als er mir zuvorkam.

„Ganz schön kalt heute, reden wir doch drinnen weiter."

„Okay", erst jetzt bemerkte ich, wie kalt mir war.

Also stiegen wir die Treppen wieder hinauf. Ein Glück, dass sein Haus etwas abseits von den anderen Häusern in diesem Stadtteil gelegen war. Vor der Haustür zog Bastien seinen Schlüssel aus der rechten Jackentasche heraus und sperrte auf. Das Haus war groß und geräumig. Ein langer Korridor führte ins Wohnzimmer. Der Korridor war mit einem großen Teppich ausgestattet und es standen drei Garderobenständer neben einem Schuhschrank und einer Kommode. Ein kleines Fenster durchflutete den Gang mit viel Sonnenschein. Ich zog meine Jacke aus und er hängte seine und meine an einem Haken des Ständers auf. In der Ecke des Wohnzimmers stand eine große dunkelgraue Eckcouch. Einige dicke verschiedenfarbige Kissen sowie zwei breite Decken lagen darauf. Im gegenüberliegenden Eck stand ein großer Plasmafernseher und daneben führte der Türrahmen in die luxuriöse Küche. Der Fußboden war mit dunkelbraunen Fliesen belegt und in der Mitte des Raumes lag ein dicker plüschiger Teppich vor dem Marmortisch. Ich betrat das Wohnzimmer und musste feststellen, dass der Boden erwärmt war. An der rechten Mauer des Türrahmens, der in den Korridor führte, stand ein gläsernes Regal. Auf der linken Seite führte eine Treppe direkt nach oben zu den Badezimmern, dem Schlafzimmer und den zwei Gästezimmern. Außerdem hatte Bastien auch noch ein Privatzimmer, das einen fantastischen Ausblick aufs Meer freigab.

„Willst du auch einen Kaffee?"

Bastien blickte mich mit einem Lächeln an.

„Ja, danke", antwortete ich ebenfalls lächelnd.

Sein Schmunzeln war ansteckend.

Bastien ging in die Küche und holte zwei Tassen aus dem oberen Regal heraus. Die Küche war komplett weiß und wirkte im Vergleich zu den restlichen Räumen heller und unbenutzter. Der äußere Schein trog aber, weil ich wusste, dass Bastien gut und oft kochte.

„Magst du ihn so wie immer?"

„Wen?"

„Na den Kaffee", grinste er.

„Ach so, ja genauso wie immer", entgegnete ich.

Er holte Milch und Zucker aus dem Schrank und stellte sie auf den Küchentisch.

„Der Kaffee braucht noch etwas. Du kannst mir ja währenddessen erzählen, warum du hergekommen bist", meinte er und setzte sich auf die Couch. Ich nickte und ließ mich ebenfalls ihm gegenüber auf der Couch nieder. Er schaute mich an und verschränkte seine Arme hinter dem Nacken.

Ich wusste nicht, wie ich anfangen sollte, also stotterte ich los: „Ähm ... Amanda und ich ... Wir ... dachten uns ... Äh, nein wir wollten ..."

Bastien blickte mich noch immer voller Interesse an und beugte sich vor, näher zu mir.

„Also, was wollt ihr, Amanda und du?", fragte er mit einer Art Grinsen im Gesicht.

„Nun, ja. Wir waren gestern in der Stadt unterwegs und wie immer in unserem Lieblingsladen", ich sah ihn an und erzählte weiter: „Amanda ist zur Schuhabteilung gegangen und ich bin im vorderen Bereich geblieben. Ich habe ein paar Kleiderständer angesehen und da hing offenbar so ein Kinderhemd, und das ist heruntergefallen ..."

Bastien blickte mich noch immer so an, als hätte ich seine volle Aufmerksamkeit. Also redete ich weiter: „Also das Hemd ist heruntergefallen und ich hob es auf ..."

Ein lautes Piepsen ließ mich innehalten.

„Oh, der Kaffee ist fertig. Warte bitte einen Moment", sagte er, stand auf und ging in die Küche. Ich blickte ihm nach und nuschelte leise: „Na, toll! Das wird ja immer besser."

Schließlich folgte ich Bastien in die Küche. Er stellte Zucker, Milch, eine Kanne in der sich vermuten ließ, dass darin der Kaffee war, und zwei Tassen mit Untertellern auf ein großes Tablett. Damit stellte er sich vor mich und sah mich amüsiert an. Ich lächelte unsicher und fragte mich, ob er nur lächelte, damit ich mich besser fühlte.

„So schlank wir beide auch sind, ich glaube nicht, dass wir zusammen durch den Türrahmen passen, und ich möchte dir wirklich gerne den Kaffee servieren."

„Was? Oh, entschuldige", ich ging schnell beiseite und war trotz meines Schamgefühls erleichtert. Ich drehte mich um und sah Bastien das Tablett abstellen.

„Okay, jetzt kannst du weitererzählen", sagte er. Als ich mich ebenfalls hinsetzte, verrührte er Milch und Zucker in seiner Tasse. Ich tat es ihm gleich, nahm zwei Teelöffel voll Zucker, schüttete Milch dazu und mischte es in meinen Kaffee. Er rührte immer noch in seinem Kaffee und ich nahm an, dass er in Gedanken ganz woanders war, als er schließlich aufhörte und den Teelöffel auf den Unterteller legte. Ich nahm einen großen Schluck von meinem Kaffee und fing an zu erzählen:

„Also wie ich schon vorher erwähnt habe, waren Amanda und ich in einem Geschäft und haben uns nach Anziehsachen umgesehen und sie ging in die Schuhabteilung, während ich im vorderen Bereich blieb. Ich durchstöberte die Sachen an den Kleiderständern und auf einmal ist so ein blaues Hemd heruntergefallen, das ich natürlich sofort aufhob. Da bemerkte ich erst, dass es ein Kinderhemd war, und dann war da plötzlich die Verkäuferin, die mir erzählte, dass sie seit Neuestem Kindersachen verkauften. Die Idee für den Laden hatte sie von ihrem Sohn und sie erzählte mir, dass es für sie wundervoll sei, Kinder glücklich zu sehen ..." Ich stoppte, als Bastien einen Schluck von seiner Kaffeetasse nahm, und ich sah ihm dabei zu, wie er sie wieder abstellte. Er lehnte sich zurück und ich schien weiterhin seine volle Aufmerksamkeit zu haben, deshalb redete ich weiter:

„Als wir dann wieder aus dem Laden gingen, musste ich länger über die Worte der Verkäuferin nachdenken und du kennst ja Amanda, sie weiß immer sofort, wenn etwas nicht stimmt. Sie sprach mich darauf an und ich kam zu einem Entschluss, den ich eigentlich schon länger gefasst hatte, den ich ihr dann auch erzählte ... Also ... ich ..."

„Was denn?"

Jetzt half alles nichts mehr.

„Ich habe mich entschlossen Mutter zu werden", ich seufzte und versank in der Couch. Bastien sah mich nur an. Nach einer Sekunde Schweigen hielt ich es nicht mehr aus und schrie es fast schon heraus: „Also ich wollte dich fragen, ob du mit mir schläfst, weil ich nicht künstlich befruchtet werden möchte", ich erschrak angesichts dessen, dass ich es so voreilig hervorgebracht hatte.

Er trank seinen Kaffee auf einmal aus und stand mit ausdrucksloser Miene auf. Ich sah ihn nur an, als er um den Tisch herumging. In mir breitete sich ein unangenehmes Gefühl aus.

„Vergiss deinen Kaffee nicht", sprach er und war dann in der Küche verschwunden. Ein Wasserplätschern war zu hören und ich hörte dem Klang noch eine Weile zu. Schließlich lehrte ich meine Tasse in einigen Schlucken und begab mich ebenfalls in die Küche. Er stand vor dem Wasserhahn und spülte seine Tasse ab. Ich reichte ihm meine und er wusch sie ebenfalls ab.

„Also das von vorhin tut mir leid, ich wollte dich nicht so überrumpeln. Es ist einfach so aus mir herausgeplatzt. Eigentlich wollte ich es dir besser erklären und na ja, das, was ich dir sagen wollte, habe ich ja auch gesagt, wenn auch nicht auf die rücksichtsvolle und ausführliche Weise", gab ich kleinlaut zu.

„Also ich werde jetzt gehen und danke für den Kaffee", sagte ich und ging, innerlich niedergeschlagen, in den Flur, um meine Jacke zu holen. Ich versuchte möglichst selbstbewusst zu wirken, auch wenn es in mir drin nicht so aussah. Ich zog sie mir über und öffnete die Haustür, als Bastien sie zuhielt und mich ansah. Ich nahm meine Hand von dem Türgriff und sah ihn fragend an.

„Wenn du noch ein bisschen Zeit hast, dann möchte ich auch noch etwas dazu sagen", nun sah er mich ernst an. Ich nickte nur und schloss die Tür wieder. Er lächelte ganz schwach und ging zusammen mit mir ins Wohnzimmer zurück.

Kapitel 3

Klick, Klack. Klick, Klack. Klick, Klack! Das Geräusch hallte weiter in meinen Ohren. Der Schalter klappte nach oben und nach unten. Klick, Klack. Ich hob den Kopf und sah Amanda an, die mit dem Lichtschalter spielte.

„Weißt du, ich frage mich die ganze Zeit, ob das alles so problemlos verlaufen wird", sagte Amanda und setzte ihre Hand wieder am Schalter an. Klick, Klack. Klick …

„Würdest du damit endlich aufhören! Dieses Geräusch macht mich noch wahnsinnig. Glaubst du denn nicht, dass mir die Situation genauso viel Sorge bereitet wie dir …" Amanda blickte stumm ins Leere. Ich schnaufte tief ein und rieb mir über die Stirn. Meine Gedanken drehten sich seit dem Gespräch nur noch um dieses Thema, sodass ich allmählich Kopfschmerzen davon bekam. Als Bastien mich aufhielt, als ich schon im Begriff war, zu gehen, redete er noch mal mit mir darüber und diesmal beeilte ich mich nicht so sehr mit meinen Aussagen. Am Ende war es mir gelungen, wenigstens nicht völlig gedemütigt nach Hause zu verschwinden. Wobei ich die ganze Zeit das Gefühl hatte, dass er mich verstand und er hatte ja dazu nicht rgoros *Nein* gesagt, nur dass er Zeit zum Nachdenken brauchte. Ich rieb mir über meine pochende Stirn. Klick, Klack. Klick, Klack. Klick, Klack.

„Also hier zu warten und weiter darüber nachzudenken, wird uns noch um den Verstand bringen. Es sind inzwischen drei Wochen vergangen, seit du Bastien davon erzählt hast. Wir sollten endlich mal los und den beiden einen Besuch abstatten und klären, wie wir vorgehen wollen."

„Ja schon. Es ist nur so …"

„Ja, ich weiß, wie dir zumute ist, aber du kannst das nicht ewig verschieben. Irgendwann musst du dich damit auseinandersetzen, vor allem da ja nicht nur Bastien betroffen ist, sondern auch Nico", sie sah mich erwartungsvoll an. Ich seufzte resigniert.

„Ich brauche etwas Zeit, meine Gedanken zu sortieren, da eben Nico auch sehr davon betroffen ist. Ich muss das irgendwie klären können, dass Nico nichts dagegen hat, aber ich meine ja, Bastien und ich würden uns ja nicht ineinander verlieben, schließlich sind ja er und Bastien zusammen und ich mit dir."

„Ja, das weiß ich und ich akzeptiere mittlerweile deinen Wunsch und steh auch hinter dir, das weißt du. Nur musst du das eben ihnen noch klarmachen."

„Ja, ich weiß", murmelte ich und ging raus in den Garten. Ich empfand ihn als äußerst beruhigend. Alles war an seinem Platz. Der Pool links neben dem kleinen Pavillon und zwei große Liegestühle mit dem besten Ausblick auf die Abendsonne, wie es eben nur so ein Stadtgarten zuließ. Ringsherum waren viele kleine Blumenbeete, auf die mein Vater bestanden hatte, wobei ich gestehen musste, dass sie mir nun, da ich mich um sie regelmäßig kümmern musste, auch gut gefielen. Ich setzte mich auf einen dieser Liegestühle und richtete grüblerisch meinen Kopf gegen Himmel, nur war zu dieser Zeit noch kein Sonnenuntergang zu sehen. Ich wusste nicht, wie lange ich da draußen gewesen bin, aber letztendlich habe ich es geschafft, ein relativ vernünftiges Argument vorzubringen. Deshalb ging ich wieder rein und sagte zu Amanda, dass ich das gerne jetzt noch besprechen würde und dass wir deswegen bei ihnen vorbeischauen würden. Amanda nickte und tippte die SMS. Nach kurzer Wartezeit nickte sie, dass es passte, und ich schnappte mir mit einem Unbehagen die Autoschlüssel. Gemeinsam gingen wir durch die Tür hinaus zu meinem Wagen, der in der Auffahrt stand. Wir stiegen ein und fuhren zu Bastien. Während der Fahrt hing die Luft im Auto schwer. Als wir endlich bei ihm ankamen, stand die Sonne schon glühend heiß am hellen Horizont. Amanda drückte auf die Klingel und wir warteten einige Sekunden ab, bis uns schließlich Nico die Tür öffnete.

„Hallo, Amanda, Jane", sagte er und nickte mir zu, nachdem er zuerst Amanda freundlich begrüßt hatte.

„Kommt rein", er trat beiseite, als wir hineingingen. Mir stieg sofort der Kaffeeduft in die Nase. Amanda reichte Nico ihre Jacke und er hängte sie auf. Er lächelte mich an und fragte: „Gibst du mir auch deine Jacke?"

„Ja, klar. Danke", antwortete ich und gab ihm meine ebenfalls. Seine dunklen und intensiven Augen brannten sich in die meinen. Aus irgendeinem Grund umgab mich eine sehr starke und dennoch vertrauensvolle Aura, wenn ich sie sah. Es war als würde ich in die dunkelste Tiefe blicken und trotzdem umfasste mich dabei eine fast unerträgliche Wärme, was wahrscheinlich mit seinem Beruf zu tun hatte, denn er war Polizist, von dem man ein gewisses Vertrauen und Selbstbewusstsein ruhig erwarten durfte. Ich konnte mir für ihn keinen besseren Beruf vorstellen.

„Hey, schön, euch zu sehen. Ihr seid genau richtig zum Kaffeetrinken gekommen", sagte eine Stimme, die mich aus meinem Bann zurückholte. Ich blinzelte und sah Bastien lächelnd am Türrahmen stehen.

„Hey, ja es ist schön, *euch* auch mal wiederzusehen, und toll, ich will gleich eine Tasse", ergriff Amanda das Wort und stolzierte, gefolgt von Nico, ins Wohnzimmer, an Bastien vorbei.

„Hey", begrüßte ich ihn etwas unsicher, wobei ich hoffte, dass er es nicht bemerkte.

„Seid ihr gut angekommen?", fragte er und sah mich dabei mit seinen stahlblauen Augen an. Entweder er zeigte es mit Absicht nicht, dass er meine Unsicherheit bemerkt hatte, oder aber er hatte sie *wirklich* nicht bemerkt. Egal was auf ihn zutraf, ich war für beides dankbar.

„Ja, sind wir, danke", lächelte ich ihn an und wir gingen ebenfalls ins Wohnzimmer. Nico und Amanda saßen schon auf der Couch und waren in eine Unterhaltung vertieft. Wir setzten uns nebeneinander und Bastien bot mir einen Kaffee an. Ich nickte dankbar und dann entstand zwischen uns ein Schweigen. Ich sah hinüber zu Amanda, die anfing zu grinsen, als Nico erzählte, dass er letztens bei einer Besorgung während der Arbeit eine Frau mit ihr verwechselt hatte und diese ihn geschockt ansah, weil er in Polizeiuniform vor ihr stand. Manchmal wünschte ich mir, ich wäre genauso selbstbewusst wie Amanda. Sie strahlte so viel Power und Elan aus, sodass ihr Humor selbst in den scheinbar unpassendsten Momenten nicht den Biss verlor. Das laute Lachen von Nico bestätigte dies. Den Blick wieder auf meine Tasse zuwendend dachte ich über meinen letzten Besuch bei Bastien nach. Ich wusste einfach nicht, was ich als Nächstes tun sollte. Mir war diese Situation unangenehm, und dass wir nicht miteinander redeten, machte es auch nicht besser. Ich warf ihm deshalb einen bösen Blick zu, als er gerade den Kopf anhob und mich anschaute. Schnell wendete ich meinen Blick ab und schämte mich sofort dafür, schließlich traf ihn in dieser Sache am wenigsten Schuld. Eilig nahm ich meine Tasse und trank einige Schlucke und schielte dann von ihr hervor zu Bastien. Er lächelte mich amüsiert an und ich stellte meine Tasse mit einem leisen Seufzer ab.

„Also, ich wollte mit euch darüber reden, na ja, ihr wisst schon worüber", sprach ich und meine Anspannung löste sich ein wenig. Bastiens Augen funkelten auf. Amanda hörte auf zu lachen und drehte sich in meine Richtung, ebenso wie Nico.

Ich spürte die volle Aufmerksamkeit auf mir ruhen.

„Da ihr ja beide davon wisst, nehme ich einmal an, werdet ihr euch wohl auch schon ein paar Gedanken dazu gemacht haben", ich sah in die Runde, und als sie mir beide zunickten, erinnerte ich mich an den intensiven Blick von Nico vorhin. Es war mir ein bisschen peinlich, dennoch fuhr ich fort: „Ich denke nämlich, dass wir uns alle einig sind, wenn ich sage, dass wir die Situation endlich genauer besprechen sollten."

„Ja, das stimmt", ergriff Nico als Erster das Wort.

„Ich weiß nicht, wie viel du schon weißt, Nico, aber ich habe tatsächlich den dringenden Wunsch, ein Kind zu bekommen. Ich weiß nicht, wie ich das erklären soll, aber das Gefühl ist so stark, dass ich wahrscheinlich nicht einmal mehr sagen kann, wie ich da für euch rüberkomme. Eins weiß ich, ich brauche einen Mann dazu, weil ich mich, nun ja, nicht künstlich befruchten lassen möchte und da ich nur Bastien so sehr vertraue, weil ich ihn ja schon so lange kenne."

„Deinen Wunsch respektiere ich, na ja, ich bin zwar keine Frau, aber ich weiß, wie sie sind, und als Polizist hab ich schon weitaus seltsamere Dinge gehört. Klar kann ich mir vorstellen, dass es am besten mit Bastien wäre, nur ich hab da so meine Bedenken ..."

„Dazu hast du aber überhaupt keinen Grund. Ich will jetzt nicht primitiv klingen oder so, aber ich brauche Bastien nur zum Kinderzeugen, und ihr vertraut euch doch, genauso wie mir Amanda vertraut."

Nico sah zu Amanda.

„Stimmst du dem Ganzen vollends zu?"

Amanda sah erst zu mir, dann sagte sie mit fester Stimme: „Ja, ich vertraue ihr und ich weiß, das kannst du auch. Insgeheim ist es natürlich merkwürdig, aber wir mögen sie doch beide sehr und kann man sich da nicht ein bisschen in sie hineinversetzen, wie sie sich fühlt? Ich meine, Tatsache ist, wenn sie nicht mit mir zusammen wäre, dann hätte sie den Wunsch gleich in die Realität umsetzen können. Das kann sie aber nicht. Deshalb ist sie zu Bastien, ihrem besten Freund, gekommen und sie vertraut sich euch beiden an."

Ich war so berührt und beeindruckt von ihren festen Worten und, wie ich mit einem Blick zu Nico feststellte, er auch.

„Hm ...", kam es von ihm.

„Sieh sie dir doch an, dann siehst du, dass es keinen Grund zur Sorge gibt und dass du nicht Nein dazu sagen kannst", Amanda hatte Nico ganz schön im Griff, denn er sah mich an und tatsächlich sagte er: „Okay, ich stimme zu."

Amanda nickte zufrieden und Nico lächelte sie strahlend an. Damit gab es nur noch eine Hürde, und zwar die größte von allen. Bastien saß gerade auf der Couch und hatte sich bisher aus allem rausgehalten, schließlich beugte er sich nach vorne und sah mir direkt in die Augen. Ich versuchte ihnen standzuhalten, da er mit Sicherheit versuchte so viel wie möglich in ihnen zu lesen. Als er seinen Blick wieder abwandte, blies ich leise aus. Alle Augenpaare richteten sich jetzt auf Bastien, doch er ließ sich nicht davon beirren. Nach einiger Zeit des Schweigesn, in der ich nicht mehr glaubte ihn überreden zu können, sagte er: „Ich stimme auch zu."

Ich bemerkte, dass er es ehrlich meinte und Amanda anscheinend auch.

„Prima! Wir sollten uns besprechen, wo, wann und wie wir vorgehen wollen", pflichtete Amanda bei.

„Amanda, das *Wie* wissen wir, glaube ich, alle", entgegnete ich ihr.

„Ist doch völlig egal", erwiderte sie mit einem Grinsen. Ich musste ebenfalls leicht grinsen.

„Also, bei mir geht es aber nicht, weil mein Vater für die nächsten Wochen wieder nach Hause kommt, aber wir könnten uns vielleicht ein Hotelzimmer reservieren", ich sah kurz zu Bastien. Er nickte.

„Dein Vater kommt wieder? Das wusste ich noch gar nicht", Amanda sah mich interessiert an.

„Ja, er hat mir gestern erst geschrieben", erwähnte ich.

„Mhm, gut! Jedenfalls das Wo wäre geklärt", nickte Amanda zustimmend.

„Jetzt bleibt nur noch das Wann übrig."

Nico schien ein Gedanke durch den Kopf gegangen zu sein, denn er blinzelte zweimal auf.

„Das kann ich euch sagen. Ein befreundeter Arbeitskollege von mir hat kurzfristig für seine Frau und sich ein großes Hotelzimmer gebucht, aber sein Urlaub wurde verschoben. Er konnte sein Zimmer nicht mehr stornieren, deshalb hat er es mir überlassen. Wir könnten es dafür benutzen, weil es nur auf eine Übernachtung mit Frühstück gebucht wurde. Außerdem ist es ziemlich groß. Er hat es für den 20. Mai gebucht, das wäre in zwei Wochen", erzählte Nico.

Und da waren wir uns alle einig.

Kapitel 4

„Guten Abend. Hier ist Ihr Zimmerschlüssel und Informationskarten und das Frühstück ist um 8 Uhr", begrüßte uns die Hotelangestellte und gab uns Erwähntes. Ich nahm die Sachen entgegen und gab sie Nico. Wir waren uns alle einig gewesen, dieses Hotel für unseren ersten Versuch zu benutzen. Und nun checkten wir samt unserem Gepäck gerade ein.

„Na, dann lasst uns das Zimmer mal ansehen", lächelte Nico und wir gingen Richtung Aufzug.

„Ich wünsche Ihnen einen schönen Aufenthalt im Hotel Constantin."

Wir stiegen zusammen mit unserem Gepäck, das nur für eine Nacht gepackt war, in den Aufzug ein. Nico drückte auf den 1. Stock und so warteten wir einige Sekunden. Langsam fragte ich mich, ob das wirklich so eine gute Idee gewesen war. Als wir oben ankamen, stiegen wir wieder aus und Nico führte uns nach links den Gang entlang. Ganz hinten gab es ein großes Glasfenster, das einen Ausblick aufs Meer bot. Ein bisschen erinnerte es mich an Bastiens Arbeitszimmer. Wir blieben beim letzten Zimmer vor dem Fenster stehen und Nico überprüfte die Zimmernummer.

„Zimmer 1111. Das ist es!"

Ich sah Bastien an, der sich die Karten, die die Hotelangestellte uns gegeben hatte, ansah. Nico sperrte die Tür auf und öffnete sie. Amanda ging als Erste rein, gefolgt von mir. Was ich sah, ließ meine Spucke im Hals stecken. Ein großes rotes Himmelbett, das für mindestens vier Personen ausreichte, stand auf einem weißen Teppich. Auf der Decke über dem Bett war ein großer Spiegel angebracht worden und ein Balkon, der zur Terrasse herausführte, war komplett in Weiß mit goldenen Stuckaturen gehalten. Außerdem stand ein großer Plasmafernseher auf einer dunklen Kommode. Ich konnte außerdem den frischen Duft vom Meer riechen.

„Oh, wow! Dieses Zimmer ist einfach prachtvoll", sagte Amanda, als hätte sie meine Gedanken laut ausgesprochen. Sie fuhr mit den Fingern entlang eines mächtigen Schrankes, der im hinteren Teil des Zimmers stand.

„Das Badezimmer ist auch platzausreichend", meinte Nico nur, als er einen Blick in das Badezimmer warf. Ich war mir ziemlich sicher, dass das Badezimmer auch sehr elegant ausgestattet war und dass *platzausreichend* es nicht annähernd traf. Deshalb sah ich nicht sofort hinein.

„Dein Arbeitskollege scheint einen guten Geschmack zu haben", grinste Bastien Nico an.

„Ja, das glaube ich auch."

Die beiden lächelten sich an und Amanda ging zu mir und flüsterte: „Bist du dir sicher, dass du es hier tun möchtest. Versteh mich bitte nicht falsch, das Zimmer ist echt mehr als nur schön, aber bist du dir sicher, dass du es *jetzt* tun möchtest?"

„Ich will es ja nicht jetzt sofort tun, ich werde mich erst duschen und dann werde ich mir das Meer eine Weile ansehen."

„Ach, komm. Du weißt, wie ich das meine."

„Ja, das weiß ich ... Amanda, glaub mir, wenn ich dir sage, dass ich dir diese Frage überhaupt nicht beantworten kann", ich sah zu Bastien. Er und Nico unterhielten sich, als er anfing zu lachen. Sein Lachen erfüllte mich mit Wärme und ich wusste, dass er der Einzige war, mit dem ich es tun wollte, und dieses Zimmer war wirklich schön.

„Ich gehe jetzt duschen", sagte ich schnell und holte mein Duschzeug heraus.

„Okay, wir werden den Fernseher austesten."

Ich ging ins Badezimmer, zog meine Klamotten aus und ließ die Dusche an. Das warme Wasser rann angenehm über meinen Körper und ich wusch meine Haare. Alle Anspannungen schienen für einen Moment verfolgen. Nach einer halben Stunde kam ich frisch geduscht und eingekleidet wieder aus dem Badezimmer heraus. Die Sonne war inzwischen schon fast am Horizont verschwunden und ein lilablauer Farbton umhüllte das Zimmer. Nico und Amanda saßen auf der Couch und waren in eine

Dokumentation vertieft. Also ging ich durchs Zimmer hinaus zur Balkontür, die offen stand. Ein kühler Wind wehte mir entgegen, den ich tief einatmete.

Ich sah hinunter aufs Meer, das sich langsam schwarz verfärbte. Den Blick auf den Horizont gerichtet, stand ich eine Weile so da.

„Der frische Abendwind tut gut."

Ich drehte mich verwundert nach rechts.

„Oh, du bist es nur Bastien. Ja, finde ich auch. Der Ausblick ist auch fantastisch."

„Ja, die haben wahrscheinlich mein Haus gesehen und dann daraufhin das Hotel gebaut", sagte er grinsend.

„Ach, tu bloß nicht so eingebildet", erwiderte ich und gab ihm einen leichten Klaps auf den Arm. Er lachte kurz auf.

Ich starrte wieder hinaus aufs Meer und er tat es mir gleich. So vergingen einige Minuten. Aus dem Zimmer drangen Musikgeräusche nach draußen. Offenbar hatten die beiden auf ein Musikprogramm umgeschaltet. Ich seufzte tief.

„Kommt dir das alles nicht auch komisch vor?", fragte ich ihn dann schließlich.

„Na ja, täglich passiert das bei mir nicht."

Ich sah zu ihm.

„Bei mir doch auch nicht … Ich kann das nur noch nicht so richtig glauben, was ich hier mache."

Er wendete seinen Blick zu mir und meinte nur: „Lass uns mal nachsehen, was die anderen jetzt vorhaben."

Ich nickte und folgte ihm ins Zimmer hinein.

„Na, genug die Aussicht betrachtet?", fragte Amanda, die, wie ich vermutet hatte, neben Nico vor dem Fernseher saß und das Musikprogramm durchging.

„Ja, das Meer sieht am Abend fast noch besser aus als am Tag."

„Oh, Mann! Heute läuft aber auch nur lauter Mist", seufzte Amanda und schaltete den Fernseher aus.

„Und was macht ihr jetzt?", fragte sie mich.

Ich trat nervös von einem Bein aufs andere. Nico stand auf und sah zu Bastien, der scheinbar gelassen neben mir stand. Amanda stellte sich erwartungsvoll neben Nico. Mein Puls stieg von eins auf hundert an.

„Ich würde sagen, tun wir es jetzt", presste ich langsam hervor. Bastien sah mich an.

„Bist du dir sicher, dass du das möchtest? Ich meine, wir könnten es auch ein anderes Mal tun."

„Ja ... Ich meine, was bringt uns das. Wir müssen es nicht länger verschieben."

„Na, gut. Wenn du dir sicher bist, dann ..." Er sah mich vertrauensvoll an.

„Ich bin mir sicher", erwiderte ich und zog zum Beweis mein T-Shirt aus. Nico und Amanda setzten sich wieder auf die Couch und sahen mit Absicht nicht hin, um es mir zu erleichtern. Bastien betrachtete mich stumm, als ich meinen Rock auch noch auszog. Mein Puls stieg an. So stand ich nur noch in BH und Slip vor ihm. Er sah mir in die Augen. Sie strahlten in diesem Moment noch heller als sonst. Wir standen nur noch eine Armeslänge voneinander entfernt. Ich streichelte über seinen Arm. Seine Muskeln fühlten sich hart und durchtrainiert an. Ich ließ meinen Arm wieder sinken und schaute in sein Gesicht. Es war leicht gebräunt. Kleine Sommersprossen, die man nur sehen konnte, wenn man ganz genau hinsah, zierten seine Nase. Sein Kinn lief unten spitz zu und er hatte hohe Wangenknochen. Ich schaute auf seine vollen Lippen, von denen ich wusste, dass sie perfekt küssen konnten. Ganz plötzlich kam sein Gesicht meinem näher, sodass ich seinen Atem auf meiner Stirn spürte. Ich sah zu seinen nur noch halb geöffneten Augen und sog seinen Duft ein. Er roch nach Salz und etwas, das ich nicht zuordnen konnte, das ich aber für seinen ganz eigenen Duft hielt. Ich öffnete ganz leicht meine Lippen und blickte auf sein Kinn. Dabei durchfuhr mich eine leichte Hitzewelle. Dann legten sich seine Lippen auf meine. Sie waren warm und weich. Er sog sanft an meinen und ließ seine Zunge in meinen Mund gleiten. Er erkundete meine Mundhöhle ausgiebig und fuhr an meinen Zähnen entlang. Ich knabberte sanft an seinen Lippen. Seine Zunge rieb sich an die meine und forderte sie auf sich an seine zu drücken. Ein leichter

Schauer fuhr mir über den Rücken. Er umschlang sie liebevoll und neckte sie. Vorsichtig ließ ich meine ebenfalls in seinen Mund gleiten. Seine Zunge umschlang meine und unser Kuss wurde mit jeder Sekunde intensiver. Als er den Kuss beendete, musste ich tief einatmen. Doch bevor mir unsere Trennung zu lange vorkam, nahm er mich hoch und trug mich zum Bett. Er legte mich sanft darauf ab und beugte sich über mich, um unseren Kuss fortzusetzen. Diesmal war er gleich stürmischer, was mir nichts ausmachte. Er zog an seinem Shirt und küsste mich meinen Hals entlang, als ich ihn schwer atmend unterbrach: „Warte, kurz", keuchte ich und sah ihn an.

„Amanda, komm bitte", eigentlich wusste ich nicht einmal, warum sie hier waren, aber in dem Moment schien es mir gleichgültig zu sein.

„Ja, was ist denn?", sie trat neben das Bett.

„Ich … Ich glaub, ich kann das nicht allein …"

„Was? Aber das ist doch nicht so schwer", meinte sie, tat mir dann aber doch den Gefallen und legte sich neben mich auf das Bett.

„Macht es dir etwas aus, wenn sie …" Ich sah ihn fragend an.

Er stockte kurz, aber dann sagte er schließlich: „Nein, ist deine Sache", meinte er mit tieferer Stimme und begann mich daraufhin wieder zu küssen. Amanda streichelte mir währenddessen immer wieder über den Arm und Bauch. Ich spürte, wie ich langsam unten feucht wurde. Aus dem Augenwinkel konnte ich sehen, dass sich jetzt auch Nico zu uns gesetzt hatte. Bastiens Lippen wanderten mein Schlüsselbein entlang und Amanda zog meinen Slip ein wenig herunter. Ich keuchte, als sie mit ihrem Finger in mich hineinglitt. Bastien saugte dabei an meiner Haut und umfasste mit seinen Händen meinen BH, um ihn zu öffnen. Ich hob mein Becken an, als Amanda einen weiteren Finger in mich steckte. Bastien umkreiste dabei mit seiner Zunge meinen Bauchnabel. Ich sah nur noch verschwommen, wie Nico Bastien die Hose öffnete. Amanda stieß ihre Finger immer schneller und fester in mich hinein und ich stand kurz vor meinem Höhepunkt. Als sich mein BH öffnete und Bastien leicht über meine erregten

Nippel fuhr, stöhnte ich laut auf und vergrub meine Finger in dem Bettbezug. Amanda zog ihren Finger heraus und mit einem Schlag kam mir das alles hier völlig falsch vor. Ich ließ Bastiens Zunge über meinen Bauch gleiten und betrachtete alles im Spiegel über uns. Langsam ergriff das unbehagliche Gefühl von mir immer mehr Besitz und ich krümmte mich, als Bastien sich meiner unteren Region zuwandte. Er leckte sanft an meiner Perle und hauchte ihr zu, sodass ich innerlich zu explodieren drohte. Doch als er gerade in mich hineingleiten wollte, setzte ich mich abrupt auf.

„Es ... tut mir leid, aber i-ich kann das so nicht ..."

Von Pein geprägt stand ich schnell auf, sammelte meine Kleidungsstücke zusammen, wohl darauf bedacht, dass ich nicht zu Bastien und den anderen sah, und rannte aus dem Zimmer. In mir drehte sich alles und meine Erregung war noch nicht ganz abgeklungen, doch als ich bemerkte, dass ich nackt auf dem Flur stand, zog ich mich hastig an. Plötzlich vibrierte etwas an meiner Hose und erschrocken musste ich feststellen, dass es mein Handy war, das eine neue Nachricht bekommen hatte.

Hallo, Schatz. Wie es aussieht, kann ich doch nicht nach Hause kommen. Ich habe soeben einen neuen Auftrag erhalten, den ich nicht verschieben kann. Wünsch dir noch einen schönen Abend. Alles Liebe Dad.

„Tja, wenn ich das vorher gewusst hätte und wenn der Abend auch wirklich schön wäre", murmelte ich stockend.

So stand ich benommen noch ein paar Sekunden da und ging dann Richtung Aufzug. Ich war völlig außer Atem, als ich die Zahlen im Fahrstuhl drückte und nach unten fuhr. Ich strich hastig meine Klamotten noch etwas glatt und fuhr mir durch das Haar, als sich die Fahrstuhltüren öffneten. Als ich ausstieg, war ich froh darüber, dass die Angestellte nicht mehr in der Hotellobby war. Schließlich sah ich mich noch ein wenig in der Lobby um. Insgesamt war sie rot gehalten und wirkte einfach majestätisch. Ich wusste nicht, wie spät es war. Doch ein Blick auf die große Uhr, die hinter dem Tresen hing, ließ mich eilig aus dem Hotel gehen. Der Himmel war klar. Rund um das Hotel war es ruhig, doch ich konnte sehen, wie weiter hinten die Autos fuhren und viele Menschen umhergingen. Die kalte Nachtluft kam mir wohltuend vor und ich atmete sie erst einmal tief ein. Langsam normalisierte sich mein Puls wieder. Ich betrachtete noch eine Weile das Geschehen der Leute. Dann stürzte ich mich in die Menge und machte mich auf den Weg zum nächstgelegenen Bahnhof.

Kapitel 5

Der Regen schlug gegen die Fensterscheiben. Selbst im Zimmer schien es trüb und einsam zu sein. Durch die dichten Nebelschwaden drang vereinzelt Lichtstrahlen hindurch. Wie viele kleine Glühwürmchen reihten sie sich aneinander.

„Das Ganze war ein riesengroßer Fehler! Wie soll ich ihm denn jetzt jemals wieder in die Augen sehen können?", angespannt stand ich, die Hände auf die Hüften gestützt, vor Amanda und ließ meinen Frust an ihr aus.

„Ich meine, er denkt doch jetzt bestimmt, dass ich mich nicht entscheiden kann. Dass ich ihn bestimmt ausnutzte! Er hat aber damit vollkommen recht. Ich an seiner Stelle würde das auch denken ... Und was denkt wohl erst Nico von mir?", ich war kurz davor, innerlich durchzudrehen.

Amanda hob beschwichtigend die Hände.

„Hey, jetzt halt doch mal kurz inne ... Er denkt bestimmt nicht, dass du ihn ausnützt."

„Ach, ja? Woher willst du das wissen? Schließlich bin ich einfach so aus dem Zimmer gerannt", ich musste schlucken, um den Kloß in meinem Hals loszuwerden. Amanda kam zu mir und nahm mich in die Arme.

„Schätzchen, es ist völlig normal, dass das nicht immer beim ersten Mal klappen kann. Für das erste Mal seid ihr doch ganz weit gekommen, und dass du noch einen Rückzieher gemacht hast, war nicht schlimm. Im Gegenteil, du hast damit gezeigt, dass du damit sehr verantwortungsbewusst umgehst, und es ist völlig verständlich. Schließlich ist das alles hier ein komplett neues Gebiet für dich. Es ist für uns alle fremdartig, aber das hält uns nicht davon ab, darauf zuzugehen, und du wirst das auch irgendwann können. Du musst dir nur etwas mehr Zeit lassen."

„Aber, was ist, wenn ich das nicht kann. Wenn ich immer im letzten Moment stoppe?"

„Nein, das wird nicht passieren. Da bin ich mir ganz sicher. Alles, was jetzt zählt, ist, dass du es langsam angehen lässt, und ich denke, Bastien hat auch mehr als deutlich gezeigt, dass er bereit ist dir die Zeit zu geben."

Ich sah Amanda in die Augen. In ihnen standen Fürsorge und Vertrauen.

„Woher willst du das wissen?", fragte ich, schon fast überzeugt davon, dass sie recht hatte.

„Als du gestern aus dem Zimmer gestürmt bist, wollte er dir hinterher, ließ dich aber letztendlich doch gehen, weil er wusste, dass du jetzt erst mal Zeit für dich brauchst. Außerdem hatte er mit den Schultern gezuckt und gesagt: ,*Ich lasse ihr Zeit und sie soll sich nicht schlecht fühlen.*' Außerdem, wenn er dem Ganzen nicht zugestimmt hätte, würde er es doch nicht tun. Ich meine, er wusste doch, was man von ihm verlangte."

„Ja, wahrscheinlich hast du recht", wieder etwas aufgebaut und froh darüber, dass er so hinter mir stand, öffnete ich das Fenster und streckte meine Hand heraus. Die kühlen Tropfen entspannten mich und ich fing an meine Gedanken durchzugehen. Sie kreisten stetig um die zwei Themen, Kinder und die Lust, die man beim Miteinanderschlafen, empfinden konnte. In meinem Kopf standen sich die zwei Konkurrenten, Pro und Kontra, gegenüber. Doch je länger ich über diese Themen nachdachte, desto mehr wurde mir bewusst, dass, egal wie viele schlechte Gründe vorlagen, ich es nicht konnte, sie komplett fallen zu lassen. Durch diese Erkenntnis angetrieben schloss ich das Fenster, nahm mir eine Jacke mit Kapuze, Hausschlüssel und Geldbörse und ging nach draußen. Die kalten Regentropfen liefen an meinen Wangen hinunter. Ich starrte in den Himmel und breitete meine Hände aus. Ich hatte das Gefühl, von dem Regen gereinigt worden zu sein. Nach einigen Sekunden zog ich mir die Kapuze über den Kopf und spazierte die Straßen entlang. Kaum ein Mensch war draußen unterwegs. Nur die geschäftlich zu tun hatten, liefen eilig mit den Akten und Koffern unter dem Arm umher. Insgesamt war es sehr still gewesen. Nur das Plätschern des Regens auf dem Asphalt war zu hören. Ich bog in eine schmale Gasse ein.

Viele Mülltonnen standen kreuz und quer, völlig überfüllt in dem kleinen Gässchen. Zwischen den vereinzelt liegenden Kartonschachteln war ein Rascheln zu hören. Ich blieb stehen und sah etwas genauer hin. Auf einmal sprang ein haariges Etwas auf mich zu und ich schrie auf. Daraufhin machte es einen Satz nach rechts und sah mich mit großen Augen an. Es war eine schwarze Katze. Erleichtert fasste ich mir an die Brust und ging daraufhin langsam auf die Katze zu. Diese sträubte sich und lief blitzschnell den Rest der Gasse entlang, auf die Straße zu. Ich lief ihr schnell hinterher und versuchte sie zum Stehen zu bringen. Doch sie lief weiter auf die Straße. Plötzlich hörte ich Reifen aufquietschen und ich machte schnell einen Satz auf die Katze zu und trieb sie an weiterzulaufen. Daraufhin landete ich schnaufend mit meinen Knien auf dem Asphalt. Ein leichtes Brennen durchfuhr mich. Der Autofahrer stieg entsetzt aus und erkundigte sich nach meinem Zustand. Ich blutete ganz leicht, was bestimmt bald wieder verging. Viel mehr machte mir der Adrenalinkick zu schaffen. Ich schnaufte tief mit der Nase ein und schnaufte mit dem Mund aus. Der Fahrer fragte, ob er mich ins Krankenhaus fahren sollte, doch ich lehnte dankend ab. Nachdem ich ihm versichert hatte, dass mir nichts Ernsthaftes fehlte, verabschiedete er sich und stieg in sein Auto. Als er davonfuhr, sah ich zu der Katze herüber, die zu meinem Erstaunen immer noch hier war. Sie starrte mich an und schmiegte sich dann an mein Bein. Ich beugte mich zu ihr und strich sanft über das nasse Fell. Sie fing an zu schnurren.

„Du bist ja vielleicht eine Süße. Bringst dich aber auch ganz schön in Gefahr und mich auch. Pass das nächste Mal ein bisschen auf dich auf."

Ich sah mich nach einer Person um, die der Besitzer dieser Katze sein konnte. Doch es war niemand zu sehen. Ich schaute zu ihr hinab. Sie fing an zu miauen. Ich nahm sie hoch und beschloss sie mit nach Hause zu nehmen.

„So eine niedliche Katze kann ich doch nicht allein auf der Straße mit all den Autos und ohne Essen lassen."

Wieder schaute mich die Katze an, als ich mit ihr den Weg entlang zum Tierladen ging.

„Da fällt mir ein, du brauchst noch einen Namen. Hm ... Ich glaube Globby würde ganz gut zu dir passen."

Als wir endlich beim Laden angekommen waren, musste ich erst mal blinzeln. Vor der Kasse stand Bastien. Mein Puls war von null auf hundert gestiegen und ich drückte Globby etwas näher an mich heran. So selbstbewusst, wie es mir nur möglich war, ohne die Katze zu zerquetschen, betrat ich den Tierladen und grüßte ihn.

„Hey, ich dachte, du hast kein Haustier."

Verwundert drehte er sich um, und als er mich erkannte, lächelte er.

„Na ja. Ich besorge hier nur das Futter für den Vogel meiner Großmutter. Sie hatte sich am Bein verletzt und nun kann sie im Moment nicht mehr richtig gehen."

„Oh, das tut mir leid. Ich wünsche ihr eine gute Besserung."

„Danke! Ich werde es ihr ausrichten", er sah lächelnd auf meine Katze.

„Und wen haben wir da? Hast *du* dir dafür eine Katze zugelegt?"

„Ich habe sie von der Straße mitgenommen. Gerade eben. Sie wurde beinahe überfahren, außerdem war niemand zu sehen, dem sie gehören könnte."

„Sie? Ist die Katze weiblich? Wie heißt sie denn?"

„Ja, sie ist weiblich", zum Beweis zeigte ich ihm ihre untere Hälfte.

„Und sie heißt Globby."

Er streichelte ihr über den Kopf und sie reckte sich ihm entgegen.

„Globby ist ja ein außergewöhnlicher Name."

„Ja, aber er passt zu ihr."

„Das finde ich auch."

Ich lächelte und schmiegte mein Gesicht an ihr Fell. Er sah mir zu, bis ich wieder aufsah.

„Ich brauche noch etwas Futter und ein Katzenklo, deshalb bin ich hier."

Er nickte.

„Also, das vom letzten Mal, das tut mir leid und ich würde es auch verstehen, wenn du nicht mehr mit mir ... Ich lass die Sache jetzt einfach langsamer angehen."

„Warte mal. Ich habe gar nicht Nein dazu gesagt."

„Was, du willst *wirklich* immer noch mit mir schlafen", ich räusperte mich und sprach leiser weiter.

„Also, ich meine, du willst noch mit mir ... du weißt schon was ... obwohl ich dich stehen gelassen habe?"

Er sah mich kurz an und nickte dann.

„Ach so. I-ich, na ja." Ich drückte meine Arme fester zu, als ich bemerkte, dass Globby auskommen wollte.

„Ich muss langsam los, meine Katze wird ungeduldig. Ich schreib dir eine SMS oder ruf dich demnächst an."

„Ist gut, mach's gut."

Ich kaufte schnell die Dinge ein und ging dann Richtung Heimweg. Ich war froh darüber, dass wir nicht allzu weit davon entfernt gewesen waren. Dort endlich angekommen ließ ich Globby erst mal die Umgebung betrachten und gab ihr anschließend in der Küche was zu essen. Sie machte sich sofort darüber her. Das Katzenklo stellte ich in dem Gang ab und füllte es mit Körnchen, die ich noch gekauft hatte. Ich ging wieder in die Küche zurück und sah Globby beim Fressen zu.

„Ach, du bist wieder da. Ich wusste doch, dass ich etwas gehört hatte."

„Ja, ich bin wieder da und ich habe jemanden mitgebracht", ich trat beiseite, damit Amanda die Katze sah.

„Och, ist die süß! Wo hast du die denn her?", sie streichelte liebevoll der Katze über den Rücken. Ich erzählte Amanda alles, was passiert war.

„Nein, wirklich. Da hast du ja gerade so noch mal Glück gehabt." Ich nickte.

„Und wie heißt sie denn oder hat sie noch gar keinen Namen?"

„Sie heißt Globby."

„Globby, das ist aber ein schöner Name für dich", meinte Amanda und lächelte unsere Katze mit den leuchtenden Augen an. Die spitzte daraufhin die Ohren. Amanda beugte sich zu ihr und fing an sie ordentlich zu streicheln. Globby legte sich auf den Rücken und streckte alle viere von sich.

„Das gefällt dir, hm?" Ein Schnurren war die Antwort darauf.

„Also, dass du Bastien mit der Katze ..." Globby sah sie an.

„Äh, ich meine natürlich mit Globby im Laden getroffen hast …"

Ich musste grinsen.

„Das gefällt mir. Ihr seid ja schließlich ins Gespräch gekommen und nicht als Feinde wieder auseinandergegangen."

„Ja, mag sein. Ich hatte ihm versprochen mich bald mal wieder bei ihm zu melden."

„Und das wirst du auch jetzt tun. Los ruf ihn an!" Sie wählte einfach seine Nummer und ließ es läuten.

Ich sah sie erbost an, doch sie grinste mich regelrecht unschuldig an. Nun war es zu spät, wenn ich aufgelegt hätte, würde er es trotzdem in seinen Nachrichten lesen können, dass ich angerufen hatte.

Ich legte den Hörer an mein Ohr. Es klingelte eine Weile, bis er ranging.

„Hallo?", ertönte es am anderen Ende der Leitung.

„Hallo, Bastien, ich hoffe, ich habe dich nicht bei irgendetwas gestört."

„Nein. Seid ihr zwei gut heimgekommen? Und brauchst du was?"

„Nein, nichts und ja, sind wir. Also ich wollte nur fragen, ob wir uns mal wieder treffen könnten?"

„Ja, gerne."

„Mm, freut mich … Wann hast du mal wieder Zeit?", insgeheim hoffte ich nicht allzu bald.

„Wie wäre es mit morgen?"

„Ja, da hab ich frei", ich hatte aber auch wirklich ein Glück.

„Okay, sagen wir um 14 Uhr bei dir?"

„Ist gut."

„Na, super! Also, bis dann!"

„Ciao!"

Amanda lächelte zufrieden.

„Na, das ging ja einfach."

„Ja, ja. Ich geh jetzt duschen", murmelte ich und stampfte die Treppen hinauf.

Kapitel 6

Am nächsten Morgen war ich, wie vereinbart, pünktlich bei Bastiens Haus angekommen. Er öffnete mir lächelnd die Tür.
„Hey!"
Ich trat hinein und musste feststellen, dass das Tischgedeck schon bereitgestellt war.
„Tut mir leid, ich bin noch nicht dazu gekommen, den Kaffee aufzusetzen."
„Macht nichts! Ich will sowieso jetzt lieber einen Tee."
Er lächelte und ich bemerkte erst jetzt, dass seine Haare nass waren.
„Willst du Plätzchen dazu?"
„Ja, welche hast du denn?"
„Komm mit, dann kannst du dir welche aussuchen."
Ich folgte ihm in die Küche. Dort füllte er zuerst Wasser in eine Kanne und ließ es aufkochen.
„Also, ich habe Schokoplätzchen, Butterringe und Honigküchlein", er drehte sich fragend zu mir.
„Ich glaube, ich nehme die Schokokekse."
Er füllte eine Schüssel mit ihnen voll und stellte sie auf den Tisch zu den anderen Dingen. Ich wusste, dass er die Kekse alle selbst gebacken hatte.
Als der Tee fertig war, trug er zwei Tassen ebenfalls ins Wohnzimmer. Ich nahm mir zuerst ein Plätzchen, das ich genüsslich auf der Zunge zergehen ließ, und trank dann ein paar Schlucke aus meiner Tasse.
„Der Tee ist gut, was ist das für ein Geschmack?"
„Zitrone mit Pfirsichgeschmack."
„Ah, ja. Jetzt wo du es sagst. Natürlich sind die Plätzchen auch gut", fügte ich noch hinzu.
Ich genoss für einen Moment das Wohlgefühl, das sich in mir breitmachte.
„Ach Bastien. Wie wird es denn jetzt weitergehen?"

„Ich weiß es nicht ... Ich meine, es wäre was anderes, wenn wir uns öfters sehen ... Warte mal! Das wäre gar nicht so schlecht!"
Ich sah ihn völlig verständnislos an, während er triumphierend grinste.
„Was weißt du und was ist nicht so schlecht?"
„Jane, mal ehrlich. Wir können es nicht immer zu viert machen. Erstens haben wir nicht alle immer zur selben Zeit frei und wir sollten uns auch nicht immer nach den beiden richten."
„Äh ... Was meinst du damit?"
„Also, meiner Meinung nach richtest du dich zu sehr danach, nichts falsch zu machen. Eben weil du uns alle nicht enttäuschen möchtest. Das setzt dich aber zu sehr unter Druck. Es wäre besser, wenn die zwei nicht immer dabei wären. Deshalb würde ich vorschlagen, dass du derzeit einfach bei mir einziehst."
„Was? Ich soll bei dir einziehen! Aber ... Ich kann das doch nicht machen!"
„Doch, du kannst. Ich glaube, das wäre jetzt das Beste. Wir würden uns daran gewöhnen, miteinander zu leben und aufeinander zu achten."
„Ja, aber wir laufen uns ja *ständig* über den Weg."
„Das hat ein Haus so an sich", er grinste.
„Na ja ..." Ich wusste nicht so recht, was ich dazu sagen sollte.
„Wenn wir voneinander abhängig sind, dann wird es auch ein ganz anderes Gefühl sein, als das von neulich. Ich würde dir so viel Zeit lassen, wie du brauchst, und im Gegenzug würdest du sie mir auch geben. Außerdem müssen wir ja nicht den ganzen Tag nebeneinandersitzen und uns ansehen bis zum Umfallen. Du wirst hier nicht eingesperrt, Jane. Du kannst immer wieder zu Amanda und ich kann auch mal zur Arbeit gehen."
„Hey! Ich muss auch mal zur Arbeit!"
„Gut, dann kannst du zu Amanda *und* zur Arbeit gehen, wann immer es dir beliebt." Ich sah ihn an und wusste, er meinte es ernst.
„Ich weiß, dass es nicht die schlechteste Idee ist ... Nur, was würden die anderen zwei dazu sagen?"
„Ich glaube, sie wären der gleichen Ansicht wie ich. Selbst wenn sie es nicht gleich als Segen empfinden werden."

„Hm ... Nun gut, aber denk bloß nicht, dass es für mich gleich so schnell gehen wird. Mir behagt der Gedanke nicht so ganz, aber du hast wahrscheinlich recht."
Er sah mir jetzt direkt in die Augen.
„Genau das will ich nicht. Jane, wenn du das eigentlich nicht willst und du dir vorstellen kannst, dass es doch noch so klappen kann mit uns allen, dann musst du es mir sagen. Es ist sogar wichtig, dass du es mir erzählst. Ich will, dass du dich wohlfühlst, mir glaubst und vertraust."
Er beugte sich so weit zu mir, dass ich ihn berühren konnte.
„Ich glaube dir und ja, ich vertraue dir auch."
„Gut. Wenn du möchtest, erzähle ich es ihnen."
„Nein, das muss ich Amanda selber sagen und du Nico. Jedoch würde ich mich freuen, wenn du mich zu ihr begleitest."
„Ja, das werde ich."
Ich lächelte ihn beruhigt an und legte meine Hand auf sein rechtes Bein, dann stand ich auf.
„Nun gut. Fährst du mich jetzt gleich zu ihr?"
„Okay. Geh schon mal vor", sagte er und holte den Autoschlüssel.
Während der Fahrt schwiegen wir. Von heute auf morgen hatte das Wetter total umgeschlagen. Gestern war es regnerisch und nun schien die Sonne nichts davon bemerkt zu haben. Die Sonnenstrahlen begleiteten uns die ganze Zeit über, bis wir schließlich vor der Tür standen. Amanda öffnete uns mit großen Augen. In ihrer Hand hielt sie einen Teller, den sie, wie ich vermutete, gerade erst abgespült hatte, da noch vereinzelt Schaumbläschen zu sehen waren. Als wir hineingingen, starrte sie uns immer noch wortlos an. Wahrscheinlich schien sie bereits zu wissen, dass wir etwas Wichtiges zu äußern hatten.
„Ähm, also, wir zwei haben beschlossen, dass ich einige Zeit, bis zu meiner Schwangerschaft, bei ihm wohnen werde ..." Ein lautes Splittern war zu hören. Ich sah wie in Zeitlupe auf den Boden. Der Teller lag völlig zerbrochen auf dem Fußboden.

Kapitel 7

„Seid ihr nicht mehr ganz bei Trost?", und das klang eher wie eine Feststellung als nach einer Frage. Ich half ihr dabei, die Scherben aufzuheben. Bastien war inzwischen gegangen, nachdem ich ihn dazu aufgefordert hatte, zu gehen.
„Amanda, das wäre jetzt genau das Richtige, was ich tun könnte."
„Ja, genau das Richtige für *dich*! Hast du überhaupt darüber nachgedacht, was das bedeuten könnte? Hast du dabei an das Haus gedacht und an alle Personen in deinem Umfeld? Das Haus gehört deinem Vater und du als seine Tochter hast die Pflicht, darauf aufzupassen, und was die Sache mit Nico angeht ... Du weißt doch, dass er zwar ein kleines Mietshaus besitzt, aber es ihm viel lieber ist, während der Arbeit bei Bastien zu wohnen, weil es so weit weg von seiner Arbeitsstelle ist. Schließlich hat er, nachdem er Bastien während seines Urlaubs in einer Bar kennengelernt hatte, noch keinen neuen Wohnort gefunden."
„Ja, Amanda. Ich weiß, aber auf mein Haus könntest du doch ein wenig achtgeben, schließlich wohnst du ja hier schon fast. Zudem komme ich ja auch hin und wieder, um selber nach dem Rechten zu sehen, und was Nico betrifft, er kann sich ja einstweilen in meinem Haus einquartieren. Mein Vater kommt erst wieder in sieben Monaten nach Hause, da er geschäftlich sehr viel zu tun hat und sehr weit weg von zu Hause ist. Deshalb bleibt er lieber über die freien Tage gleich dort, und falls er doch eher da sein sollte, komme ich einfach schnell nach Hause. Außerdem können wir uns ja noch immer gegenseitig besuchen."
„Hm ... Du scheinst dir ja das alles schon länger genau zurechtgelegt zu haben oder du kannst deine Vorstellungen schnell umsetzen."
Ich sagte nichts.

„Ich wusste gar nicht, dass dein Vater diesmal so lange unterwegs ist."

„Ja, er muss wohl ziemlich im Stress sein. Warte ... Heißt das vielleicht, du bist damit einverstanden?", ich sah sie an.

„Ja und nein. Ich kann das verstehen, denn es wäre wirklich das Beste momentan ... und wenn Nico hier für eine Zeit lang einziehen würde, könnten wir gemeinsam auf das Haus aufpassen. Es ist nur so ..."

Ich trat auf sie zu und umarmte sie kräftig.

„Du brauchst nicht weiterzureden, ich versteh dich auch so."

Wir wiegten uns eine Zeit lang hin und her, dann löste sich Amanda wieder von mir.

„Okay, ich glaube, ich mach uns jetzt beiden eine Tasse Kakao und damit hocken wir uns dann vor die Glotze."

„Ja, das klingt gut."

Nachdem ein paar Minuten vergangen waren, lagen wir zusammen, dick eingekuschelt und mit zwei Kakaotassen, auf dem Sofa und sahen uns *Stolz und Vorurteil* mit Keira Knightley und Matthew Macfadyen an, wobei ich mich überhaupt nicht auf den Film konzentrieren konnte.

Immer wieder fanden meine Gedanken ihren Weg zu Bastien. Irgendwann musste ich dann aber eingeschlafen sein, denn als ich aufwachte, war der Film bereits zu Ende.

„Ich bin müde, lass uns ins Bett gehen", sie gähnte lauthals.

Ich nickte und ging die Treppe hoch ins Schlafzimmer. Amanda schlüpfte noch ins Badezimmer. Ich wartete, bis sie herauskam und sich ins Bett neben mich legte.

In dieser Nacht blieb ich wach, und als der nächste Morgen hereinbrach, war ich komplett fertig. Amanda musste mich regelrecht dazu zwingen, endlich aus dem Bett zu steigen. Als ich mich dann dazu aufraffte, aufzustehen, war es schon längst Mittagszeit.

Wie ein lebender Zombie ging ich in das Badezimmer und putzte mir die Zähne, wie mechanisch. Frisch geduscht und angezogen kam ich die Stufen hinunter. Amanda hatte mir bereits das Frühstück – oder Mittagessen – hingestellt. Völlig lustlos aß ich es auf.

„Na du? Ich habe dir schon einmal die Koffer bereitgestellt." Ich trank meinen Kaffee noch aus und ging dann wieder nach oben, um meine Sachen zusammenzupacken. Dort angekommen standen, wie von Amanda erwähnt, zwei große Koffer. Ich öffnete zuerst meinen Kleiderschrank und packte alles, was mir gefiel und noch passte, in den ersten Koffer ein. Die Kleidungsstücke, die noch übrig blieben, legte ich in den Korb, den ich später in die Altkleidersammlung bringen würde. Danach ging ich ins Bad und packte meine Bürste, Make-up Zeug und Nagelset sowie Duschcremes und Shampoos in eine Tüte. Als ich wieder zurück ins Zimmer ging, hatte Amanda bereits meinen Autoschlüssel, Geldbeutel, Handy und Handykabel und ein paar Bücher, zusammengelegt. Ich verstaute alles im Koffer bis auf meinen Autoschlüssel und Handy, womit ich Bastien noch eine SMS schrieb, dass ich bald auf dem Weg zu ihm sein werde. Dabei fiel mir ein, dass ich ja noch keine Schuhe eingepackt hatte. Also suchte ich mir einige heraus, sowie ein paar Handtaschen und dann war ich fertig. Ich sah auf meine Armbanduhr, es war bereits fünfzehn Minuten nach drei. Als ich mich umdrehte, um die Koffer nach unten zu tragen, sah ich Amanda, die am Türrahmen stehen blieb. Sie stand, den Blick auf mich gerichtet, stocksteif da. Ich ging ein letztes Mal zu ihr, um sie zu umarmen. Sekunden verstrichen wie Minuten und ich hatte das Gefühl, als würde jetzt ein neuer Abschnitt in meinem Leben beginnen. Ein völlig unbekanntes Gefühl durchfuhr mich, als ich Amanda in meinen Armen hielt, wie eine Ertrinkende an einer Rettungsboje.

„Ich werde jetzt gehen, aber wir telefonieren bald wieder miteinander", ich trat einen Schritt zurück, um sie ansehen zu können. In ihrem Gesicht spiegelte sich eine Mischung aus Traurigkeit und Gefasstheit.

„Ja, ich wünsche dir, dass alles glatt läuft, und lass dir die Zeit, die du brauchst, okay?", sagte sie tapfer, doch ich konnte spüren, dass sie mich am liebsten so schnell wie möglich wieder hier haben wollte.

„Ja, das werde ich."

Ich drückte noch ein letztes Mal ihre Hand und ging dann zusammen mit meinen Koffern die Stufen zum Hausflur hinunter. Amanda winkte mir noch einmal zu und schloss dann die Tür. Als ich in mein Auto stieg, vermischten sich verschiedene Gefühle in mir zu einem riesigen Klumpen. Während der Fahrt zu Bastien war ich den Tränen nahe, doch ich schluckte sie hinunter. Es musste ja nicht gleich jemand sehen, dass ich sie schon jetzt schrecklich vermisste. Als ich an einer Ampel stehen blieb, hatte ich mich wieder einigermaßen unter Kontrolle.

Trotz alledem war ich darauf gespannt, zu erfahren, ob es mir gelingen würde, schwanger nach Hause zurückzukehren. An diesen Gedanken, der zugleich eine Hoffnung war, klammerte ich mich fest, damit ich nicht erneut in Tränen ausbrach.

Nach exakt zehn Minuten und dreißig Sekunden Fahrtdauer war ich bei ihm angekommen.

„Willkommen in deinem neuen Zuhause", flüsterte ich ironisch. Ich drückte auf die Klingel und Bastien machte mir auf. Er begrüßte mich mit einem warmen Lächeln, das mich zugleich wieder an den Abschied von Amanda erinnerte. Bastien erklärte mir noch, welches Zimmer mir zur Verfügung stand, und auch, dass ich mich hier wie zu Hause fühlen sollte. Ich stellte meine Koffer ab und durchquerte das Haus.

Kapitel 8

Ein Summen war durch den ganzen Raum zu hören. *Dring-dring.* Eilig durchwühlte ich die ganzen Kleiderstapel nach meinem Handy. Ich war schon seit drei Tagen hier und hatte noch immer nichts richtig eingeräumt, stattdessen stapelte sich am Boden das reinste Chaos. Endlich fand ich mein Handy, noch läutend, und ich drückte auf den grünen Hörer.

„Hallo?"

„Hey, Jane. Na, hast du dich schon eingelebt?", Amandas Stimme klang resolut wie immer.

„Nicht wirklich. Ich habe noch nicht mal alles ausgepackt."

„Ach so und Bastien und du? Ist schon was Aufregendes passiert?"

„Wohl kaum. Wir haben uns eigentlich die drei Tage fast gar nicht gesehen. Er musste immer so früh in die Arbeit fahren und abends ging er irgendwelche Unterlagen durch."

„Hm, ich verstehe. Früher oder später werdet ihr schon miteinander reden. Weswegen ich anrufe, sag mal, hast du Lust, mit mir heute ins Café zu gehen?"

„Ja, klar. Ich fühle mich hier sowieso einsam und verlassen."

„Du hast echt einen Hang zur Dramatik."

„Und du zum Schwätzer."

„Okay, der Schwätzer fragt, wann wir uns treffen", ich konnte durch die Handyverbindung hindurch ihr Grinsen hören.

„Treffen wir uns um 14 Uhr, dann habe ich noch etwas Zeit, endlich meine Sachen einzuräumen."

„Ist gut. Bis dann."

„Okay, tschüss", ich legte auf und schloss für einen Moment meine Augen. Als ich sie wieder öffnete, sah ich mir die Berge von Klamotten genauer an, dann machte ich mich daran, die Kleiderstapel in den Schrank einzuräumen. Ich sortierte Unterwäsche, Oberteile und Hosen sowie Röcke und Kleider sorgfältig getrennt voneinander und legte sie in einem jeweiligen Fach ab. Danach schaute ich ins Badezimmer, um das Make-up und Duschzeug noch einmal richtig einzuräumen. Mein Handy und das Kabel dazu verstaute ich in dem Nachtkästchen neben meinem großen Bett. Die Schlüssel ließ ich auf der Ablage liegen. Als ich fertig war, stellte ich die zwei Koffer ins Eck neben dem Schrank. Ich schaute auf die Uhr, es war bereits Viertel vor 13 Uhr. Also ging ich nach unten in die Küche, um mir noch etwas zu essen zu machen. Ich schaute mir den Inhalt des Kühlschranks an und nahm Wurst und Käse heraus, dann nahm ich mir noch ein Brot und belegte eine Scheibe mit Käse und eine andere mit Wurst. Eine wohltuende Ruhe wärmte meinen Körper. Bastien war wie jeden bisherigen Tag früh in die Arbeit gefahren und würde erst wieder später kommen. Zum Glück war morgen Wochenende, an dem ich mir vornahm, mit ihm etwas zu unternehmen. Nachdem ich gegessen hatte, machte ich mich langsam dazu bereit, loszufahren. Pünktlich um 14 Uhr war ich beim Café angekommen. Ich musste noch ein bisschen auf Amanda warten. Als sie da war, umarmten wir uns und gingen dann gemeinsam die Treppen zum Eingang des Gebäudes hoch. Ich liebte dieses Café, es war sehr gemütlich und modern ausgestattet. Alle Bänke waren rot ausgepolstert und die Tische waren mit Tischdecken in derselben Farbe bedeckt. Hellbraune Barhocker mit rotem Sitzbezug standen vor dem Tresen. Daneben waren in einem Regal mit gläsernen Türen viele verschiedene Kuchen aufgereiht. Die Deckenbeleuchtungen waren hell und die Wände in einer cremigen Farbe gestrichen. Im ganzen Laden war der unvermeidliche Geruch von verschiedenen Kaffeesorten zu riechen. Amanda und ich setzten uns an einen Tisch mit Fensterausblick. Eine Kellnerin fragte uns freundlich nach unseren Bestellungen. Amanda nahm eine Bananenschnitte und einen Cappuccino und ich bestellte mir einen Schokoladenkuchen mit Latte Macchiato. Die Frau nickte und ging hinter den Tresen. Kurz danach brachte sie uns unsere Bestellungen. Wir bezahlten gleich und aßen genüsslich eine Zeit lang jeweils ein Stückchen von unseren Kuchen. Als ich mir gerade eine weitere Gabel voll Kuchen reinstecken wollte, stieß Amanda einen zufriedenen Seufzer aus und ließ freudige Worte über das heutige Wetter aus. Ich nickte nur und stopfte mir den Mund mit kleinen Schokoladenstückchen, die im Kuchen enthalten waren, voll. Sie nippte derweil an ihrem Cappuccino.

„Also am Handy hattest du erwähnt, dass ihr beide euch noch nicht so richtig nah gekommen seid, da er viel arbeitet."

„Ja, genau. Eigentlich haben wir uns nur abends gesehen, und das auch nur kurz, weil er so viele Unterlagen zu bearbeiten hatte."

Ich schaute für einen Moment gedankenverloren aus dem Fenster. Das Café lag an einem ruhigen Ort und war trotzdem sehr bekannt und beliebt. Ich schluckte ein bisschen von meinem heißen Getränk herunter und erzählte ihr von meiner Idee.

„Ich hatte vor am Wochenende mit ihm einen Ausflug zu machen."

„Einen Ausflug? Wohin denn?"

„Nichts Großartiges, ich dachte eher an etwas Entspannendes. Ich hatte mir überlegt, dass wir zuerst ein Eis essen gehen könnten und dann anschließend einen Spaziergang durch die Wälder machen. Nach dieser harten Arbeitswoche benötigt er vielleicht ein bisschen Entspannung und die Kraft der Natur."

„Ja, das ist wirklich eine gute Idee. Das wird ihm bestimmt gefallen, zudem kann man beim Spazierengehen auch viel miteinander reden", Amanda umschloss mit beiden Händen ihre Tasse.

„Genau, diesen Gedanken hatte ich auch. Ich will ihn damit heute überraschen, wenn er später nach Hause kommt. Ich hoffe, er freut sich."

„Bestimmt! Das wird ihn mit Sicherheit von dem ganzen Stress der letzten Tage ablenken."

„Ja, das hoffe ich auch."

Als wir ausgetrunken hatten, verließen wir das Café und verabschiedeten uns voneinander. Amanda wünschte mir noch viel Spaß und stieg dann in ihr Auto. Ich ging ebenfalls zu meinem Auto und machte mich auf den Weg zurück.

Nachdem ich wieder angekommen war, stieß ich etwas müde die Haustür auf und warf den Hausschlüssel achtlos auf die Kommode. Ich blieb stehen und schnaufte tief ein. Plötzlich legten sich zwei

Hände auf meine Augen und ich zuckte erschrocken zusammen. Ich machte einen Satz nach vorne und wollte heftig protestieren, als ich ein Lachen hinter mir hörte, Bastiens Lachen. Ich drehte mich ruckartig um und sah ihm in seine etwas müde aussehenden Augen.

„Also Bastien! Du und deine Späßchen. Ich habe mich fast zu Tode erschreckt."

„Wieso, dachtest du, hier wäre ein Einbrecher?"

„Ich habe mir überhaupt nichts gedacht. Warum bist du bereits hier, ich dachte, du arbeitest bis spätabends. Außerdem habe ich deinen Wagen nicht gesehen", ließ ich leicht entnervt aus.

„Es ist bereits abends und ich habe etwas weiter hinten geparkt", erwiderte er grinsend.

Ich sah auf meine Uhr und war überrascht, dass es schon nach 16 Uhr war.

„Trotzdem ... Bisher warst du immer bis mindestens 19 Uhr bei der Arbeit."

„Okay, dann komme ich später noch einmal", meinte er und ging langsam zur Tür.

„Warte, so habe ich das gar nicht gemeint", ich hielt ihn an seinem Ärmel fest und er lächelte mich strahlend an. Als ich ihn wieder losließ, sah er mich ernsthafter an.

„Ich weiß. Also der ganze angestaute Stress hat sich endlich wieder gelegt. Deshalb konnte ich heute zu meinem eigentlichen Arbeitsende nach Hause gehen. Jetzt habe ich wieder mehr Freizeit."

„Oh, das ist gut. Ich habe nämlich sowieso etwas mit dir morgen vor", sagte ich lächelnd.

„Und was?"

„Was hältst du von Eis essen und einem Spaziergang?", fragte ich ihn.

„Sehr viel", erwiderte er schmunzelnd

Kapitel 9

„Welches Eis wünschen Sie?", fragte uns die Verkäuferin der Eisdiele *Ice Crema*.
„Bastien, bestell du zuerst. Ich muss noch überlegen", ich stupste ihn mit meinem Ellbogen in die Seite.
„Na, gut. Ich hätte gerne eine große Kugel Stracciatella und bitte in der Waffel."
„Okay, das macht dann 90 Cent bitte."
Die Eisverkäuferin gab ihm seine Waffel. Bastien bezahlte und ich bezahlte mein Eis, ebenfalls in der Waffel, zwei Kugeln Joghurt.
„Danke, einen schönen Tag noch."
Wir wünschten ebenfalls noch einen schönen Tag und gingen dann entlang der Straße in Richtung des Spazierweges, der durch einen Park führte.
„Das war echt eine gute Idee, dass wir uns ein Eis gekauft haben. Ich hatte schon lange keins mehr", Bastien lächelte sein Eis an, als wäre es die Queen höchstpersönlich, die er vor sich hielt.
„Es ist schön, wenn es dich freut. Ich war mir kurzzeitig nicht ganz sicher, ob wir vielleicht nicht lieber doch etwas anderes unternehmen hätten sollen", ich sah grübelnd auf den gelbbraunen Sandweg, der sich vor uns erstreckte.
Er sah mich ein wenig verwundert an.
„Wieso denn? Spazieren gehen an einem ruhigen Ort und dabei ein Eis in der Hand haben ist doch toll."
Ich schaute kurz zu ihm auf und blickte gleich wieder nach unten, als ich seinen strahlenden Blick sah, allerdings spürte ich, wie mir die Röte ins Gesicht stieg. Irritiert schleckte ich an meinem Eis und musste feststellen, dass es bereits zu schmelzen anfing.
„Ganz schön warm heute."
„Ja, das finde ich auch, so ein schönes Wochenende ist genau das Richtige nach einer harten Arbeitswoche", meinte Bastien.

„Was hast du alles erledigen müssen?"

„Ach, dies und das. Hauptsächlich viele Dinge, die ich sonst so verschiebe, dass sie jemand anderes für mich erledigt, da sie eigentlich nicht in meinen üblichen Aufgabenbereich gehören. Ich kann ja schließlich nicht alles erledigen."

„Okay, warum konntest du es dieses Mal nicht verschieben?"

„Ich habe abgesehen von meinem Chef den höchsten Rang und somit auch die meisten Aufgaben und eine Verpflichtung gegenüber dem restlichen Personal. So kann es auch einmal der Fall sein, wenn einer krank ist oder kurzfristig ausfällt, dass ich doppelt so viel arbeiten muss, damit die nötigen Aufgaben bewerkstelligt werden. Verstehst du? Ich bin einfach froh, dass ich diese Woche hinter mir habe und dass ich jetzt das Wochenende genießen kann."

„Ja. Ich muss nächste Woche wieder anfangen zu arbeiten, mein Urlaub ist nämlich zu Ende. Wird bestimmt wieder anfangs stressig, wenn man den täglichen Arbeitsplan nicht mehr gewohnt ist."

Er nickte und knabberte an seiner Waffel, während ich noch den letzten Rest meiner Joghurt-Kugeln leckte. Ich fand es sehr schön in diesem Park. Insgesamt war es hier sehr ruhig und die Umgebung war von saftigen Wiesen, einem großen Springbrunnen in der Mitte des Parks, vielen gesund aussehenden Bäumen und Blumen und frisch gestrichenen Bänken umzingelt. Alles hinterließ einen friedlichen Eindruck. Eine Dame spielte mit ihrem Hündchen Ball. Auf dem Sandweg schwangen Eltern ihr Kind mit ihren Armen hin und her. Das Lachen des Kleinen war bis hierher zu hören.

„Hey, sieh dir mal die zwei an", Bastien deutete auf ein verliebtes Pärchen, das auf einer großen karierten Decke saß. Die beiden hatten sich auf einer der großen Wiesen niedergelassen. Viele verschiedene Leckereien wurden von ihnen verspeist. Dabei sah sich das Paar liebevoll an, als gäbe es um sie herum nichts als den Partner. Selbst der Picknickkorb, der zwischen ihnen in der Mitte der Decke stand, schien sie nicht zu stören. Eine leichte Welle der Eifersucht durchfuhr mich, als ich die beiden da so sitzen sah. Ich erinnerte mich urplötzlich an den Tag, an dem Amanda und ich uns zum ersten Mal sahen. Wir beide hatten uns durch Zufall kennengelernt. Damals verlor sie an einem regnerischen Tag ein Blatt im Wind und dieses flog genau vor meine Füße. Leider sah ich es zu spät und trat darauf. Daraufhin sah sie mich sauer an und schimpfte, ich solle sofort davon runtergehen, ich gab ihr das völlig verdreckte und durchnässte Blatt Papier wieder. Sie riss es mir förmlich aus der Hand und stolzierte davon.

Ich sah ihr noch eine Weile völlig baff hinterher, während der Regen mich allmählich durchnässte. Anschließend ging ich etwas niedergeschlagen zu meinem Büro, um dort auf einen Kunden zu warten, den ich noch nie vorher gesehen hatte. Dort angekommen erledigte ich einen wichtigen Termin und wartete geduldig auf diesen Kunden.

„Der lässt sich aber ganz schön Zeit", ich sah entnervt auf meine Armbanduhr, die bereits mehr als eine halbe Stunde nach dem vereinbarten Termin zeigte.

Als ich gerade einen Stapel Papiere durchging, klopfte es an der Tür und ich rief: „Herein!"

„Entschuldigung für die Verspätung, ich musste noch einmal das Dokument neu drucken, weil es mir im Regen davongeflogen ist und als ich es noch einmal überprüfen wollte ..."

Ich sah auf und musste verwundert feststellen, dass es sich bei meinem Kunden um die Frau, die mich im Regen überrumpelt hatte, handelte. Sie sah mich nicht weniger überrascht an. Eine Zeit lang sahen wir uns so an, bis wir schließlich in schallendes Gelächter ausbrachen. Als wir uns wieder beruhigt hatten, gingen wir das Dokument gemeinsam durch. Eigentlich waren wir uns damals nie besonders nah gewesen dennoch trafen wir uns hin und wieder auf ein Glas nach der Arbeit, da wir geschäftlich ab dann viel miteinander zu tun hatten. Wir pflegten ein sehr distanziertes Verhältnis zueinander, obwohl ich sie damals schon irgendwie anziehend fand. Sie war eine starke Frau, die wusste, was sie wollte, und niemals aufgab. Doch an dem einen Tag sollte sich das wohl verändern. Ich war einmal wieder der Überzeugung gewesen, dass sich alles schon regeln würde mit zwei meiner Kollegen, die sich liebten, es aber dem anderen nie gestanden. Jedoch war dies nicht der Fall gewesen und sie fingen an sich immer mehr zu streiten, sodass auch ich irgendwann davon etwas abbekam, bis Amanda diesem Streit ein Ende setzte und den beiden klarmachte, dass dies nur geschah, weil sie es nicht mehr aushielten, den anderen zu lieben, ohne die Liebe des jeweils anderen zu bemerken. Daraufhin gestanden sich meine Kollegen endlich ihre Liebe und alles wandelte sich zum Guten. Ich bedankte mich bei Amanda für ihren Einsatz, die daraufhin nur mit den Schultern zuckte und meinte, dass sie unerwiderte Liebe einfach nicht ausstehen konnte. Bevor ich fragen konnte, sagte sie mir außerdem noch, dass sie einen sechsten Sinn hatte, was Gefühle betraf. Seitdem trafen wir uns öfters und wurden langsam zu engen Vertrauten. Ich musste darüber lächeln, wie schnell sich Dinge verändern konnten. Dabei fiel mein Blick kurzzeitig zu Bastien. Er wusste von der ganzen Sache mit Amanda, da ihm davon erzählte. Ich war mir dessen nicht bewusst gewesen, wie sich mein Verhältnis zu ihm verändern würde. Allerdings war ich der festen Überzeugung, dass sich nichts an unserer Freundschaft ändern konnte und dass sich trotz dieses seltsamen Ereignisses nicht das Geringste rühren sollte, was uns vollständig auseinanderbringen würde. Wir gingen noch den restlichen Weg des Parks und folgten am Ende einer Straße, die uns zu der nächsten Bushaltestelle brachte. Dort warteten wir ein paar Minuten, bis der Bus vor uns anhielt. Wir stiegen ein und setzten uns in die vorletzten Sitze. Ich setzte mich geschafft auf die Fensterseite. Bastien nahm neben mir mit einem seltsamen Lächeln im Gesicht Platz. Als alle eingestiegen waren, fuhr der Busfahrer los. Ich starrte einige Zeit aus dem Fenster und fühlte mich innerlich völlig ausgeschöpft, dann bettete ich meinen Kopf in Richtung Bastien. Mein Blick haftete auf seinen Lippen, ohne mir darüber im Klaren zu sein.

Die Mundwinkel bewegten sich sanft, aber bestimmt und ich sah ihnen eine Zeit lang zu, bis sie wieder stillhielten.

„Hast du gehört?"

Ich blinzelte und schaute mit einem Mal in seine hellen Augen, die mich interessiert ansahen. Ein Gefühl, innerlich vollkommen enthüllt zu sein, ließ mich wieder klar zu Verstand kommen.
„W-was?"
Bastien sah mich belustigt an.
„Ich fragte, ob du mit mir noch heute Abend einen Film ansehen willst."
„Ach so. Ja, klar", verlegen sah ich weg.
„Gut. Ach ja, Jane?"
„Hm?", ich sah wieder zu ihm.
„Wäre schön, wenn du nicht wieder mit offenen Augen einschlafen würdest. Wir sind nämlich gleich da."
Ich boxte ihm in den Bauch. Daraufhin lachte er und richtete seinen Blick wieder nach vorne. Die restliche Fahrt über verbrachten wir schweigend.

Am späteren Abend legte Bastien eine DVD in die Öffnung des DVD-Players, um den Filmabend zu beginnen. Ich saß mit angewinkelten Beinen auf der Couch, dabei hielt ich ein Kissen in meinen Armen fest umschlungen. Als Bastien sich auf der anderen Sitzseite ausstreckte, bat er mich ihm eine Decke rüberzureichen. Ich gab sie ihm und starrte dann gespannt auf den Bildschirm. Ein lautes Geräusch schallte durch das Zimmer und ein Werbespot von Twentieth Century Fox war am Fernseher erschienen. Bastien schnappte sich die Fernbedienung und spulte vor.

Ich kuschelte mich enger an die Couch, während Bastien im Hauptmenü den Film endlich startete. Wir sahen uns TITANIC an.

Während des Films trank ich eine heiße Schokolade. Gespannt sah ich dem Film zu, manchmal glitt mein Blick zu Bastien herüber, der entspannt die Geschichte verfolgte. Ich wunderte mich ein bisschen, dass er sich dazu überreden ließ, mit mir Titanic anzusehen. Mich berührte der Film sehr, meiner Meinung nach konnte man bei ihm den größten Liebesbeweis, den es in der Filmgeschichte gab, sehen. Immer wieder packten mich die wunderschönen Liebesszenen und dann die daraufhin folgenden dramatischen Wendungen der Handlung. Am Ende des Films musste ich mich sehr zusammenreißen, um nicht laut loszuheulen. Bei der letzten Minute krallte ich mich fest in das Kissen und schluckte meine aufsteigenden Tränen wieder hinunter. Als das Lied *My heart will go on* erklang, stand Bastien auf und trug meine Tasse in die Küche. Ich blieb noch sitzen und lauschte dem Gesang von Celine Dion. Ich war so vertieft, dass ich nicht bemerkte, dass Bastien sich neben mich stellte und schmunzelnd ansah. Als er nach dem Lied die DVD wieder herausnahm, ging ich noch etwas mitgenommen nach oben ins Bad und putzte mir die Zähne. Nachdem ich fertig war, schlenderte ich in Richtung meines Zimmers. Auf dem Flur begegnete ich Bastien, der ebenfalls auf dem Weg in sein Zimmer war.

„Und? Wieder etwas beruhigt? Das nächste Mal sehen wir uns einen richtigen Horrorfilm an."

„Ja, okay."

„Gut, dann gute Nacht."

„Gute Nacht", wünschte ich ihm ebenfalls und öffnete dann die Tür. Nachdem ich mich ins Bett gelegt hatte, stellte ich den Wecker für morgen auf 8 Uhr. Ich schlief sehr schnell ein.

Kapitel 10

An diesem Morgen wachte ich früh und ausgeschlafen auf. Ein freudiges Kribbeln durchzuckte meinen ganzen Körper. Zwar hatten wir gestern nicht viel miteinander geredet, aber trotzdem war es ein netter Tag gewesen und, um das Wochenende noch schöner zu gestalten, entschloss ich mich ein Frühstück für Bastien vorzubereiten. Ich schlich leise am Gang vorbei, runter in die Küche. Dort holte ich als Erstes zwei Teller und Besteck heraus und legte alles auf dem Tisch ab. Ich steckte zwei Eier in den Eierkocher, der auf der Küchentheke stand, und wartete, bis sie fertig gekocht waren, und stellte sie in Eierbechern zusammen mit Wurst und Käse sowie Butter, Honig, Marmelade und Nutella auf den Tisch,. Als Nächstes nahm ich Schokocrisps und vermischte sie mit Erdbeerjoghurt in zwei Schüsseln. Zuletzt stellte ich den Toaster bereit und setzte den Kaffee auf. Schnell ging ich noch ins Bad und machte mich ein wenig frisch und zog mir ein hübsches Kleid mit Blumenmuster an, dann wartete ich in der Küche auf Bastien. Als er wenig später in die Küche kam, war er überrascht, setzte sich dann aber lächelnd und mit dankbarem Blick an den Tisch. Ich stand auf und schenkte ihm eine Tasse Kaffee ein, dann drückte ich den Toaster nach unten und nahm mir ebenfalls Kaffee.

„Das sieht alles lecker aus! So viel Mühe hättest du dir nicht machen müssen."

„Ach, was gibt es Besseres, als ein gemeinsames Frühstück an einem Sonntag", meinte ich lächelnd.

„Ja, stimmt."

Plop

„Lass nur, ich kümmere mich darum", sagte er und forderte mich auf mich wieder hinzusetzen. Also sah ich ihm zu, wie er mir und sich selber jeweils eine Scheibe Toast auf den Teller legte und anschließend weitere in den Toaster steckte.

„Danke", ich schmierte mir eine dicke Schicht Nutella auf und biss herzhaft hinein. Er strich sich selber eine Schicht Butter mit Honig auf. Wir aßen friedlich den Rest unseres Frühstücks, während die Sonne leuchtend hell die weiße Küche erstrahlen ließ. Danach spülten wir gemeinsam das Geschirr mit warmem Wasser ab, trockneten es ab und verstauten es in den Regalen. Ich war sichtlich froh darüber, dass ich mich hier so gut auskannte, schließlich hatte ich genug Zeit, mir die einzelnen Fächer genau anzusehen. Nach dem Spülen wischte ich noch den Tisch ab. Bastien bedankte sich noch einmal und verschwand in seinem Zimmer. Ich ging ebenfalls nach oben, um in meinem Raum das Fenster zu öffnen und den Bettbezug auszuschütteln. Kurz darauf ließ ich mich in das Bett fallen, nahm ein Buch aus dem Koffer und fing an zu lesen. Der ganze Sonntag verlief entspannt und ich wachte am nächsten Morgen sehr früh auf, um mich für die Arbeit vorzubereiten. Ich war seltsam beruhigt, als ich die Stufen nach unten ging und die Küche leer auffand. Ganz egal wie oft ich mir seit meiner Ankunft gewünscht hatte mit Bastien vor der Arbeit zu reden, so war ich jetzt froh darüber, ihn nicht in der Früh einen Kaffee trinken zu sehen oder Ähnliches. Ich musste mir eingestehen, obwohl ich es selbst nicht verstand, dass es mich jetzt beunruhigte, Bastien immer näherzukommen. Es war wie eine Blockade, die mich davon abhielt, weiterzugehen, denn obwohl dieser Spaziergang, der Filmeabend und das gemeinsame Frühstück scheinbar nur ganz normale Aktivitäten waren, so dienten sie in Wirklichkeit dem Zweck, uns darauf vorzubereiten, was in den kommenden Tagen noch alles geschehen würde. Damals als wir noch ein Paar waren, hatten mir solche *Kleinigkeiten* gut gefallen. Jetzt jedoch hatte ich vergessen, wie es war, mit solchen Gefühlen umzugehen. Mir erschien alles völlig anders als vor einigen Jahren, seitdem hatte sich vieles geändert.

Ich schüttelte den Kopf, da ich mich jetzt nicht mehr länger damit auseinandersetzen wollte. Nachdem es Zeit war, zur Arbeit aufzubrechen, nahm ich meine Schlüssel und machte mich auf den Weg. Als ich in meinem Büro ankam, musste ich feststellen, dass auf meinem Mahagonitisch bereits einige Papiere lagen. Ich stellte meine Tasche neben dem großen Tisch ab und öffnete das Fenster, um frische Luft, die noch einen leichten Hauch von morgendlichem Tau trug, in das Zimmer zu lassen. Ich atmete tief ein, um mein Gehirn mit frischem Sauerstoff zu füllen, und ging die Papiere durch. Es waren nur viele Termine, die auf den Computer übertragen werden sollten. Während ich den Laptop, der auf dem Tisch stand, startete und die Termine übertrug und die Papiere in die jeweiligen Fächer legte, die sich hinter mir im Schrank befanden, betrat die zweite Chefin den Raum.

„Guten Morgen. Na, wieder mit neuer Energie aufgetankt, bereit dem harten Arbeitstag zu trotzen?"

„Hallo Monika. Ja, ich bin bereit dem *harten* Arbeitstag zu trotzen."

„Gut, bin froh, dass du wieder da bist. Hab mich schon gelangweilt ohne dich, Jane", sagte die große Brünette, die trotz ihrer kräftigen Erscheinung einen ausgeprägten Humor besaß.

„Ja, bestimmt! Du brauchst ja schließlich jemanden, der hier neue Energie mitbringt."

„Genau, ich könnte auch einmal wieder Urlaub gebrauchen … Na, also gut, ich habe hier wichtige Meldungen, die schleunigst abgeschickt werden müssen", sie reichte mir die Blätter.

„Typisch Monika, kaum ist wieder ein Angestellter aus dem Urlaub zurück, drückst du ihm wieder einen Haufen Papiere in die Hand, die sofort rausgegeben werden sollen", schmunzelte ich.

„Natürlich, ich weiß doch, dass ihr euch sonst zu Tode langweilt", sie sah mich mit ihren dunkelblauen Augen an.

„Ja, du passt auf, dass wir nichts Unnötiges tun."

„Richtig. Ich will, dass ihr gefordert werdet, schließlich wächst man an so etwas", lächelte sie und zwinkerte mir noch zu, bis sie dann rausging und meine Tür hinter sich schloss.

„Ach, ja!", ich lehnte mich noch einen Augenblick zurück und stand dann auf, um das Fenster zu schließen. Danach machte ich mich daran, die Meldungen rauszuschicken. Zur einstündigen Mittagspause rief ich Amanda an, um kurz bei ihr vorbeizusehen. Ich ging die lange Treppe hinunter, bis ich bei der Tür angelangte, die in den Eingang sämtlicher Räume führte. Ich arbeitete ganz oben, zusammen mit Monika und den zwei Kollegen, die seit

Amandas Eingreifen glücklich und zufrieden miteinander sind. Direkt den Gang entlang, der sich vor der Eingangstür erstreckte, lag das Büro unserer Chefin, die den ganzen Konzern und die Zusammenarbeit mit unseren Vertragspartnern aufrechterhielt. Wir kümmerten uns um die wirtschaftlichen Versorgungen im und aus dem Umkreis unserer Stadt. Dabei war unser Gebäude relativ neutral ausgestattet. Ich öffnete die schwere Tür und ging raus in Richtung der Parkplätze, die nur für die Angestellten unserer Firma zugelassen waren. Den ganzen Weg bis zu meinem Haus schlängelte ich mich durch den Berufsverkehr. Dabei musste ich öfters bei roten Ampeln stehen bleiben und warten. Dieser Berufsverkehr war ganz normal in unserer Stadt, schließlich mussten die Leute aus unserer Stadt hinausfahren, um zu ihrer Arbeitsstelle zu kommen. In der Stadt selbst gab es nur wenige Firmen oder geeignete Arbeitsplätze für Neulinge. Als ich endlich ankam, begrüßte mich Amanda und wir gingen zusammen in die Küche, wo mir Globby lauthals entgegenmiaute. Ich streichelte ihr über den Kopf und sie rieb ihre feuchte Nase an meiner Hand. Es war ein schönes Gefühl, wieder zu Hause zu sein, auch wenn es nur für kurze Zeit war. Außerdem fand ich es gut, zu sehen, dass sich noch alles am selben Platz befand. Allerdings hätte ich auch nichts anderes erwartet, auf Amanda war Verlass, wenn man sie um etwas Wichtiges bat. Selbst wenn sie etwas durcheinanderbrachte oder etwas schiefging, konnte sie es im allerletzten Moment noch geradebiegen. Amanda machte mir einen Kaffee, den ich dankend annahm. Ich setzte mich mit ihr an den Esstisch und wir redeten über die bisherigen Geschehnisse. Mir tat es gut, sie wieder neben mir zu spüren, ihre freundliche und offene Art erfüllte mich mit Wärme. Ich wusste nur allzu gut, wie sehr ich sie vermisste. Ich war einfach viel zu oft zu rührselig. Nachdem ich zum Abschied Amanda umarmte, strich ich Globby noch einmal über den Kopf. Ich konnte schwören, in Globbys Augen Traurigkeit zu sehen, und hob sie deshalb hoch und drückte ihr einen dicken Kuss auf, den sie mit einer Anlehnung ihres Kopfes an meinen erwiderte. Amanda sah dabei die ganze Zeit zu, bis ich unsere Katze schließlich wieder nach unten ließ und ihr dann noch zuwinkte, bevor ich in meinen Wagen stieg. Während der Fahrt musste ich darüber lächeln, wie sehr sich Globby schon an mich gewöhnt hatte, genauso sehr wie ich sie gleich ins Herz geschlossen hatte, als ich sie damals auf der Straße fand. Wieder im Büro angekommen musste ich blinzeln, als ich den neuen Stapel Papiere sah, den mir Monika während meiner Mittagspause hingelegt hatte. Monika war für so etwas zuständig und bewerkstelligte neben den Aufgaben, die meine Kollegen und ich ebenfalls erledigten, auch noch die Dinge, zu der unsere Chefin keine Zeit hatte. Die Chefin erledigte viele Termine außer Haus und nahm zudem auch die wichtigsten Angebote entgegen. Ich vereinbarte neue Termine, die Anfang nächster Woche haufenweise auf mich zukommen würden. Als ich fertig damit war, rieb ich meine Augen und sah auf die Uhr. Das Telefon neben mir fing wieder an zu klingeln.

„Firma Tosiki, Hollow. Grüß Gott!"

„Shampton!", ich riss die Augen ganz weit auf.

„Bastien? Warum rufst du hier um diese Zeit an?", ein seltsames Gefühl durchfuhr mich.

Er lachte kurz und sagte dann: „Keine Sorge, ich halte dich nicht lange von deiner Arbeit ab. Ich wollte nur fragen, ob ich heute für uns griechisches Essen bestellen soll."

Ich kniff die Augen zu Schlitzen, als ob Bastien direkt vor mir stehen würde.

„Äh, tut mir leid, aber ich kann heute nicht! Ich habe noch einen großen Stapel Papiere vor mir liegen, die ich auf *keinen* Fall bis morgen so liegen lassen kann, und bis ich die fertig habe, wird es schon sehr spät sein ..."

„Na gut. Vielleicht dann morgen?"

„Ja oder ein anderes Mal. Du, ich muss jetzt auflegen, sonst werde ich nicht mehr fertig."

„Okay, mach's gut!",,

Ich legte schon auf, nachdem er das *gut* formuliert hatte. Ich sah vor mir auf den Tisch und hatte Gewissensbisse. Diese Papiere mussten nicht dringend heute erledigt werden. Ich senkte meinen Blick auf die Tischkante.

„Es tut mir leid, Bastien."

Mir wurde bewusst, dass ich noch nicht dazu bereit war, mit ihm zu schlafen, und das hieß, dass ich ihn auch nicht zu oft, zu nah um mich herum haben konnte. Ich würde das nicht aushalten, ihn abzuweisen, falls es mir zu schnell ging. Also musste ich ihm so weit wie möglich aus dem Weg gehen. Eine kleine Träne rann an meiner linken Wange hinab. Ich wischte sie mit meinem Handrücken weg und arbeitete den ganzen Stapel durch – bis tief in die Nacht hinein.

Kapitel 11

Völlig erledigt kam ich wie die letzten vier Wochen zu Hause an. Die letzten Tage über hatte ich nichts anderes getan, als Überstunden zu schuften und Termine für den nächsten Tag in meiner Freizeit vorzubereiten. Ich machte nur noch Pausen, um zu essen und zu schlafen. Allmählich fing sich mein Körper an zu beschweren. Das spürte ich deutlich, als ich fast die Treppe runtergestürzt wäre, weil ich eine Stufe vor Müdigkeit übersehen hatte. Jedoch konnte ich mich noch rechtzeitig am Geländer festhalten. Keuchend und noch aufgeregt von diesem Adrenalinkick hielt ich mich am Geländer der Treppe fest. Als sich mein Puls wieder einigermaßen beruhigt hatte, ging ich mit letzter Kraft ins Badezimmer, um daraufhin endgültig völlig erschöpft im Bett zu landen. Am nächsten Morgen stand ich noch früher als sonst auf und kaufte mir unterwegs zu meiner Arbeit einen Kaffee, den ich schnell hinunterkippte. Ich saß seit einer halben Stunde in meinem Büro und ging einige Papiere durch, als es klopfte und Monika eintrat.

„Was gibt es?", fragte ich und wendete meinen Blick wieder auf die Papiere.

Als sie nichts sagte, sah ich auf. Sie stand mit verschränkten Armen vor mir und sah mich mit besorgter Miene an.

„Du bist heute aber früh hier. Noch nicht einmal die Chefin ist hier und du weißt ja, dass sie immer mindestens zwei Stunden früher kommt als das andere Personal."

„Ja, ich habe mir für heute vorgenommen auch den Papierkram für die nächsten acht Monate durchzugehen und gegebenenfalls vorzubereiten und außerdem, du bist ja auch schon hier."

„Ja, ich bin ja auch die zweite Chefin", sagte sie, als würde das alles klären, und musterte mich eindringlich.

„Also, wenn es nichts gibt, könntest du mich wieder weiterarbeiten lassen."

„Wann hast du dir mal wieder etwas Entspannungszeit gegeben? Du machst doch nur noch Überstunden."

„Was? Das ist doch egal, ich will nur für die nächsten Monate nicht mehr so viel Papierkram erledigen und dafür muss ich das *jetzt* alles erledigen."

„Wirklich? Jane, ich finde du arbeitest zu viel. Hast du denn kein Privatleben mehr? Es ist wirklich nicht nötig, den Papierkram für die nächsten acht Monate vorzuverlegen. Das gehört zu meinem Arbeitsbereich und *ich* teile auch die wichtigsten Informationen mit und Termine, die erledigt werden müssen. Es ist zwar schön, dass du dich so übereifrig um die Arbeit sorgst, aber ich habe langsam das Gefühl, dass es sich eher um etwas Persönliches handelt. Sonst hast du auch nicht um mehr Arbeit gebettelt."

„Ich bettle gar nicht um mehr Arbeit", erwiderte ich etwas patziger als beabsichtigt.

„Nein, das vielleicht nicht! Jedoch gehst du nicht wie alle anderen zum eigentlichen Arbeitsschluss nach Hause, und das mit immensem Abstand, oder du kommst viel früher, als es nötig ist. Mal ganz ehrlich, irgendetwas bedrückt dich doch, sodass du nicht einmal mehr nach Hause gehen willst."

Ich saß stumm da und sah ihr dann direkt in die Augen.

„Es ist alles in Ordnung, wirklich. Ich hatte *wirklich* nur vor, in den nächsten Monaten nicht so viel Papierkram erledigen zu müssen. Sobald ich alles abgearbeitet habe, nehme ich mir ja frei", brachte ich so glaubwürdig, wie es mir nur gelang, hervor.

„Also ..." Monika sah nicht ganz zufriedengestellt aus.

„Wirklich, Monika. Ich habe dann viel Freizeit, wenn ich das tue, und das habe ich mir vorgenommen. Vielleicht liegt das daran, dass ich noch immer im Urlaubsfieber bin", log ich.

„Hm, also gut. Ich möchte aber, dass du dich nicht mehr weiter mit den Terminen der nächsten Monate beschäftigst. Du wirst nur noch das arbeiten, was ich dir als Auftrag gebe", sagte sie ernst und ging endlich aus meinem Büro.

Ich seufzte und starrte aus dem Fenster. Es half alles nichts, ich musste einsehen, dass ich von nun an dem Thema nicht mehr länger aus dem Weg gehen konnte. Ich stand auf und holte mir aus unserem Konferenzraum eine Tasse frischen Kaffee. Allmählich hing mir der eklige zwei Tage alte Kaffee von dem kleinen Shop zum Hals heraus. Da ich ja schon die Aufträge von heute erledigt hatte, wartete ich nur noch auf das Ende meines 10-Stunden-Jobs. Pünktlich zum Arbeitsschluss packte ich meine Sachen und verschloss mein Büro.

„Es ist schön, zu sehen, dass du auch Schluss machst. Anscheinend hat meine kleine Standpauke doch etwas gebracht. Ich habe mir langsam echt Sorgen gemacht." Ich drehte mich um und sah Monika, die mir zulächelte.

„Ja, die hat gereicht. Ich höre jetzt auf damit, noch mehr vorzubereiten, als nötig ist, und Überstunden zu schuften. Tut mir wirklich leid, dass du dir Sorgen um mich machen musstest."

„Gut. Hab ein schönes Wochenende!"

„Danke, dir auch", meinte ich tonlos und ging nach draußen. Die Abendsonne blendete mich, sodass ich für einen Moment meine Augen zusammenkneifen musste. Als ich sie wieder öffnete, umgaben mich der Alltagsstress anderer Leute und die prächtigen Farben der Sonne. Dabei schien alles wie in ein neues Licht getaucht, als wäre jetzt die Zeit zum Handeln gekommen. Ich wusste schon seit längerer Zeit, dass ich nicht mehr davonlaufen konnte, und das hatte ich nun auch nicht mehr vor. Jedoch war ich deshalb nicht weniger nervös. Dieses bedrückende Gefühl schien sogar noch zugenommen zu haben. Trotz alledem machte ich mich auf den Heimweg, diesmal war ich zu Fuß zur Arbeit erschienen, und ich freute mich darauf, daheim sofort ins Bett gehen zu können. Heute nahm ich mir vor den verpassten Schlaf nachzuholen. Ich freute mich so sehr auf mein Bett, dass ich den ganzen Heimweg hindurch nicht einmal stehen blieb, um zu verschnaufen. Als ich endlich vor der Haustür angekommen war und stehen blieb, durchzuckte mich ein heftiges Seitenstechen und ich musste erst einmal ganz still stehen. Wahrscheinlich war ich doch ein bisschen zu schnell gegangen. Nachdem es wieder aufgehört hatte, nahm ich den Schlüssel heraus und wollte gerade aufsperren, als plötzlich die Tür aufging und Bastien mich erst überrascht ansah, dann aber sofort in das Haus reinzog und die Tür verschloss. Ich konnte gar nichts erwidern oder denken, weil ich völlig überrumpelt war.

„Jane! Ich wollte dich gerade von der Arbeit abholen, als ich sah, dass dein Auto noch in der Einfahrt stand und ich dich trotzdem nicht im Haus finden konnte. Das hat sich dann aber wohl erledigt", er hob mich hoch und schwang mich leicht herum.

„B... Ba-stien ... Lass mich runter!!!", rief ich, unfähig mich loszureißen. Er stieß leise Grunzlaute aus, dann wirbelte er mich kurz nur noch wilder herum, sodass ich mich Halt suchend an ihm festkrallte.

„Bastien, lass mich jetzt bitte runter!", schimpfte ich, jedoch konnte ich dabei ein kurzes Auflachen nicht unterdrücken.

Er setzte mich behutsam auf dem Boden ab und stützte mich, indem er einen Arm um meine Taille schwang, da meine Knie drohten einzuknicken.

„Warum wolltest du mich abholen?", fragte ich und nahm seinen Arm von meiner Taille, um wieder eigenständig aufrechtzustehen.

Es sah kurz so aus, als wollte er wieder einen Arm um mich schwingen, als ich ein wenig zur Seite kippte. Ich fing mich jedoch gleich wieder und er machte keine weiteren Anstalten mehr, mich zu stützen.

„Warum? Also ich finde, wir haben uns die letzten Tage nicht oft gesehen, weil du in letzter Zeit so viel arbeitest und da dachte ich ..."

„Keine Sorge, das ist jetzt vorbei. Ich werd es ab sofort wieder ruhiger angehen lassen. Das ist echt lieb von dir, dass du mich abholen wolltest, aber jetzt bin ich ja schon hier. Das hättest du mir aber auch wirklich früher sagen können, dann wäre ich nicht den ganzen Weg zu Fuß gegangen", lachte ich und kniff ihn ganz leicht in den Arm.

„Ja, sorry. Das ist jetzt aber auch egal, weil ich eine Überraschung für dich habe. Wir machen nämlich jetzt einen kleinen Ausflug."

„Ach ja. Wohin?"

„Das wirst du schon sehen", seine Augen fingen an zu strahlen. Ich sah ihnen dabei gespannt zu.

„Also, kommst du mit?"

„Ähm ... Eigentlich wollte ich ins Bett gehen ...", ich sah ihn an. Er musterte mich von oben bis unten, dabei spürte ich, wie mein Puls zu rasen anfing. Ich konnte es nicht aufhalten und ich wusste auch nicht, wieso ich derart reagierte.

„Aber ... Wenn du versprichst, dass es nichts ist, wobei ich mich großartig anstrengen muss, und wenn es dir nichts ausmacht, dass du von mir heute nicht mehr allzu viel zu erwarten hast, komm ich mit."

„Nein, es ist nichts, wobei man sich besonders anstrengen muss, und was das andere angeht, du wirst schon viel aufgeweckter sein, wenn wir erst einmal angekommen sind", meinte er mit rätselhaftem Blick.

„Okay, wann geht es los?"

„Ich würde sagen, jetzt gleich."

„Warte! Muss ich mir etwas anderes anziehen oder passt mein Outfit?", ich sah an mir herunter, auf meinen langen schwarzen Rock und auf meine Blümchenbluse.

„Ja, das passt! Komm, wir wollen doch pünktlich da sein", sprach er und griff nach einer Decke, die im Schubfach einer Kommode im Gang lag.

„Wozu brauchst du die Decke?"

„Vertrau mir, das wirst du noch früh genug erfahren", er packte mich am rechten Handgelenk und zog mich hinter sich her aus dem Haus, zum Beifahrersitz in seinen Wagen. Als ich drinsaß, machte er die Beifahrertür zu und setzte sich ans Steuer. Wir fuhren entlang einer Straße, die ich nicht kannte. Ich sah hinaus in die Nacht, während der Mond über uns leuchtete.

„Wir sind gleich da", flüsterte Bastien schon beinahe.

Ich sah ihn von der Seite aus an und schaute noch einmal aus dem Fenster, um den Ort zu entdecken, wo wir hinfuhren. Doch ich konnte nichts erkennen, was mir einen Hinweis darauf geben konnte. Die ganze Umgebung schien völlig normal zu sein, deshalb gab ich es auch auf, weiter darüber nachzudenken.

Er sagte ja, dass ich es schon noch früh genug erfahren würde. Wir fuhren noch ein Stückchen weiter und dann schienen wir angekommen zu sein, denn er parkte plötzlich in einer Wiese. Ich stieg aus und tatsächlich konnte ich vor mir einen Abhang erkennen. Ich sah zu Bastien hinüber und er bestätigte meinen fragenden Blick, indem er die Decke aus dem Auto herausholte und auf den Abhang zuging. In sicherem Abstand dazu breitete er die Decke aus und winkte mir einladend zu. Ich ging zu ihm und wir setzten uns auf die Decke. Vor uns lag das Meer, auf dem funkelnde Sterne sich widerspiegelten. Ich sah gespannt nach oben in den schwarzen Himmel. Dort oben strahlten Dutzende von Sternen um die Wette. Der Anblick war so schön, dass es mir für einen Moment lang die Sprache verschlug. Jetzt wusste ich, was Bastien vorhin gemeint hatte, dass man bei diesem Anblick alle Sorgen um sich herum einfach vergaß. Er sah mich lächelnd an.

„Ich wusste, dass es dir hier gefallen würde."

„Ja, es ist wunderschön. Wie hast du nur so einen Ort finden können, mir ist diese Umgebung völlig unbekannt", ich sah verträumt auf das Meer, die Sterne und dann schließlich zu ihm.

„Also, es ist kaum zu glauben, aber das war nur ein reiner Zufall. Ich hatte es einmal in dieser Woche ziemlich eilig und habe deshalb nicht genau aufgepasst, wo ich eigentlich hinfuhr. Ich war mit den Gedanken woanders ... Tja, schließlich bin ich bei der Kreuzung zu sehr in die andere Richtung gerutscht und hinter mir sammelte sich ein ganz schöner Stau, deshalb dachte ich mir, dieser Weg wird mich schon irgendwo hinführen, wo ich mich wieder auskenne, und so bin ich in die andere Richtung abgebogen. Verstehst du, ich kannte den Weg auch nicht und je weiter ich fuhr, desto mehr fragte ich mich, wo ich eigentlich jetzt entlang musste. Ich wollte bei der nächstbesten Gelegenheit umkehren und dabei fuhr ich dann an diesem Abhang vorbei. Also ich bin umgekehrt und bin meinen eigentlichen Weg gefahren. Später bin ich dann noch einmal hierhergefahren und der Anblick war so schön, dass ich ihn mir unbedingt merken musste", er sah mich mit strahlenden Augen an. Ich nickte und sah ihm in die Augen. Sie waren heller als die Sterne und mein Herz machte einen freudigen Sprung, als sie aufleuchteten, nachdem ich sie genauestens betrachtete. Ich sah schmunzelnd zu Boden und fand es wirklich eigenartig, wie dieser Ort all meine Vorhaben zunichte werden ließ. Es schien sogar nicht einmal nur der Ort zu sein, es bedurfte nur eines Blickes von dem Mann, der im Augenblick neben mir saß und mich von oben bis unten musterte. Ich verstand gar nichts mehr und trotzdem machte es mir seltsamerweise nichts aus. Einfach völlig unbekümmert stützte ich mich auf meinen Armen ab und richtete meinen Blick nach vorne. Aus den Augenwinkeln heraus konnte ich sehen, wie Bastien sich bewegte. Es blieb einige Zeit still zwischen uns, bis auf mein Inneres, das sich nicht mehr beruhigen wollte, war alles wie versteinert. Irgendwann legte ich mich seufzend auf die Decke. Bastien drehte sich zu mir und sah mich merkwürdig an.

„Geht es dir gut?"

Ich blinzelte und sagte nur ein einziges: „Ja."

„Mhm ... Ich dachte nur."

Ich setzte mich auf und sah ihn mit gerunzelter Stirn an.

„Du dachtest was?"

„Nichts, wirklich!", er sah auf eine Haarsträhne, die sich auf meiner Wange kringelte.

Ich sah ihn noch irritierter an und drehte mich nun vollständig ihm zu.

„Was?" Er grinste mich übermütig an.

„Nichts, wirklich!", machte ich es ihm nach und war froh darüber, ihn wie immer, nur noch mehr grinsend, zu sehen.

Er lehnte sich zurück und legte seine Hand zufällig auf meine. Wir sahen beide auf unsere Hände und dann hob ich meinen Kopf, um ihn anzusehen. Jetzt sah er mir direkt in die Augen und mein Blut fing an zu kochen. Mir stieg eine Wärme ins Gesicht und mein Atem ging flach. Sein Blick wanderte zu meinen Lippen und ich rückte automatisch näher zu ihm. Sein Blick fesselte mich und wir waren nur noch eine Handbreit voneinander entfernt. Ich spürte seinen warmen Körper, der die kühle Luft um uns herum zu erwärmen schien. Ich rieb mir mit meinen Händen über die Arme, um die Gänsehaut zu vertreiben. Er sah mich immer noch vollständig an und meine Entscheidung, ihm aus dem Weg zu gehen, verschwand in dem Augenblick, als seine Lippen meine berührten. Zunächst war er sanft, wurde aber immer fordernder, als ich mich ihm völlig hingab. Unsere Münder verschmolzen miteinander und der Kuss wurde mit jeder Sekunde leidenschaftlicher. Ich schmeckte das, was ihn die ganze Zeit beinhaltete, und umgekehrt. Ich schlang meine Arme um seinen Hals und er drückte mich enger an sich. Mir wurde immer heißer und ich drohte zu verglühen, wenn er nicht rechtzeitig den Kuss unterbrochen hätte. Ich rückte so weit von ihm ab, dass ich zwar weit genug auf Abstand zu ihm war, aber trotzdem noch seine Körpertemperatur spüren konnte. Mit meiner Zungenspitze fuhr ich über meine noch vom Kuss erhitzten Lippen und sah dabei zu Bastien, der langsam aufstand und so leise etwas von sich gab, dass ich ihn fast nicht verstehen konnte.

„Wir sollten langsam wieder nach Hause fahren."

Ich nickte nur, weil ich kein einziges Wort hervorbrachte. Als ich ebenfalls aufstand, legte er die Decke zusammen und wir gingen in peinlicher Stille zum Wagen. Auf dem Heimweg hatten wir kein einziges Wort miteinander gewechselt, was mir im Moment nur ganz recht war. Mein ganzer Körper kribbelte immer noch und ich musste mich am Sitz festkrallen, damit ich mich nicht auf Bastien stürzte und da weitermachte, wo er uns unterbrochen hatte. Als ich dachte, ich könnte es nicht mehr länger aushalten, so nah neben ihm zu sitzen, waren wir endlich angekommen. Blitzartig stieg ich aus und ignorierte den Blick, den mir Bastien zuwarf. Ich stand schon vor der Haustür und musste ein nervöses Zittern unterdrücken, während Bastien langsam auf sie zutrat. Er nahm den Schlüssel zur Hand und konzentrierte sich auf das Schlüsselloch, dabei sah ich ihn von der Seite aus an. Mir war immer noch schleierhaft, wie ich mich vor ihm nur so hatte gehen lassen können. Nachdem wir beide eingetreten waren, standen wir eine Weile steif nebeneinander, bis Bastien schließlich meinte: „Okay, für heute war das …"

„Genügend, ja."

„Also …"

„Also ich …", ich blickte beschämt zu Boden und Bastien fing an zu grinsen. Der Kerl konnte es aber auch echt nicht lassen, während ich völlig aufgelöst war. Das war für mich schon wieder so ärgerlich, dass es schon fast lächerlich wurde.

„Danke für diesen Abend. Es war wirklich wunderschön", sagte ich mit einer Wahrheit, die ich an diesem Abend sicher nicht noch einmal zustande bringen würde.

Er nickte und sah mir noch nach, bis ich oben verschwand. Ich schloss die Tür und lehnte mich gegen sie. Ich wusste, dass ich meine Gedanken wieder neu ordnen musste, sonst könnte ich nicht mehr einschlafen, was ich aber dringend notwendig hatte nach den letzten Tagen oder besser gesagt Wochen. Immer wieder erschien mir das Bild, wo wir uns auf der Decke küssten. Ich hatte immer noch seinen Geschmack auf meinen Lippen. Er war der beste Liebhaber gewesen, mit dem ich jemals zusammen war. Früher und auch heute. Er würde mir niemals wehtun und er respektierte auch als Einziger, dass ich etwas länger brauchte, um mir im Klaren zu sein, was ich eigentlich wann und wo machen wollte. Wiederum warum zweifelte ich immer wieder daran, dass er es nicht mehr wusste, er kannte mich doch. Solange ich daran dachte, konnte ich mich wieder neu ordnen und versuchen zu schlafen. Also legte ich mich ins Bett und machte einfach die Augen zu. Ich war froh, dass meine Müdigkeit die Oberhand behielt und mich tief und fest einschlafen ließ. Als ich am nächsten Morgen aufwachte, fühlte ich mich trotz der gemischten Gefühle frisch und ausgeschlafen. Die Sonne strahlte hell in das Zimmer, weil ich gestern vor lauter Aufregung und letztendlich vor Müdigkeit vergessen hatte die Rollos runterzulassen. Ich versuchte den Tag so gut, wie es eben ging, zu genießen, denn es war der erste Tag meines Wochenendes.

Kapitel 12

Als sich die Abendsonne langsam der Dunkelheit hingab, ging ich die Treppen hinunter und lief mit eiligen Schritten Richtung Terrasse. Ich öffnete die weiße Schiebetür und trat hinaus, um die liebliche Atmosphäre auf meiner Haut zu spüren, während vereinzelt goldene Lichter die Terrasse in einen Nebelschleier hüllten. Mit angehaltenem Atem näherte ich mich der Hängematte, die zwischen zwei Palmen gespannt war. Ich setzte mich neben Bastien, der bereits dem bunten Farbenspiel zusah. Vor mir ereignete sich ein unglaubliches Schauspiel. Als würden die letzten Sonnenstrahlen versuchen jegliches Unheil, das jeden Tag geschah, mit diesem Farbmuster zu verwischen. Das alles erinnerte mich an einen Film, den ich mir früher immer angesehen hatte. Wie das Farbenspiel des Windes, aus Walt Disneys Pocahontas, schienen sämtliche Elemente darauf aus zu sein, dem Abend Harmonie zu schenken. Ich sah, berührt von dieser glücklichen Aura, zu Bastien. Er blickte gebannt auf den Horizont, bis er meinen Blick bemerkte, kurz seinen Blick zu mir wendete und dann nachdenklich wieder nach vorne sah. Wir saßen schweigend nebeneinander. Irgendetwas schien Bastien sehr zu beschäftigen, denn er runzelte öfters die Stirn, was ich aber in diesem Moment überhaupt nicht verstehen konnte. Ich wollte nicht länger darüber nachdenken, sonst würde ich mir noch eingestehen, dass selbst dieser Moment vom Alltag durchbrochen werden konnte. Von innerer Ruhe geprägt, lehnte ich meinen Kopf sanft an seine Schulter an. Das gleichmäßige Geräusch seines Atems ließ mich wissen, dass alles in bester Ordnung war, solange er hier war. Dieses Gefühl des Schutzes und die völlig unüberlegte Nähe ließen meine Barriere vollständig auflösen, sodass ich mich nach vorne beugte und nur noch meine Lippen auf die seinen legen konnte.

Ich brauchte ihre Wärme, um mir sicher zu sein, dass er mich jetzt nicht allein ließ, jetzt, wo ich mir noch nie so sicher gewesen war. Er legte beide Arme um meine Taille und schlang seine Zunge um die meine. Ich seufzte in seinen Mund hinein und ließ mich langsam in die Hängematte fallen. Er folgte mir dabei und umhüllte mich jetzt komplett mit seinem Körper. Wir drückten uns so sehr aneinander, dass ich die große Beule seines Unterleibs deutlich an meinem linken Oberschenkel spürte. Ich schlang meine Arme um seinen Hals und er erhob sich mit mir. Noch nie fühlte ich mich so leicht und beflügelt. Auf dem ganzen Weg ins Haus und über die Treppen hinauf bis hin zu seiner Schlafzimmertür küssten wir uns weiter. Ich half ihm die Türklinke zu betätigen und er kickte mit seinem Fuß gegen die Tür, um sie aufzuschwingen. Er trat mit mir hinein und legte mich vorsichtig auf dem Bett ab, das mit schwarzen Lacken umhüllt war. Ich musste nicht lange warten, denn er öffnete nur seine Hose und küsste mich daraufhin wieder weiter. Er drängte mich weiter ins Bett hinein, währenddessen schälte ich mich aus meinem T-Shirt und warf es rechts von mir auf den Boden. Ich half ihm dabei, sein Oberteil ebenfalls loszuwerden, seine Lippen streiften dabei an meinem Hals entlang. Ich musste aufseufzen, als er an meinem empfindlichen Ohrläppchen sanft knabberte. Er drückte mich sanft, aber bestimmt in die Matratze. Ich sah ihm in die Augen und strich mit meiner Hand über seine Wange. Seine Augen blitzten auf und er fing an meinen BH zu öffnen. Ich liebte es, wenn sie aufleuchteten. Er streifte mir die Träger von den Schultern und warf ihn achtlos beiseite. Als er sich an meiner Hose zu schaffen machte, sah er mir dabei fest in die Augen. Ich lief etwas rot an, als er meine Hose abstreifte. Trotzdem sah er mir fest in die Augen, was mir ein Gefühl von Achtung und Sicherheit gab. Nachdem ich vollständig nackt unter ihm lag, bekam ich eine Gänsehaut von der plötzlichen Kälte, die mich umgab. Nicht lange war ich ihr ausgesetzt, denn er legte sich mit seinem kompletten Gewicht auf mich und seine Wärme durchfloss meinen ganzen Körper. Sein Blick glitt über meine Arme, über den Bauch bis hin zu meinen Beinen, dabei ließ er meinen Genitalbereich gekonnt aus. Meine Härchen stellten sich auf und es fühlte sich an, als wäre kein Körperteil mehr vor ihm sicher.

Ich wollte, dass er mich berührte, deshalb nahm ich seine Hände und legte sie auf meinen Bauch. Ganz langsam strich er rund um meinen Bauchnabel und wanderte dann nach oben zu meinen Armen und zurück zu meinen Brüsten. Er kniff spielerisch in die rechte Brust und rieb dann mit dem Daumen darüber. Ich musste leise aufstöhnen. Er schenkte mir ein Lächeln, wovon mir innerlich ganz warm wurde, und dann beugte er sich hinab zu meiner Brustwarze und umfing sie mit seinen Lippen. Anfangs strich er nur sanft darüber, bis er irgendwann daran zu saugen begann. Ich fuhr mit der einen Hand in seine Haare und mit der anderen hielt ich mich an seiner Taille fest. Als er mit der Brust fertig war, widmete er sich der anderen. Er streichelte mich dabei und es fühlte sich an, als wären seine Hände überall. Ich spürte, wie es zwischen meinen Beinen immer heißer und feuchter wurde, und unterdrückte ein Stöhnen. Er wanderte mit seinen Lippen immer weiter hinunter, als er vor meiner Scham war, hielt er kurz inne, dann glitt er mit seiner Zunge in mich hinein. Ich stöhnte heftig auf. Er ließ seine Zunge kreisen, stieß sie hinein, sog, leckte und wurde dabei immer schneller. Ich bewegte mich dabei im Rhythmus und drückte seinen Kopf fester zu mir. Als ich meinen Höhepunkt erreichte, fing ich an zu schreien. Wellen der Ekstase durchfluteten mich und ich wollte mehr. Ich versuchte seine Hose runterzuziehen, aber es gelang mir nicht. Er stoppte und half mir dabei, sich seiner Hose zu entledigen. Als er die Hose samt Unterhose ins Eck warf, glitt mein Blick zugleich zu seinem besten Stück. Er war vollständig bereit für mich und ich fuhr mit meiner Fingerspitze neckisch über seine Spitze. Er spannte sofort sein Becken an und ich umfasste ihn komplett mit meiner Hand. Mir gefiel es, dass solch einfache Berührungen bei ihm so viel ausmachen konnten. Ich hockte mich auf und küsste ihn, dabei rieb ich über seinen Schaft. Er bewegte sich rhythmisch dazu und ich wollte mich hinabbeugen, um ihn genauso zum Höhepunkt zu bringen, wie er mich, aber er legte zwei Finger an mein Kinn und führte es so weit nach oben, dass er mich an meiner Nasenspitze küssen konnte. Sofort wurde ich wieder erregt. Ich wollte ihn nur noch in mir spüren, also rieb ich mich demonstrativ an ihm. Er hob mich hoch und postierte mich so, dass ich mich nur noch nach unten gleiten lassen musste, um ihn zu umfangen. Ich spannte meine Beckenmuskeln an und nahm ihn Stück für Stück weiter in mir auf, bis er schließlich ganz in mir versunken war. Mein Herz klopfte wie wild. Wir küssten uns wieder und er strich mit seiner Hand über meine Brust und bewegte sich anfangs erst langsam auf und ab. Ich schlang meine Beine um seinen Körper und ließ ihn großzügig ein und aus gleiten. Seine feinen Brusthärchen kitzelten über meine Brüste. Ich spürte seinen Herztakt und ich bewegte mich zu ihm. Wir wurden immer schneller und mein Orgasmus verwandelte sich in eine Explosion. Als ich kurz vor meinem Höhepunkt stand, war ich erfreut darüber, dass er ebenfalls davorstand, denn er wurde immer schneller und stieß kräftiger zu, sodass wir beide nur noch keuchten. Ich schrie auf und nahm ihn mit, als ich in seinen Hals biss. Erschöpft glitt er aus mir heraus und legte sich neben mich. Er zog mich mit sich, sodass ich zwischen seinen Beinen, mit dem Kopf auf seiner Brust, lag. Sie war mit Schweiß bedeckt und ein kalter Schauer lief über meinen Rücken. Sein Bauch hob und senkte sich, nach Luft schnappend, deshalb befreite ich mich aus seiner Umklammerung und kuschelte mich an seine Seite ran. Er schlang einen Arm um mich und ich drückte mich fester an ihn.

Wir lagen schnaufend ein paar Minuten so da, dann griff er nach der Decke und streifte sie uns über. Ich sah kurz zu ihm auf, seine Augen waren geschlossen und sein Gesicht entspannt. Insgesamt schien er recht befriedigt zu sein, was mich seltsamerweise mit Stolz erfüllte. Mit meinen Fingern fuhr ich, völlig verzaubert von diesem Moment, seinen Bauch entlang und den Ansatz seiner Haare, die zu seinem Stab führten. Plötzlich packte er meine Hand.

„Wenn du nicht damit aufhörst, muss ich dich noch einmal beglücken", meinte er mit einem matten Lächeln.

Ich entriss ihm meine Hände.

„Ach ja? Du und noch einmal beglücken. Du bist heute zu gar nichts mehr fähig", sagte ich belustigt und umfasste direkt seinen Penis.

Schnell schlug er seine Augen auf, in denen zu meiner Überraschung ein loderndes Feuer brannte. Er packte mich mit beiden Armen an meiner Taille und kniff mit seiner Hand in meine Seite und in meinen Po. Ich musste laut loskichern und versuchte mich verzweifelt aus seiner Umklammerung zu lösen. Es gelang mir aber nicht.

„Arrgh! Bastien, hör auf! Hahaha. Bitte, ich kann nicht mehr!!!"

Er ließ mich los. Völlig aus der Puste schnappte ich dankbar nach Luft.

„Und?", er kniff mich wieder in die Seite, sodass ich mich einige Zentimeter von ihm entfernte.

„Ist ja gut! Ich sag nicht mehr, dass du erledigt bist nach dem Sex. Du bist anscheinend nicht so wie die anderen Männer, die sofort selig und befriedigt einschlafen", ich sah zu ihm hinüber und er grinste mich voller Leben an.

„Tja, schade, dass ich nicht sagen kann, dass das auf Gegenseitigkeit beruht. Du *bist* wie andere Frauen, die unbedingt nach dem Sex den Mann noch ärgern müssen", meinte er noch weiter grinsend.

„Ach du!", ich sah ihn gespielt beleidigt an.

Daraufhin musste er laut auflachen.

„Okay, können wir jetzt damit aufhören, über du-weißt-schon-was zu reden, bevor ich mir nur noch Gedanken darüber mache, was ich besser machen hätte können!"

„Das brauchst du nicht! Es war wirklich schön."

Er hob seinen Arm einladend hoch. Ich sah ihn erst argwöhnisch an, dann kuschelte ich mich aber doch wieder an ihn. Er streichelte mir sanft über meinen Arm. Ich starrte einige Zeit lang an die Decke, bis ich merkte, dass Bastiens Atem flacher ging. Ich hob vorsichtig seinen Arm an, um mich darunter wegzurollen, doch kaum hatte ich das geschafft, umschloss er mich wieder kräftig.

„Ich dachte, du würdest schon schlafen."

„Nein", entgegnete er dennoch etwas schlaff.

„Ach so."

Ich kuschelte mich wieder an ihn. Es dauerte nicht lange, bis er einschlief. Ich sah ihm noch eine Weile beim Schlafen zu, bis mich schließlich selbst der Schlaf einholte. Ich träumte von seinem engelsgleichen Gesicht.

Am nächsten Morgen wachte ich völlig entspannt auf. Ich drehte mich auf die Seite und musste die Stelle neben mir leer vorfinden. Ich streckte mich aus und sah besorgt auf die Uhr, es war bereits halb elf vormittags. Plötzlich öffnete sich die Tür und Bastien kam mit einem Tablett in der Hand ans Bett getreten. Es duftete nach frisch gebackenem Croissant.

„Morgen! Ich dachte mir, heute mache ich einmal das Frühstück."

„Das ist lieb von dir!", ich gähnte noch einmal ausgiebig und setzte mich dann auf. Beim Anblick des Frühstücks und beim Grummeln meines Magens staute sich das Wasser in meinen Mund zusammen. Herzhaft biss ich in das Croissant und leckte mir über die Lippen. Ich aß wie eine Verhungernde und stoppte erst, nachdem ich satt war und nichts mehr von dem Hörnchen übrig geblieben war.

„Uff! Das hab ich jetzt richtig gebraucht. Du weißt ja gar nicht, wie wenig ich gestern gegessen habe", ich stützte mich mit meinen Armen auf der Matratze ab und sah von dort aus zu ihm auf.

Er stellte das Tablett auf die Kommode, die rechts neben dem Bettpfosten an der Wand stand ab.

„Doch, irgendwie hab ich mir so was schon gedacht", entgegnete er grinsend.

Ich streckte ihm die Zunge raus.

„Bereit für Runde zwei?", er hockte sich so schnell vor mir auf das Bett, dass er mich überrumpelte, als er mir einen Kuss auf die Lippen drückte.

„Mhm ... Äh, stopp mal kurz, ich ... weiß nicht, willst du wirklich?", aber als ich in seine Augen sah, wusste ich es.

Ich lief rot an, drückte ihm aber auch einen Kuss auf. Er sah mich wieder genauso an, wie er es zuvor in den letzten acht Stunden getan hatte. Meine Bauchmuskeln spannten sich an und die Hitze erfüllte wieder meinen ganzen Unterleib. Plötzlich fing mein Handy an laut zu summen. Ich schaute ihn entschuldigend an und fischte nach meiner Hose, in der mein Handy in der rechten Hosentasche war. Ich atmete erst einmal kräftig aus, bevor ich ranging.

„H-hallo?"

„Hey, Jane! Ich wollte nur mal fragen, was du heute so vorhast?"

„Warte mal kurz!", ich drehte mich zu Bastien um und formte mit meinem Mund *Amanda*. Er nickte und ich stand auf, sammelte meine am Boden verstreut liegenden Klamotten zusammen und ging rüber ins Badezimmer.

„So. Also was wolltest du, Amanda?"

„Ich wollte fragen, was du heute so machst."

„Darüber hab ich noch gar nicht nachgedacht", ich strich mir gedankenverloren eine Haarsträhne aus dem Gesicht.

„Ach so. Hast du dann Lust, am Nachmittag zu mir zu Kaffee und Kuchen zu kommen?"

„Hm?", ich ging nervös auf und ab.

„Ah ja. Kann es sein, dass du heute nicht ganz da bist?"

„Mja", ich klemmte mir das Handy hinters Ohr und zog mir geschickt das Shirt über.

„Okay, was ist passiert?", fragte Amanda auf einmal, völlig hellhörig geworden.

„Ich … Ich hab gestern mit Bastien geschlafen!"

„Echt? Ich wusste, dass es nicht mehr lange dauern konnte, und wie war's?"

„Also, es war sehr schön. Ich hab mich auch völlig wohl dabei gefühlt."

„Das ist schön zu hören. Kommst du nachher vorbei und wir reden mehr darüber?"

„Ja, mache ich!", ich sah in den Spiegel und zupfte mir meine Augenbrauen zurecht.

„Also bis nachher?", Amanda klang fast so, als müsste sie mich vor lauter Aufregung noch einmal daran erinnern. Ich musste schmunzeln.

„Ja, bis nachher dann."

Ich legte das Handy beiseite und sah lange in den Spiegel. Mein Gesicht sah völlig entspannt, ja sogar merkwürdig befreit aus. Ich grinste mir freudig zu, dann nahm ich die Seife und wusch mein Gesicht ausgiebig.

Als ich nach ein paar Minuten wieder das Zimmer betrat, war Bastien bereits weg. Also schaute ich in jedem Zimmer nach ihm und fand ihn schließlich in der Küche. Er spülte gerade ein paar Tassen aus. Ich trat neben ihn.

„Na, was brauchte Amanda?"

„Nichts. Ich fahr aber gleich zu ihr."

„Ah ja", er spülte unberührt die Tassen weiter ab, ich sah ihm dabei zu.

„Okay, wir sehen uns dann später?", das klang viel fordernder, als ich beabsichtigt hatte.

„Ja. Viel Spaß", meinte er nur.

Ich wusste zwar nicht wieso, aber es störte mich ein wenig, dass er es einfach so hinnahm. Allerdings was sollte er auch anderes tun? Manchmal wunderte ich mich selbst über meine Gedankengänge. Ich verscheuchte sie und ging hinaus zu meinem Wagen. Angeschnallt und startbereit ließ ich den Motor an und fuhr entlang der Veilchengasse in Richtung des nächsten Stadtteils. Bastiens Haus lag nämlich in einem anderen Bezirk der Stadt. Es war zugegeben der ruhigste Stadtteil, was mir gefiel, da ich ruhigere Gegenden mehr bevorzugte, aber auch der am meisten abgegrenzte Teil. Als ich bei mir zu Hause ankam und mich an den Esstisch setzte, war ich erleichtert, dass Nico nicht da war. Amanda erzählte mir, dass er zu einem Arbeitskollegen fahren musste, um etwas zu besprechen. Ich redete auch noch einmal kurz über den gestrigen Abend, aber nichts Intimeres, was sie auch gar nicht weiter hinterfragte. Ich fragte mich auch, was eigentlich Amanda und Nico immer so taten, damit ihnen nicht langweilig wurde. Jedoch unterbrach Amanda meine Gedanken.

„Also, wann willst du dich testen lassen, ob du schwanger geworden bist?", fragte sie mich und stellte mir ein Glas mit Wasser hin, nachdem wir vorher gemeinsam einen Kaffee getrunken hatten.

„Danke. So in zwei Wochen", murmelte ich und trank einen Schluck.

„Ja, bin gespannt."

„Und ich erst. Weiß gar nicht, ob ich schon darüber nachdenken möchte, wenn ich es nicht bin", platzte es aus mir heraus und ich stellte mein Glas ab.

„Tja, erst mal abwarten. Du musst mir aber dann sofort Bescheid geben oder am besten du kommst gleich zu mir."

Etwas Warmes streifte um meine Beine. Ich fuhr zusammen, musste aber erleichtert feststellen, dass es Globby war. Sie miaute mir fröhlich zu.

„Ah ja. Sie hat dich schon furchtbar vermisst. Sie schnüffelt immer an den Möbeln rum, wahrscheinlich, um deinen Duft aufzuschnappen."

„Och, Süße!", ich kraulte sie ordentlich hinterm Ohr.

„Hat sie sich schon eingelebt? Ich weiß noch, dass sie anfangs etwas scheuer war", fragte ich Amanda.

„Ja", antwortete sie trotz des eindeutigen Hinweises, den mir Globby brachte, als sie auf die Fensterbank sprang und wie wild zu miauen begann, nachdem sie den Postboten vorbeigehen sah.

Wir beide schmunzelten ihr zu. Als hätte sie das bemerkt, hüpfte sie wieder herunter und streifte erst um Amandas Beine herum und dann um meine.

„Na ja. Ich muss dann mal wieder ...", sagte ich und trank mein Glas komplett leer und stellte es in das Spülbecken.

„Ist, gut. Also du rührst dich dann."

„Ja, mach ich! Ciao, bis dann! Mach's gut, Globby!", ich strich der Katze noch über den Kopf, umarmte Amanda und ging eilig in Richtung Wagen, da ich für morgen noch was vorzubereiten hatte. Unterwegs fuhr ich der Sonne entgegen, die langsam den Weg weit vor mir zu berühren schien.

Kapitel 13

„Es hat nicht geklappt! Das ist doch wirklich Pech! War ja klar, dass es nicht gleich beim ersten Versuch klappte, wär ja auch zu schön gewesen", völlig aufgelöst ging ich im Zimmer auf und ab. Amanda verfolgte mich dabei mit ihren Augen, während sie auf dem Küchenstuhl saß.

„Schätzchen, jetzt beruhig dich erst mal. Es ist doch nichts Schlimmes passiert", versuchte Amanda mich zu beruhigen.

„Ach, aber schwanger bin ich auch nicht geworden! Jetzt kann ich noch einmal fragen, ob er mit mir schläft", entgegnete ich aufgebracht.

„Na, dann fragst du ihn eben noch einmal. Es ist ja nichts dabei, wir hatten ja ausgemacht, dass ihr es so lange miteinander versucht, bis du schwanger geworden bist. Außerdem kann keiner erwarten, dass das gleich beim ersten Mal der Fall sein sollte."

„Hrmpf! Du musst ihn das ja auch nicht fragen, mir fällt das nun mal nicht so leicht …"

Amanda stand auf und legte tröstend ihre Arme um mich. Auf einmal spürte ich einen tiefen Kloß in mir, ich wusste auch nicht, wie ich mir das vorstellen konnte, ein Kind im eigenen Leib zu tragen. Nur in diesem Moment spürte ich eine festsitzende Enttäuschung in mir, die sich wie lauter Nadelstiche in meine Magengrube drückte. Ich konnte nichts anderes tun, als mich gegen Amanda zu lehnen und es einfach hinzunehmen. Wie ich das Bastien überbringen sollte, durchdachte ich jetzt nicht. Es wäre sowieso das Beste gewesen, wenn ich überhaupt nicht daran gedacht hätte. Schließlich würden dann meine Gefühle frei zu ihm sprechen, und das hatte ich auch vor. Sie ließ mich wieder los und strich mir eine Haarsträhne aus dem Gesicht. Ich ließ mich einfach auf den Stuhl neben ihr fallen. Globby schaute zu mir auf und ich machte ihr mit traurigem Gesicht Platz. Sie sprang auf meinen Schoß und rollte sich zusammen. Ich fuhr über ihr seidig glattes Fell. Mit leerem Blick starrte ich vor mich hin und wusste nichts mit mir anzufangen. Ein heller Sonnenstrahl blendete mich kurzzeitig. Ich sah noch etwas verschwommen aus dem Fenster. Trotz meiner Stimmung und der vom gestrigen Tag nass gewordenen Blätter, die außen an der Fensterscheibe klebten, strahlte die Sonne warm und grell. Die Erkenntnis, dass ich trotz schwieriger Situationen nicht aufhören durfte weiterzuhoffen, traf mich wie ein Blitz. Ich spürte sie so deutlich, wie ich mir im Klaren war, dass alles seinen Zweck erfüllte. Ob wir nun den Zweck als gut betrachteten oder nicht, spielte keine Rolle. Es ging nur darum, ob man daran wuchs oder zugrunde ging, und auch wenn ich mir schlimme Situationen, die mich betrafen, sehr zu Herzen nahm, hatte ich nicht vor gute Dinge, die irgendwann im Leben auftauchten, zu verpassen. Ich wusste, wie viel es mir bedeutete, Menschen um mich herum glücklich zu sehen und ihnen in schwierigen Zeiten beizustehen, auch wenn das bedeutete, dass man selbst auf etwas verzichten musste. Irgendwann würde ich schon schwanger werden, auch wenn es etwas länger dauerte als beabsichtigt. Ich hob Globby von meinem Schoß und stand auf. Ein letztes Mal blinzelte ich noch und verabschiedete mich dann von den beiden, um wieder zurückzufahren. Die ganze Autofahrt über musste ich mir die verschiedensten Weisen vorstellen, wie Bastien auf meine Nachricht reagieren würde. Ich hätte mir aber nicht vorstellen können, dass er sich so verhalten würde, nachdem ich im Wohnzimmer auf ihn traf. Die Hände in die Hosentasche gesteckt stand er bereits im Raum, als ich ihn betrat, die Augen dabei auf mich gerichtet, als hätte er geahnt, dass ich ihm etwas Wichtiges mitzuteilen hätte.

Bei diesem Anblick blieb mir gar nichts anderes übrig, als ihm zu überbringen, dass ich nicht schwanger geworden war, und so stand er nun da. Er gab keinen Ton von sich und ich konnte auch nicht aus seiner verschlossenen Miene erraten, was er gerade dachte. Ich konnte mich nur auf die Couch setzen und warten, dass er etwas zu mir sagte. Die ganzen Minuten des Schweigens über, die mir wie Stunden vorkamen, fragte ich mich, warum er nicht irgendetwas von sich gab. Vielleicht einen enttäuschten

Blick oder irgendeinen Satz, wie „*Das macht doch nichts*", aber er reagierte gar nicht. Mir steckten schon die Worte „*Nun sag doch endlich was*" im Hals, doch ich schluckte sie wieder hinunter und so wartete ich mühsam ab, bis er sich schließlich mir gegenüber hinsetzte. Mein Blick streifte ihn kurz, ließ dann aber wieder von ihm ab. Endlich sagte er etwas.

„Wir könnten morgen Abend zusammen essen gehen."

„Was?", ich sah ihn irritiert an.

„Natürlich nur, wenn du Lust hast."

„Nein, das meinte ich nicht! Ich kam hier an und erzählte dir, dass ich nicht schwanger geworden bin, und du reagierst so, als würde es mich nicht geben. Ja, als ich hier ankam, standest du ihm Wohnzimmer und sagtest keinen einzigen Ton. Weißt du, wie sehr es mich schon in den Fingern kribbelte, einfach aufzustehen und es dir noch einmal ins Ohr zu schreien, und jetzt fragst du mich einfach so, ob wir morgen Abend essen gehen könnten? Sag mir mal, was ich jetzt denken oder wie ich reagieren soll!"

„Du sollst einfach *Ja* sagen", meinte er doch, tatsächlich grinsend.

Ich konnte es nicht fassen, dass ich mir sonst was gedacht habe und er mir scheinbar nur etwas vorgespielt hatte.

„Oh, Bastien! Du machst mich echt noch einmal wahnsinnig!", ich schlang einen Arm um meine Augen und ließ mich gegen die Lehne plumpsen.

Er hockte sich neben mich und nahm meine Hand in die seinen. Ich sah auf unsere Hände und musste den Kopf über die ganze Sache schütteln.

„Was hältst du vom Celéur Laguste? Ich habe gelesen, dass das ein sehr gutes neues Restaurant sein soll", lächelte er mir zu.

Ich sah zu ihm auf und versuchte herauszufinden, was in seinem Kopf vorging. Er lächelte mich immer noch an und ein kleines Lächeln huschte auch über meine Lippen. Ich nickte und er stand scheinbar zufriedengestellt auf. Das Restaurant sah mehr als nur schick aus und war auch ziemlich groß. Silberne Glasblätter hingen an der Decke und die Wände waren weinrot gestrichen, dazu waren viele kleine goldene Lampen daran angebracht. Der

Boden war mit dunkelbraunen Fliesen ausgelegt und an jeder Wandseite waren Bänke und Tische mit rotem Stoffbezug aufgestellt. Die Küche war gut abgegrenzt von dem Essensraum, so strömten keine Küchengerüche zu den Tischen. Die angenehme Wärme streifte sofort meine Haut. Bastien hatte mich schon vorgewarnt etwas Edleres anzuziehen und dem Rat folgte ich auch. Ich wählte für diesen Abend ein seidenrotes, langes Abendkleid aus und dazu passende schwarze Stilettos, die meine dunkelrot lackierten Zehennägel gut zur Geltung brachten. Meine Haare hatte ich mir zu einer eleganten und trotzdem schlichten Hochsteckfrisur zusammengesteckt. Bastien sah nicht weniger elegant aus. Er trug ein schickes weißes Hemd, das er oben leicht aufgeknöpft ließ, und darüber hatte er ein schwarzes Sakko, das er ebenfalls offen trug. Seine wuscheligen Haare hatte er leicht zur Seite gekämmt und er trug eine schwarze Jeans mit schwarzen Sneakers. Er bot mir seinen Arm an und ging mit mir zu unserem reservierten Tisch. Dort angekommen kam auch schon der Kellner und schob mir den Stuhl zurecht, damit ich mich bequem hinsetzen konnte. Das Gleiche machte er bei Bastien und dann überreichte er uns die Speisekarten. Er fragte uns auch sogleich, was wir zu trinken wünschten. Bastien bestellte zwei Eisweine. Ich sah mir die Speisekarte an und entschied mich dafür, einen Caesar Salat zu bestellen.

„Und was bestellst du dir?"

„Seelachsfilet in hausgemachter Dillsoße und du?"

„Caesar Salat", sagte ich und schaute mich weiter im Raum um.

Außer uns waren nur drei weitere Paare anwesend. Das Pärchen hinter uns schien ziemlich frisch verliebt zu sein, denn sie lachten und kicherten, wie es nur erst kürzlich zusammengekommene Paare taten. Auf ihrem Tisch stand ein CASAL VEGRI VALPOLICELLA Jahrgang 2006. Der Kellner stellte uns zwei Gläser hin und schenkte uns routiniert den Wein ein und verschwand daraufhin wieder in die Küche. Ich nahm einen Schluck von dem süßlichen Wein und dachte an einen meiner Exfreunde. Als ich mit ihm damals zusammenkam, war ich überglücklich gewesen und folgte ihm so ziemlich überallhin, bis ich irgendwann bemerkte, dass er meine Zeit überhaupt nicht wert war, denn kaum hatte er eine, suchte er sich schon die Nächste und schließlich verließ ich ihn und hoffte ein bisschen von seinem Stolz abzukratzen.

„Jane? Der Kellner fragt, was du bestellen möchtest."

„Hm?", ich sah zu Bastien, der mich erwartungsvoll ansah. Ich runzelte die Stirn.

„Ach, sie möchte einen Caesar Salat", sagte er zu dem Kellner, den ich erst jetzt bemerkte.

Er nickte und ging in die Küche. Bastien sah ihm noch kurz nach, dann sah er mich amüsiert an. Ich lief rot an und versuchte ihm mit einer Handbewegung klarzumachen, dass er mich nicht weiter so ansehen sollte. Nach ein paar Minuten suchte Bastien mit mir das Gespräch und wir sprachen über vieles, aber hauptsächlich über unsere Arbeit.

Als der Kellner unsere Essen brachte, waren wir so vertieft in unser Gespräch, dass wir selbst während des Essens kaum stoppten. Der Geschmack von sämtlichen Gewürzen füllte meinen ganzen Mund.

Ich tauchte das Baguette in die Soße und nippte einige Male an meinem Wein. Als wir fertig gegessen hatten und die Weinflasche leer war, bestellten wir uns noch einmal denselben Wein. Das Pärchen hinter uns war inzwischen schon gegangen, es war aber auch schon bereits vor unserer Ankunft hier gewesen. Der Kellner brachte uns kurz darauf den Wein und schenkte uns wieder ein. Dabei sahen wir ihm zu und grinsten uns gegenseitig an. Nachdem er verschwand, schmunzelten wir uns weiter an.

„Hab ich dir schon gesagt, wie schön das Kleid an dir aussieht."

„Ähm, soweit ich weiß, heute noch nicht, nein", entgegnete ich lächelnd.

„Du siehst, aber auch nicht schlecht in dem Aufzug aus", ich musterte ihn gespielt kritisch von oben bis unten.

Er musste auflachen, ich fand sein Lachen ließ den ganzen Raum erstrahlen und ließ die Temperatur um ein paar Grad steigen.

„Oh, gut zu wissen, vielleicht sollte ich dann öfters so rumlaufen", grinste er.

Ich lachte ebenfalls und nahm einen weiteren Schluck von meinem Glas. Er rann mir angenehm die Kehle hinunter. Ich sah ihn über meinen Glasrand hinweg an. Er sah mich ebenfalls an und für einen kurzen Moment wollte ich mein Bein auf seines legen, ließ es aber sein. Ich glaubte, ich sei ein bisschen zu benebelt, als dass ich das wirklich tun könnte, und tatsächlich wurde mir mit jeder Minute wärmer, sobald er mich intensiver ansah. Nach einer weiteren halben Stunde zahlte Bastien, wie es ein Gentleman machte, die Rechnung und wir gingen gemeinsam in die sternenklare Nacht hinaus. Ich bedankte mich und wir gingen zu Fuß zurück, weil das Restaurant nicht so weit von Bastiens Haus entfernt lag. Leicht angeheitert machten wir uns auf den Weg, dabei lachten wir über dies und das. Die Hitze, die mich dabei immer wieder durchfuhr, wenn er meine Haut streifte, erwärmte mich trotz der kühlen Nachtluft. Als wir den halben Weg bereits hinter uns hatten, zog ich meine Schuhe aus und ging den Rest barfuß, da sie vom Tragen der Stilettos allmählich weh taten.

Nachdem wir angekommen waren, sperrte Bastien auf und ließ mich zuerst rein. Ich dankte ihm für den Abend und wollte schon nach oben gehen, als er mich an meinem linken Handgelenk festhielt. Ich sah ihn fragend an. Mein Puls beschleunigte sich, als er mich einfach nur so ansah. Ich zog eine Augenbraue hoch und wartete darauf, dass er etwas sagte. Das tat er aber nicht, er zog mich fest an sich und sah selbst fragend zu mir hinunter, als bräuchte er erst eine Erlaubnis dazu, dass er das dürfte. Ich nickte nur amüsiert und gleichzeitig berührt davon, dass ihm meine Entscheidung so wichtig war. Ihn schien das zufriedengestellt zu haben, denn kaum nickte ich noch einmal, weil ich sichergehen wollte, dass er es verstand, küsste er mich ohne jede Zurückhaltung. Ich schlang verlangend meine Beine um seine Hüfte und drückte meine erregten Brüste gegen seine warme Brust. Er legte seine Hände auf meinen Hintern und ging mit mir zur hohen Kommode im Gang, um mich dort abzusetzen.

Er lächelte in meinen Mund hinein, während ich mich an ihm festhielt. Seine Hände fuhren entlang meines Rückens und ich drängte mich fester an ihn, durch seinen Jeansstoff spürte ich seine Erregung. Eine Welle puren Verlangens durchzuckte meinen ganzen Körper.

„Ba-stien ... Ich kann nicht mehr warten", brachte ich mit erstickter Stimme hervor.

Diese Worte ließen ihn sämtliche Hemmungen fallen, er griff nach meinem Reißverschluss und zog mein Kleid ein bisschen herunter, ich hockte mich, soweit es mir mein Gleichgewichtssinn erlaubte, auf, um es ihm einfacher zu machen, dann öffnete er selbst seine Hose und drang in mich ein, als könnte er nicht mehr länger warten. Im selben Moment stöhnte ich auf und bat leise um mehr. Die Wand hinter mir bohrte sich in meinen Rücken. Er spannte sein Becken an und zog seinen Schaft mal weiter nach draußen, um daraufhin wieder mit jedem Mal kräftiger zuzustoßen. Dabei ließ ich ihn gewähren und bog mich ihm entgegen. Wir kamen schnell zum Höhepunkt und stöhnten uns unseren Orgasmus gegenseitig entgegen. Schnaufend strich ich ihm über den Kopf, während er noch in mir drin war. Er sah mich verschwitzt an und fuhr noch einmal mit seinen Lippen sanft über meine. Ein unglaubliches Kribbeln durchfuhr mich dabei und mir kam diese Berührung seltsam vertraut vor, wie in früheren Zeiten, dann glitt er aus mir heraus, blieb aber bei mir, damit ich nicht von der Kommode rutschte. Ich versuchte aufzustehen, als ein lautes Klingeln mich zusammenzucken ließ. Bastien blieb still vor mir stehen. Seine Augen betrachteten mich starr.

„Langsam frage ich mich echt, ob das schon zur Gewohnheit wird", sagte ich sichtlich irritiert und schloss mein Kleid, um nach meinem Handy zu suchen. Der Klingelton kam aus dem Wohnzimmer. Als ich es dort auf dem Marmortisch liegen sah, ging ich schwer atmend ran.

„Hallo?"

„Jane! Ich weiß, es ist schon spät, aber Globby ist verschwunden! Ich hab überall nach ihr gesucht, aber sie ist wie vom Erdboden verschluckt", rief Amanda aufgeregt.

„Okay, warte mal kurz! Ich bin grad nicht ganz auf der Höhe", sagte ich und sah dabei flüchtig zu Bastien, der sich bisher keinen Millimeter weiter wegbewegt hatte. Ich schnaufte tief ein und versuchte den letzten Rest meines Verstandes zu sammeln.

„Also, damit ich das richtig verstanden habe, du findest Globby nicht mehr?", ich sah dabei noch einmal zu Bastien, der sich letztendlich dazu entschloss, seine Hose zu schließen.

„Ja, genau. Ich hatte das Fenster geöffnet und verließ kurz das Haus, um den Müll zu entsorgen, und als ich ihr dann das Essen geben wollte, kam sie nicht. Ich rief ihm ganzen Haus nach ihr, aber ... Oh, Jane! Kannst du herfahren und mir beim Suchen helfen?", fragte sie mich mit Selbstvorwürfen in der Stimme.

„Okay, warte, ich bin in fünf Minuten bei dir", sagte ich, um sie zu beruhigen und wahrscheinlich auch mich selber, da ich mir große Sorgen um Globby machte.

Ich legte auf und drehte mich zu Bastien um. Er nickte, dass er verstanden hatte, und ich ging schnell nach oben, um mich passender für eine Suchaktion bei Nacht und Nebel zu kleiden. Währenddessen bestellte Bastien ein Taxi, da wir ja beide etwas getrunken hatten. Den ganzen Weg über sprachen wir kein Wort miteinander, aber ab und zu musste ich einen Seitenblick zu ihm wagen. Er schien in Gedanken versunken. Als wir angekommen waren, stand Amanda bereits vor der Haustür.

„Gut, dass ihr da seid! Also ich hab mich schon hier vorne umgesehen, allerdings noch nicht bei den Mülltonnen. Könntet ihr euch dabei hinterm Haus umsehen?", Amanda war sichtlich aufgewühlt.

Wir nickten beide und ich sprang über den kleinen Rosenbusch, Bastien folgte mir dabei. Ich hatte in der Hektik vergessen meine Jacke mitzunehmen. Zu allem Überfluss kam ein mächtiger Windstoß und über meine Haut lief sofort eine Gänsehaut. Fröstelnd rieb ich mir meine Arme. Bastien bemerkte das und zog sein Sakko aus und hängte es mir über.

„Aber jetzt hast du nur noch dein Hemd an", meinte ich, klammerte mich aber trotzdem an das Sakko.

Er winkte nur ab und ich dankte ihm.

Er ging voraus und ich versuchte mich durch die vielen Sträucher durchzudrängen. Wohl darauf bedacht, mit ihm Schritt zu halten.

„Globby, wo bist du!", rief ich durch die kühle Nachtluft.

Fast eine Viertelstunde suchten wir in den Büschen, die das Haus hintenherum umringten.

Nachdem wir sie nicht fanden, kämpften wir uns wieder nach vorne und fragten Amanda, ob sie Globby inzwischen gefunden hatte. Sie schüttelte betrübt den Kopf.

„Wo könnte sie sonst sein? Bist du dir ganz sicher, dass sie nicht im Haus ist?"

„Eigentlich, schon. Ich hab sie jedenfalls nicht gefunden. Allerdings ist das komisch, sonst kommt sie schon immer angesaust, wenn es Essen gibt", grübelte Amanda und Bastien ging im selben Moment ins Haus hinein.

„Na gut, dann schau du dich noch mal draußen um und Bastien und ich sehen drinnen noch einmal nach ihr", schlug ich ihr vor.

Daraufhin nickte sie wieder und ich ging rein.

„Bastien, wo bist du. Sag mir, wo ich suchen soll?", rief ich durchs Haus.

Ein seltsames Geräusch drang aus der Küche und ich näherte mich ihr, um nachzusehen. Auf einmal erklang ein sonnenhelles Miauen. Schnell rannte ich um die Ecke und sah Bastien, der ein schwarzes Fellknäuel in seinen Armen hielt.

„Globby! Wo hast du denn gesteckt?", fragte ich, sah aber dabei Bastien an.

„Sie war im Schrank. Als Amanda meinte, dass sie immer zum Füttern kommt, dachte ich mir, ich sehe dort mal nach", antwortete er und legte sie mir in die Arme. Ich wunderte mich ein wenig über seine Gedankensprünge und fragte auch gleich einmal danach.

„Dem Vogel meiner Mutter ging es auch mal so ähnlich, deswegen."

„Ach so! Na, du? Was machst du denn da drin?", ich sah die Mieze so an, als könnte sie es mir jeden Moment erzählen. Fröhlich und ohne Reue miaute sie mir zu.

„Uff ... Ich hab alles abgesucht, aber ... ach, da ist sie ja! Wo habt ihr sie gefunden?", Amanda stürmte auf uns zu.

„Sie war im Schrank, wahrscheinlich ist sie in dem Moment hineingeklettert, in dem du ihn geöffnet hast, um sich selbst zu bedienen", witzelte ich.

„Das hätte ich doch bemerkt, obwohl ich schon zugeben muss, dass ich mit den Gedanken kurz woanders war."

„Na, also und der Schrank ist so groß, dass sie sich bestimmt unbemerkt hineingeschlichen hat mit ihrer Fellfarbe und meinem passend dunklen Schrank."

„Ähm, ja vielleicht ...", murmelte Amanda und wurde leicht rot.

„Na ja. Jetzt ist sie ja wieder da."

Sie nickte und bedankte sich bei uns und entschuldigte sich. Wir verabschiedeten uns, dann riefen wir uns wieder ein Taxi. Ich war froh, dass wir irgendwann zu Hause ankamen.

„Danke, dass du mitgekommen bist und Globby gefunden hast", sagte ich vor dem Treppengeländer.

„Kein Problem", sagte er.

Ich lächelte schwach und lehnte mich erschöpft gegen die Wand, ich freute mich schon auf mein Bett.

Kapitel 14

Der Wind blies meine offenen Haare nach hinten. Ich schloss das Fenster und lauschte den Erzählungen meiner Kollegin Sabine, die sich während der Wochen, wo ich mich in die Arbeit gestürzt hatte, freigenommen hatte, nur um mit ihrem jetzigen Partner, mit dem sie dank Amanda zusammengekommen war, heiße Tage am Strand zu verbringen. Dabei redete sie über romantische Abende zu zweit und peinliche Erlebnissen, denen ich mit offenen Augen lauschte. Ab und zu kehrten meine Gedanken zurück zu dem Abend, den ich mit Bastien im Restaurant verbracht hatte. Nachdem wir von der Suche nach Globby daheim angekommen waren, ging ich sofort erschöpft ins Bett und sah ihn seitdem nicht mehr, da er schon in der Früh wieder zur Arbeit musste. Dabei fiel mir auch ein, dass wir seit dem Restaurantbesuch nicht mehr viel zueinander gesagt hatten. Ich zuckte die Schultern, um mich selbst wieder in die Realität zu versetzen, denn nun war ich ja wieder in meinem Büro und erledigte meine Arbeit, wobei mich Sabine davon abhielt, da sie erst heute wieder da war und ich ihr einige Berichte übergeben sollte. Sie redete so glücklich und aufgeregt, dass man meinen könnte, sie wäre immer noch unter Strandpalmen.

„Okay, Sabine. Es freut mich wirklich sehr, dass es dir gefallen hat, und ich bin auch froh darüber, dass du und Jake glücklich miteinander seid", sie nickte verheißungsvoll.

„Aber ich hab noch den restlichen Papierkram zu erledigen und ein paar Meldungen rauszuschicken."

„Ja … Ach, wer war das gleich noch mal, du weißt schon, die eine Frau, die mich und Jake fest zusammengebracht hat?", sie sah mich aus ihren großen braunen Kulleraugen fragend an.

„Amanda", ich arbeitete zwar schon lange mit Sabine, dennoch wusste sie rein gar nichts über das Verhältnis zwischen Amanda und mir und ich wollte es ihr auch noch nicht unbedingt erzählen.

„Genau, Amanda. Kannst du ihr noch einmal vielen Dank von mir ausrichten …", sie brach ab, als es klopfte und ein dunkelhaariger Mann ohne Aufforderung, mit einem großen Blumenstrauß bepackt, eintrat.

Wir sahen ihn beide irritiert an und er lächelte uns zu, als hätte er dies nicht bemerkt.

„Jane Hollow?", quiekte er beinahe auf vor Vergnügen.

„Äh, ja?", fragte ich wesentlich weniger belustigt.

„Das ist für Sie!", er hielt mir die Blumen vollkommen entzückt hin.

„Was, von wem? Sie müssen sich geirrt haben, ich erwarte keinen Blumenstrauß von irgendwem", ich sah zu Sabine, die nur die Schultern zuckte.

„Viel Spaß damit!", der Mann drückte mir den Strauß einfach in die Hand und ging eilig mit einem Lächeln davon.

„Ähm … Hey, warten Sie! Muss ich nichts unterschreiben?", rief ich ihm hinterher, aber er war bereits verschwunden.

Sabine stellte sich gleich neugierig an meine Seite.

„Die Blumen sind aber hübsch, du magst doch Sumpfherzblätter?"

„Ja."

Ich roch an den weißen Blütenblättern. Sofort stieg mir ein frischer, süßlicher Duft in die Nase. Bei näherem Betrachten sah ich etwas in dem Strauß stecken. Ein Umschlag lag zwischen den vielen Blumenkelchen. Ich zog ihn heraus, es stand nur *Jane* oben. Ich öffnete den Briefumschlag und zog einen kleinen Zettel heraus:

Liebe Jane,
ich hoffe, der Lieferant hat dir die Blumen überreicht. Er ist ein Freund meines Arbeitskollegen, vielleicht etwas seltsam, aber er ist echt in Ordnung. Jedenfalls wollte ich mich für den schönen Abend mit dir bedanken, könnten wir bei Gelegenheit mal wiederholen? Was sagst du dazu? Wünsch dir einen schönen Arbeitstag, vielleicht sehen wir uns heute Abend noch, aber ich komme erst viel später als erwartet nach Hause …
Übermorgen sehen wir uns aber bestimmt, denn da hab ich frei!
Liebe Grüße
Bastien

Ich faltete den Brief wieder zusammen.

„Wow! Jane, ist das der Bastien von früher? Der Abend muss ja interessant gewesen sein, scheinbar hab nicht nur ich was zu erzählen, hm?"

Ich schluckte und meine Wagen füllten sich wieder mit der gewohnten Wärme, die mir so deutlich anzusehen war. Sabine wusste aber überhaupt nichts. Sie ging immer noch davon aus, dass wir zwei füreinander geschaffen waren und es nur eine Frage der Zeit war, bis wir wieder zusammenkamen.

„Junge, Junge. Der Typ hält es wohl gar nicht mehr ohne dich aus!"

„Hey, sag so was nicht!", mein Puls fing an zu steigen.

„Ach was. Guck doch selbst! Dieser Brief hier wurde von ihm geschrieben und darin schreibt er dir, wie toll für ihn der Abend war, und würde das einer schreiben, der kein Interesse an dir hat? Dieser Brief ist eigentlich eine Aufforderung von ihm, dass du dich mit ihm wieder triffst", sie sah mich eindringlich an. Ich erwiderte den Blick.

„Gut von mir aus! Vielleicht ist es nicht mal eine Aufforderung, sondern er fleht dich ja regelrecht an."

Jetzt sah ich sie mit zusammengekniffenen Augen an.

„Was? Och, Jane. Du musst schon zwischen den Zeilen lesen. Glaub mir, als mir damals Jake so einen Brief geschrieben hat, dachte ich mir auch nichts Bestimmtes dabei. Was sich jetzt als völlig anders herausgestellt hat. Daher weiß ich es."

„Jake hat dir so etwas schon einmal geschrieben?", davon hatte sie mir gar nichts erzählt und sonst erzählte sie wirklich alles. Ein kleiner Gedankensprung, als mir Sabine von der peinlichen Unterhosengeschichte mit Jake erzählt hatte, hüpfte durch meinen Kopf.

„Hm, ja. So in der Art, aber wie gesagt, ich hielt es damals für nichts Bedeutendes und deshalb machte ich mir weiterhin keinen Kopf darüber."

Das erklärte natürlich die Sache. Ich fand es nur amüsant, zu hören, dass die sonst so peinlichst genaue Sabine einen Brief von Jake als nichts Besonderes empfand oder es nicht einmal versuchte, irgendetwas Tiefgründigeres herauszulesen.

„Na ja. Ich lass dich mal wieder allein und denk daran, ich weiß zwar nicht, was da zwischen euch ist, aber der ist dir verfallen", sie zwinkerte mir kokett zu und schloss die Tür hinter sich.

Ich starrte noch eine Weile die Tür verwirrt an, als könne sie mir die ganze Sache erklären. Als sie aber nicht antwortete, ließ ich meinen Blick auf die vor mir liegenden Papierblätter schweifen. Tausend Gedanken schossen mir durch den Kopf. Der Sex nach dem Restaurant, sein Schweigen danach, das mir ziemlich seltsam vorkam, und seine Geduld, die er für mich aufbrachte. Wie es in letzter Zeit häufiger der Fall gewesen war, dachte ich darüber nach, wie merkwürdig mir die Situation vorkam, aber vielleicht übertrieb ich auch schon. Im hintersten Teil meines Gehirns warnte mich eine Stimme, wenn ich nicht sofort mit diesen Gedanken aufhörte, würde ich mich nur verletzt vorfinden, da ich so lange über etwas grübelte, bis ich genau den Ausgang der Situation erfasst haben würde, und in diesem Fall konnte niemand das Ende auch nur ansatzweise vorherbestimmen. Aus diesem Grund beschloss ich energisch meine Arbeit fortzusetzen, auch wenn ich hin und wieder vom Thema abschweifte. Die Blumen stellte ich während meiner Arbeit ins Wasser. Ich betrachtete sie öfters.

Am späten Nachmittag verließ ich meine Arbeitsstelle und ging quer durch die Stadt in Richtung des nächsten Bahnhofs. Im Zug kaufte ich mir mein Fahrticket und ließ mich in einem der Zweiersitze nieder. Um diese Uhrzeit waren sehr viele Menschen unterwegs. Ich sah aus dem Fenster, darin spiegelte sich mein Abbild. Einzelne blonde Strähnen lösten sich aus meiner Haarklammer. Mein Mittelscheitel wirkte etwas durcheinander. Es wurde bereits draußen dunkel und die Lichter der Straßenlaternen rauschten an mir vorbei. Während der gesamten Fahrt hockte sich keiner neben mich, wofür ich diesmal äußerst dankbar war. Als mein Ortsteil angesagt wurde, erhob ich mich und wartete vor der automatischen Tür, bis der Zug schließlich anhielt. Viele Personen standen bereits vor mir, als sich die Tür öffnete. Als ich ausstieg, drängten sich andere Leute hinein, eine Frau schlug mir dabei ihren Koffer in die Kniekehle, sodass ich beinahe auf allen vieren auf der gekennzeichneten Grenzlinie gelandet wäre. Sie entschuldigte sich eilig und ich nahm es mit einem einfachen Achselzucken hin. Wie Bastien bereits vermutet hatte, war er noch nicht daheim, als ich die Tür aufschloss und mich ins Badezimmer verkroch. Dort nahm ich ein warmes Bad in der überdurchschnittlich großen und luxuriös wirkenden Badewanne. Die Düfte von Sheabutter, Vanille und Kräutern hingen im Raum. Ich glitt tiefer ins Wasser hinein und ärgerte mich darüber, dass selbst jetzt Bastiens Gesicht vor mir erschien. Trotz allem war ich froh darüber, endlich die Phase, in der ich noch nicht mit ihm schlafen wollte, überwunden zu haben. Das angenehme Wasser kribbelte an meiner Haut und ließ mich zugleich müde werden. Nachdem ich aus der Wanne gestiegen war, hüllte ich mich in ein gelbes Kuschelbadetuch und fönte mir meine Haare mit der Bürste aus. Die Blumen, die ich von Bastien bekommen hatte, hatte ich in eine Vase mit Wasser gestellt, dort wo man sie in der Küche richtig gut betrachten konnte, den Brief steckte ich in mein Nachtkästchen. Sobald ich in meinem Schlafanzug steckte, legte ich mich nach kurzem Überlegen doch gleich ins Bett und schlief verspätet ein. Der nächste Arbeitstag verging quälend langsam und zum ersten Mal seit Wochen wünschte ich mir, dass er zu Ende ging. Als endlich die errettende Stunde schlug, machte ich mich schleunigst auf meine Sachen zusammenzupacken und mein Büro aufzuräumen. Kurz bevor ich gehen wollte, klopfte es an meine Tür. Ich sah auf die Uhr und ging meinen inneren Terminkalender durch, doch soweit ich wusste, war niemand mehr eingetragen. Die Tür ging auf und ich runzelte erleichtert die Stirn, als ich erkannte, dass es die zweite Chefin war.

„Na Jane, schon bereit zu gehen?", sie musterte gespielt kritisch den Raum.

„Noch vor einer Woche hättest du es nicht einmal in Erwägung gezogen, deinen Bleistift in die Tasche zu stecken", sie richtete ihren Blick auf mich.

„So schlimm war ich nun auch wieder nicht."

„Doch, *das* warst du!", ihre Stimme hob sie zwar an, aber ich konnte ihr unterdrücktes Lachen dahinter hören.

„Gut! Also die Termine für nächste Woche habe ich bereits zusammengeschrieben und stehen fest, es hat sich nichts geändert, bis auf Frau Klinker, sie musste kurzfristig absagen, aber sie würde sich übernächste Woche melden wegen eines neuen Termins."

„Ist gut, dann ist noch eine Stelle frei für unseren Fischverlag und Co. Ich werde denen noch Bescheid geben, weil die wollten eigentlich schon letzte Woche kommen, aber ihnen ist wohl der Fisch ausgegangen", sie lächelte, schien aber noch am Grübeln zu sein.

„Ja. Ich werd dann jetzt gehen. Schönes Wochenende wünsch ich dir", ich packte meine schwarze Tragetasche und ging Richtung Tür.

„Dir auch ein schönes Wochenende."

Nachdem ich die frische Luft einatmete und sich die strahlende Sonne über meinen Kopf ausbreitete, bekam ich endlich das Gefühl von neu gewonnener Energie. Pfeifend ging ich entlang der Straße und bemerkte nur vage die lärmenden Autos und Haufen von Menschen, da ich mit meinen Gedanken bei dem Brief von Bastien war. Ich fand es einerseits süß von ihm, dass er mir geschrieben und dabei Blumen mitgeschickt hatte, aber anderseits wäre es mir lieber gewesen, wenn er es mir persönlich gesagt hätte, allein schon deshalb, weil er mich dermaßen verunsichert hatte, dass ich mir darüber Gedanken machen musste, ob er wohl noch immer mit unserem Abkommen zufrieden war. Ich kannte zwar seine Art schon mehr als nur gut, aber ich war auch noch nie in so einer Situation gewesen, denn noch nie war ich so verunsichert, obwohl ich auch nicht aufhören wollte. Vielleicht war das auch der Grund, warum ich auf keinen Fall wollte, dass er damit nicht einverstanden war. Schließlich wüsste ich niemanden sonst, den ich darum bitten konnte. Wobei ich mir auch mehr ständig einen Vorwurf machte, dass ich ihn so brauchte, denn das war nicht zu bestreiten. Warum nur hatte er sich darauf eingelassen? Wir waren zwar sehr vertraut miteinander, aber war das Grund genug?

Irgendwann kam ich in meinem jetzigen Zuhause an. Mit starrem Blick verschloss ich die Tür hinter mir und hängte meine Jacke auf. Als ich die Treppen zu meinem Zimmer hochgehen wollte, durchstreifte mein Blick kurz das Wohnzimmer. Es war leer, aber dennoch ließ mich etwas innehalten. Ich durchquerte den Raum und steuerte direkt auf den Wohnzimmertisch zu. Auf dem Tisch lag eine einzige Blume von dem Blumenstrauß, den mir Bastien geschenkt hatte. Sie lag am Rande der Tischkante, ungefähr so, als hätte sie jemand dort nur kurz abgelegt und hatte sie dann anschließend vergessen. Bastien, schoss es mir durch den Kopf. Sie fing schon an zu welken und ich steckte sie wieder zu den anderen Blumen. Ich beschloss darüber nicht mehr länger nachzudenken oder auch nur etwas zu erwähnen, denn es wäre verrückt, wenn ich auch noch über herumliegende Blumen nachdachte. Ich ging zu meinem Zimmer hoch, setzte mich auf mein Bett und fing an etwas zu lesen. Es war schon einige Zeit vergangen, als ich heute nach Hause gekommen war und mich zum Lesen hingesetzt hatte, während ich mir nach ein paar Minuten unten einen Tee machte und mich dazu auf die Couch legte. Plötzlich ertönten Geräusche aus dem Flur und kurz darauf stand Bastien im Türrahmen und sah ins Wohnzimmer. Er schien mich erst gar nicht bemerkt zu haben, denn ich sah, wie er als Erstes suchend auf den Wohnzimmertisch sah. Also hatte er doch eine Blume aus dem Strauß genommen und schließlich hier vergessen. Als er nichts entdeckte, schien er erleichtert. Wieso verhielt er sich so merkwürdig, nur weil er vergessen hatte die Blume wieder zu den anderen zu stecken? Schließlich nach einigen Sekunden entdeckte er mich, jedenfalls blitzten seine Augen nun auf und er grinste mir zu. Ich nickte ihm zu und beschloss nicht zu erwähnen, dass ich die Blume gesehen hatte. Ihm schien es wichtig zu sein, dass ich es nicht wusste, denn nun war er wieder so entspannt und locker, wie ich ihn kannte. Mit leicht belegter Stimme begrüßte ich ihn: „Hey". Er grinste und ging mit einer Tüte in der Hand in die Küche. Neugierig folgte ich ihm und sah ihm dabei zu, wie er sie auf dem Küchentisch abstellte und Teller mit Besteck sowie zwei Cocktailgläser herausholte. Das Geschirr stellte er ebenfalls auf den Tisch und dekorierte alles elegant. Ich wollte ihm dabei helfen, doch er ließ mich mit einer Geste wissen, ihn allein machen zu lassen. Also blieb ich einfach am Türrahmen stehen und war sichtlich begeistert, wie er gekonnt alles herrichtete und aus der Tüte Chinesisches nahm und uns jeweils einen Becher auf den Teller stellte. Danach holte er einen Sirup und Sekt heraus und schnitt Limettenscheiben, um daraufhin diese am Rand der Cocktailgläser zu befestigen und den Sekt mit ein bisschen Sirup zu vermischen. Diese stellte er auch auf den Tisch wieder ab und dann blieb er wortlos vor mir stehen. Seine Augen durchbohrten mich, die Spucke blieb mir dabei im Hals stecken. Bevor ich wusste, wie mir geschah, wendete ich den Blick ab und setzte mich auf einen der weißen Stühle. Er setzte sich mir langsam gegenüber und ich hätte schwören können, ein leichtes Grinsen seinerseits zu sehen, jedoch dachte ich nicht weiter darüber nach, denn ich starrte sehnsüchtig auf das Essen, weil ich kurz vorm Verhungern war. Aus diesem Grund sah ich ihn beinahe flehentlich an. Er nickte verständnisvoll und ich dankte ihm mit freundlichem und ernst gemeintem Blick. Nachdem er sich vergewissert hatte, dass ich anfing zu essen, langte er selber mächtig zu. Die gebratenen Nudeln mit den verschiedenen Gewürzen und Gemüsesorten verteilten sich großzügig in meinem Mund. Ich genoss jeden einzelnen Bissen. Eine Weile sah ich ihm zu, wie er elegant die Nudeln mit den Essstäbchen ergriff.

Ab und zu streifte mein Blick Bastiens. Ich lächelte ihm zu, dabei flog mir eine Nudel von der Gabel direkt auf den Teller. Leicht errötend fingerte ich nach der Nudel und schob sie mir direkt in den Mund. Aus den Augenwinkeln bemerkte ich, wie er mir dabei zusah. Als ich mich ihm zuwandte, richtete er schnell seinen Blick woandershin, allerdings nicht so schnell, dass ich es nicht bemerkt hätte. Den Rest des Essens über schwiegen wir, bis ich meinen letzten Bissen zu kauen hatte, dabei flossen mir viele Gedanken durch den Kopf. Auch ein unverständliches Gefühl durchdrang meinen Körper. Ich hielt inne und hatte plötzlich nur noch diesen einen Drang. Ich sah ihn kurz an, so wie er dasaß, konnte ich es nicht mehr länger zurückdrängen.

„Willst du mit mir baden?", fragte ich ihn freundlich, aber mit fester Stimme. Meine Offenheit schien ihn zu überraschen, denn er sah mich einen Moment mit großen Augen an. Doch dann nickte er mit dem hinreißendsten Lächeln, das ich je von ihm gesehen hatte, und tatsächlich schien er etwas rot zu werden. Ich nickte und stand auf, um den Tisch abzuräumen. Bastien half mir dabei, und als wir fertig waren, bedankte ich mich bei ihm. Er schmunzelte dabei ganz leicht, was mir für seine Verhältnisse ziemlich merkwürdig vorkam.

„Okay, ich lass schon mal das Wasser ein. Ähm, kommst du schon mit?", ich sah ihn nun nicht mehr ganz so sicher wie vorhin an. Ich wunderte mich sowieso darüber, woher ich plötzlich diesen Mut hernahm, aber ich wollte das tatsächlich durchziehen. Er nickte wieder nur und folgte mir, als ich in sein großes Badezimmer ging. Dort trat er vor mich, schaltete das Licht ein, ging zur Badewanne und ließ das Wasser hinein. Ich schloss die Tür und sah, wie er verschiedene Duftöle ins Wasser gab. Das Wasser plätscherte in die Wanne, die größer nicht mehr hätte sein können, und gewann rasch an Höhe. Allerdings wunderte es mich nicht, da die Wanne mit zwei Wasserhähnen versehen war, die nun volle Power Wasser rausließen. Erst jetzt bemerkte ich, dass er mich fragend ansah, und mein Blut fing an zu rauschen. Wieder einmal stand ich nur so da, mit der Frage, was ich hier eigentlich machte. Jedoch konnte ich nicht anders, als ihm direkt in die Augen zu sehen, egal wie aufdringlich ich gerade rüberkommen musste. Sein Blick verriet gar nichts, doch scheinbar versuchte er aus meinem irgendetwas herauszulesen, gleichzeitig versuchte er auch meinem standzuhalten. Doch auf einmal wendete er abrupt den Blick ab und kümmerte sich wieder um das Bad, das schon fast vollständig gefüllt war. Ich drehte mich um und zog mir ganz langsam das Oberteil aus, fast schon wieder schüchtern ließ ich meine Hose zu Boden gleiten. Doch ich verstand es nicht, denn schließlich habe ich mich doch schon einmal vor ihm ausgezogen. Mit leicht zitternden Händen fingerte ich nach dem Verschluss meines BHs und ließ erst den einen Träger von meiner Schulter gleiten, dann den anderen. Nun drehte ich mich vorsichtig zur Seite und beugte mich nach unten, um meinen Slip herunterzuziehen. Ich stieg aus ihm heraus und erhob mich wieder. Aus dem Augenwinkel sah ich, wie Bastien kurz herübersah und dabei etwas zu lange an meinem Körper hängen blieb, bevor er schnell wieder wegsah, damit ich es nicht bemerken sollte. Sofort röteten sich meine Wangen. Allerdings wusste ich, dass es jetzt schon zu spät war, um einen Rückzieher zu machen, wenn ich mich nicht ständig lächerlich vor ihm machen wollte. Also nahm ich den Rest meines Mutes zusammen und drehte mich vollständig zu ihm um. Er drehte die Wasserhähne zu und richtete sich dann auf. Er sah zwar zu mir, aber es schien, als würde er durch mich hindurchschauen. Mit sanften Schritten ging ich zur Badewanne. Ich setzte erst einen Fuß in die Wanne voll angenehm warmem Wasser und stützte mich dabei mit meinem Arm ab, dann schwang ich mein anderes Bein ebenfalls hinein. Kurz sah ich zu ihm herüber, auf einmal sah er für mich etwas angespannt aus. Ich ließ mich ganz langsam ins Wasser gleiten und genoss den Duft, der mich sofort umschloss, und die angenehme Temperatur. Für einen Moment schloss ich die Augen und gab mich völlig dem Wohlgefühl hin. Ich merkte um mich herum gar nichts mehr, konzentrierte mich nur noch auf meine Atmung und das dämpfende Geräusch des Wassers, das sich um meine Ohren sammelte. Eine plötzliche Bewegung im Wasser ließ mich meine Augen wieder öffnen. Bastien beugte sich in Höhe meiner Füße über mich und hielt seine Hand ins Wasser. Scheinbar war er zufriedengestellt worden, denn er nickte fast unmerklich und zog daraufhin sein T-Shirt aus und ließ es zu Boden gleiten. Sein Oberkörper war durchtrainiert und schlank. Einzelne Härchen schmiegten sich an seine Konturen, die zwar kräftig aussahen, aber nicht zu stark ausgeprägt waren. Bei dem Anblick setzte mein Herzschlag für einen Moment aus und ich ließ meine Zungenspitze über die Zähne fahren. Er zog sich weiter aus und ließ nur seine schwarzen Pants an. So stand er nur noch mit seiner silbernen Kette und Unterwäsche dar. Mein Blick hing wie gebannt an ihm. Dann, ehe ich mich versah, zog er mit einem Schwung seine Pants runter und stieg mit Leichtigkeit heraus. Bevor er bemerkte, dass ich ihn so anstarrte, blickte ich schnell weg und versuchte mit aller Kraft ins Wasser zu sehen.

Es fiel mir sehr schwer, vor allem weil ich spürte, wie ich wieder rot wurde. Ich spürte, wie sich das Wasser bei meinen Beinen zu bewegen begann, deshalb rutschte ich automatisch weiter an den Rand und zog meine Beine zu mir heran. Nachdem das Wasser zum Stillstand gekommen war, blickte ich auf und sah direkt in seine klaren, hellen Augen. Mein Puls stieg an und mein Gehirn versuchte fieberhaft irgendetwas Sinnvolles auf die Reihe zu bekommen. Die Badewanne war groß genug für uns zwei und war dreieckig aufgebaut. Langsam streckte ich meine Beine aus, meine Füße waren jetzt kurz vor seinen. Langsam wendete er seinen intensiven, warmen Blick ab und richtete ihn auf meine Beine, die nun fast zwischen seinen Unterschenkeln waren. Sanft strich er mit seinen Händen entlang meines linken Beines. Wäre das warme Wasser nicht gewesen, hätte ich eine Gänsehaut bekommen. Er fuhr mit seiner Zärtlichkeit weiter und mit der Zeit entspannte ich mich vollends. Ich ließ mich noch weiter ins Wasser gleiten und spürte nur noch Emotionen, die durch meine Beine weiter nach oben schossen. So ein Gefühl hatte sich schon lange nicht mehr in mir breitgemacht, umso mehr genoss ich es. Er strich noch mal mein Bein entlang und wendete sich dann meinem anderen zu. Dort führte er seine kleine Folter weiter. Die Hitze zwischen meinen Beinen stieg immer mehr an und ich klammerte mich an den Wannenrändern fest. Seine Striche wurden immer länger und fester. Auf und ab und wieder auf und ab. So ging es eine Zeit lang dahin, bis ich das Gefühl bekam, mehr zu wollen. Ein leiser Seufzer entfuhr mir. Plötzlich hielt er inne, doch nur um daraufhin immer näher meiner Quelle der Lust zu kommen. Er machte langsame kreisende Bewegungen rund um meine Vulva und strich ab und zu scheinbar ganz unabsichtlich darüber. Bei jedem Male explodierte ich fast. Ich reckte mich seiner Hand entgegen und rutschte näher zu ihm. Seine Hand umschloss sogleich meinen intimsten Bereich und teilte meine Schamlippen mit seinen Fingern. Ganz sanft fuhr er zwischen ihnen herum. Ich versuchte ein Keuchen zu unterdrücken, doch es gelang mir nicht. Seine Hand massierte mich weiter und dabei sah er mir in die Augen, als wollte er sagen *„Halt dich bei mir nicht* *so zurück"*. Das tat ich dann auch nicht mehr. Seine Bewegungen wurden schneller und schneller und langsam baute sich meine Spannung bis zum Zerreißen auf. Ich hob mein Becken an und wollte mehr, mehr von ihm, mehr von seinen Fingern, die sich rhythmisch in mir bewegten. Als sich mein Höhepunkt näherte, klammerte ich mich verzweifelt fester an den Rändern fest und schluchzte kurz auf. Alles in mir war aufs Höchste angespannt. Eine heiße Welle durchfloss mich und ich schrie ein letztes Mal laut auf, dann ließ ich mich erschöpft wieder ins Wasser gleiten. Er zog ganz sanft seine Finger aus mir und öffnete bereitwillig seine Arme. Ich rutschte zu ihm hinüber und schmiegte mich wie eine Katze an ihn. Er hielt mich fest und fuhr mit einer Hand behutsam meinen Rücken entlang. Ich fühlte mich auf einmal so müde und kuschelte mich noch fester in seine Umarmung. Sein Körper fühlte sich warm und bequem an. Während er mich weiterstreichelte, ließ ich meinen Blick durch den ganzen Raum gleiten. Die Wände waren wie der Boden fast bis zur Hälfte gefliest, dann zogen rote Striche über den Rest der Wand, der hellgrau bedeckt war. Eine riesige Lampe, mit blauen Lichtern eingebaut, hielt den ganzen Raum in einer angenehmen Atmosphäre. Die Wanne war wirklich das Zentrum des Zimmers. Nicht nur dass die weiße Toilette und die elegant eingebaute Dusche mit dem extragroßen Duschkopf perfekt dazupassten. Auch das Waschbecken, das parallel zur Wanne stand, ließ sie hervorheben. Der große Spiegel mit den Lichtern herum machte auch einiges her.

„Ich frage mich noch immer, wie du dir so ein luxuriöses Badezimmer leisten konntest. Wobei, wenn es *nur* das Badezimmer wäre", sagte ich mit Humor und leichtem Sarkasmus. Sein plötzliches Auflachen ließ mich kurz zusammenzucken.

„Jane, manche Leute fangen eben sehr früh an zu sparen und investieren ihr Geld eben in solche Dinge", meinte er bemüht ernsthaft, was ihm aber völlig misslang, nachdem er erneut losprusten musste. Sein Lachen war ansteckend, also fing ich auch an völlig unbeschwert loszulachen. Wir hörten erst wieder auf, als uns völlig die Puste ausging. Unwillkürlich ließ ich ein paar Wassertropfen auf seinen Arm tropfen. Auf der Stelle bildete sich sofort eine Gänsehaut. Ich blinzelte und fuhr darüber, und als ich erneut hinsah, war sie weg. Als wäre sie nie gewesen. Ich blickte zu ihm hoch. Er sah mir aufmerksam zu. Schnell schaute ich wieder weg, ich fühlte mich irgendwie, als wäre ich bei etwas Verbotenem erwischt worden. Ich griff nach der Shampoo Flasche und wollte es mir gerade auftragen, als Bastien es mir schweigend aus der Hand nahm und einen Klecks auf seine Handflächen gab. Ich lehnte mich ein klein wenig angespannt zurück und er verteilte das Shampoo gleichmäßig auf meinen Haaren. Mit kräftigen Zügen massierte er meinen Kopf. Es war dermaßen angenehm und ich schloss genussvoll meine Augen. Anschließend wusch er meine Haare sorgfältig mit Wasser aus, dann wusch er sich seine eigenen. Ich lehnte mich danach noch mal an ihn und er umklammerte mich vorsichtig. Ich legte meine Hände auf seine, um ihm deutlich zu machen, dass es vollkommen okay so war. Er war oft ein rätselhafter Mann, aber so mochte ich ihn nun mal. Auch wenn es natürlich etwas hilfreicher gewesen wäre, wenn ich genau gewusst hätte, was er dachte, als er mich in diesem Moment ansah. Ab und zu schien er etwas unsicher zu wirken und dann strotzte er wieder vor Selbstbewusstsein mit seinem preisgekrönten Grinsen, das die meisten Frauen schwach werden ließ. Er genoss das, aber er ließ auch keine so richtig an sich heran, mit Ausnahme von mir. Er schien einfach nicht der Typ danach zu sein, Leuten, zu denen er keine tiefere Beziehung aufbaute, mehr von sich preiszugeben. Nach ein paar weiteren Minuten, so eng umschlungen, setzte ich mich auf und versuchte möglichst elegant aus der Wanne zu steigen. Dabei bewegte ich mich scheinbar ganz unbedacht, langsam und bückte mich etwas, um ihm meinen Hintern zu präsentieren. Ich griff nach dem weißen Badetuch, das auf der anthrazitfarbenen Kommode lag, die neben dem Waschbecken stand, und wickelte es mir um. Als ich mich zu ihm umdrehte, grinste er breit und stand in der Wanne. Dann wendete ich mich dem Spiegel zu, der komplett angelaufen war. Ich wischte mit meinem Arm darüber, bereute es aber sofort, als ich sah, wie verschmiert er nun aussah. Ich starrte in den Spiegel und sah Bastien hinter mir immer noch grinsend. Ich suchte in der Kommode nach einem Fön und bürstete meine Haare damit aus. Hinter mir hörte ich Bastien, der das Wasser ausließ und sich dann neben mich begab. Er griff ebenfalls nach einem Handtuch und rubbelte sich damit erst einmal durch die Haare, dann rieb er sich den Körper ab. Er befestigte das Handtuch um seine Hüften und verbarg vor mir sein bestes Stück. Ich wollte schon beinahe protestieren. Er erschien mir wieder sehr viel selbstbewusster als vorhin, als ich einen Blick von ihm im Spiegelbild sah. Nach ein paar Minuten waren meine Haare komplett trocken und fielen mit einem leichten Schwung in den Spitzen glatt bis zu meinen Brüsten. Ich blickte hinab, ein blond-rötlicher Schleier bedeckte meine Brüste. Noch einmal sah ich in den Spiegel, dann wendete ich mich ab und verließ das Badezimmer, ich spürte, dass Bastien mir hinterhersah. Meine Beine fühlten sich wie Wackelpudding an, doch ich versuchte es weitgehend zu ignorieren und suchte mir frische Klamotten zusammen. Ich entschied mich für einen silbergrauen Slip, ein weißes Top und einer gemütlichen grauen Jogginghose. Beim Anziehen stellte ich mir vor, wie Bastien mir zusah, so wie er mir zugesehen hatte, als ich mich vor eineinhalb Stunden auszog. Meine Finger fingen an zu kribbeln und ich musste mich zusammenreißen, damit ich es schaffte, mich normal anzuziehen. Ich war wirklich erleichtert, als ich es geschafft hatte, dann widmete ich mich wieder meinem Buch. Während ich las, fragte ich mich, was wohl gerade Bastien machte, und noch etwas anderes machte sich in meinem Magen breit.

Kapitel 15

Ich blickte hinaus in den Sonnenstrahl. Er war unglaublich hell und strahlte Fröhlichkeit entgegen. Leider fühlte ich mich im Moment nicht so.

„Ja, es war wirklich so. Ich hatte keinen Sex mit ihm", entgegnete ich Amanda schon leicht genervt, was aber wahrscheinlich daran lag, dass das Ganze mir nur unheimlich zu schaffen machte und ich mich selbst deswegen wunderte. Nachdem mir gestern beim Lesen noch klar wurde, dass ich keinen Geschlechtsverkehr mit Bastien hatte, beschloss ich am darauffolgenden Tag Amanda zu besuchen und ihr davon zu erzählen. Als ich völlig unerwartet vor ihr stand, sah sie mich einen Augenblick überrascht an und ließ mich dann sofort herein. Sie hatte gerade frischen Kaffee aufgesetzt, also stellte sie mir auch eine Tasse auf den braunen Holztisch. Ich setzte mich ihr gegenüber und fing gleich an zu erzählen, was sie aber von mir schon kannte, wenn mir etwas auf der Seele lag. Darum liebte ich sie einfach. Nun saß ich mit dem Blick auf sie gerichtet in meiner Küche und vor mir eine fast noch halb volle Tasse Kaffee. Ihre Tasse stand meiner gegenüber, doch ich vermutete, dass ihre bereits leer war, da sie nicht mehr daraus trank und sie sie gar nicht mehr weiter beachtete. Amandas Blick war nun vollständig auf mich gerichtet, da sie während meiner Erzählung bereits mehrfache Schlucke zu sich genommen hatte, und nun wiederholte ich sie zum x-ten Mal. Alles, was sie von sich gab, war ein *Okay*.

„Amanda, ich weiß wirklich nicht, warum wir es eigentlich nicht getan haben. Ich meine, das hatte ich ja irgendwie vor, nachdem ich ihn dazu gebracht habe, mit mir ins Bad zu gehen."

„Vielleicht wart ihr einfach nur müde oder zu entspannt. Schließlich hast du ja vorher gearbeitet …", beschwichtigte sie zwar, schien aber selbst nicht so davon überzeugt zu sein. Sie schien es selbst nicht zu wissen. Ihr Blick sah etwas unruhig aus und ihr schien etwas durch den Kopf zu gehen, doch bevor ich mir anfing Sorgen zu machen, setzte sie wieder einen desinteressierten Blick auf. Sie erhob sich mit völlig normaler Miene und stellte ihre Kaffeetasse in das Spülbecken. Ich beschloss nicht darauf einzugehen, da mich dies im Moment nicht weiterbrachte, und trank meinen Kaffee aus, dann reichte ich ihr meine Tasse. Während sie den Tisch noch abwischte, stellte ich die Stühle wieder ordentlich hin.

„Tja, also ich würde mal sagen, dass du jetzt einfach so weitermachst wie bisher, dann wird's schon noch", meinte sie.

Ich gab einen Laut von mir zur Bestätigung, dass sie recht hatte.

Sie begleitete mich noch zur Tür und ich verabschiedete mich mit einer Umarmung von ihr, dann stieg ich in mein Auto, das ich in der Einfahrt geparkt hatte, und fuhr wieder zurück. Vielleicht sollte ich es einfach dabei belassen und warten, dass alles auf mich zukam.

Als ich ankam und die Tür öffnete, erschrak ich fürchterlich, als Bastien in seiner vollen Größe vor mir stand und mich mit seinen Augen zu durchbohren schien. Nachdem ich mich wieder zusammenriss, durchstreifte ein freudiger Funken Bastiens Augen. Ohne ein Wort ergriff er einfach meine Hand und führte mich nach draußen zu seinem Auto, das auf der unteren Straßenseite stand. Ich versuchte mit ihm Schritt zu halten, doch er machte zu große Schritte, sodass er mich praktisch hinter sich herschleifte. Er machte mir ganz der Gentleman, der er ja auch war, die Beifahrertür auf und machte sie erst dann wieder zu, nachdem ich verwirrt Platz genommen hatte. Dann stieg er auf der Fahrerseite ein und startete den Motor. Nach einer Weile fragte ich: „Wo fahren wir eigentlich hin?"

„Sieh dir die Gegend an, dann weißt du es", erwiderte er mit einem leicht süffisanten Lächeln.

Ich tat wie mir geheißen und starrte nach draußen. Es war zwar dunkel, doch wie Bastien mir gesagt hatte, erkannte ich die Gegend sofort. Viele Häuser reihten sich aneinander und die Straßenlaternen wiesen uns den Weg. Es war schon lange her, seit ich hier gewesen war. Um genau zu sein, seitdem Bastien und ich damals miteinander Schluss gemacht hatten. Wir machten eine kurze Kurve und ich wusste, dass nur noch ein paar weitere Häuser entfernt unser altes Lokal war, in das wir früher oft gegangen waren.

„Ist das wirklich dein Ernst? Ich meine, wir waren schon seit Ewigkeiten nicht mehr dort."

Doch sein Schweigen verriet mir seine Antwort. Innerlich wurde ich nervöser, je näher wir dem Lokal *Chase and After* kamen. Er bog auf das Gelände ein und fuhr nach ein paar Runden seinen silbernen BMW 4er auf einen freien Parkplatz. Es standen bereits ein paar Autos dort. Er schaltete den Motor ab, stieg aus und öffnete mir wieder die Tür. Er reichte mir seine Hand und half mir beim Aussteigen. Zwar mochte ich es nicht so, wenn mir jemand ständig derart half, aber bei Bastien fand ich es einfach nur süß und ich konnte mir ein Schmunzeln echt nicht verkneifen.

„Wie damals", schoss es mir durch den Kopf. Selbst das Gebäude wirkte von außen kaum verändert, musste ich feststellen. Wir gingen gemeinsam darauf zu. Der Name leuchtete oberhalb der großen Eingangstür. Das Lokal war außen zimtfarben gestrichen und eine Überdachung bot Schutz bei Regen für Raucher. Ich fand es eigentlich ganz gut, dass drinnen nicht geraucht werden durfte, denn wenn sich mit der Zeit der Rauch ansammelte, brannte es mir zu sehr in den Augen und wie ein Rauchkanister wollte ich auch nicht unbedingt riechen, vor allem als Nichtraucher. Soweit ich wusste, war Bastien damals ein Raucher gewesen, aber dann gab er es irgendwann auf. Seiner Meinung nach wollte er das Geld lieber für etwas anderes sparen. Mich wunderte das gar nicht, wenn ich an sein Haus und sein Auto dachte. Ein paar Blumenbeete grenzten den Raucherbereich ein und Tische, auf denen jeweils ein Aschenbecher platziert war, standen ebenfalls draußen. Wir gingen gemeinsam in das Lokal hinein, das mit gemütlichen Lichtern den Raum erhellte. Sanfte Musik erreichte meine Ohren sofort und ich wusste, dass hier sowohl ältere Lieder als auch die neusten Chart Hits gespielt wurden. Selbst von innen war noch alles beim Alten geblieben, was mich sehr freute. Das Gebäude war in mehrere Räume unterteilt. Den

Gang entlang war die Bar mit Raum fürs Personal, der Raum gleich rechts neben dem Eingang führte zu den Toiletten und weiter hinten links ein extragroßer Tanzraum mit Discokugel. Verteilt im Gang standen Sitzbänke mit Tischen. Insgesamt war alles heller gestrichen als außen. Der Tanzraum war natürlich etwas knalliger gefärbt und der Boden war in einem Grauschwarz mit Glitter gehalten. Wir gingen auf die Bar zu und der Besitzer drehte sich freundlich zu uns um. Erst als er uns erkannte, ging er um die Bar herum zu uns und umarmte uns herzlich.

„Mensch, Bastien, Jane! Was für eine Freude, euch hier mal wieder zu sehen. Wie lange ist es jetzt her, seit ihr zum letzten Mal hier wart?" Kaleb, der wohl freundlichste Lokalbesitzer, den ich kannte, strahlte uns nur so entgegen.

„Ganze acht Jahre ist das schon her", staunte Bastien und sah kurz zu mir.

Kaleb folgte seinem Blick und wendete sich nun vollständig mir zu.

„Und du, Jane, bist noch genauso hübsch wie früher, wenn du nicht sogar noch besser aussiehst", seine braunen Augen sprühten vor Vertrauen.

Bei seiner Schmeichelei wurde ich leicht rot und lächelte ihn freundlichst an.

„Danke, du siehst aber auch noch gut aus", und das meinte ich auch so.

Mit seinen kurzen braunen Haaren, der kräftigen Statur und den warmen Augen war er wirklich ein gut aussehender Mann.

Sein Lächeln wurde eine Spur breiter und eine leichte Röte stieg auch ihm empor. Bastien betrachtete das Schauspiel mit einem Grinsen und legte mir einen Arm um die Hüfte. Erstaunt sah ich kurz zu ihm hoch, doch eigentlich fand ich, dass genau sein Arm auf meiner Hüfte mich mit Freude erfüllte.

„Also, was wollt ihr denn trinken?"

Während Bastien überlegte, bemerkte ich erst, dass viele bekannte Personen auf den Barhockern saßen. Als sie bemerkten, dass ich sie betrachtete, nickten sie mir alle freundlich zu, so wie früher.

„Okay, Jane. Was willst du?", fragte Bastien gemütlich. Ich nickte ebenfalls freundlich zurück und bestellte mir einen Kirschsaft.

„Okay, kommt sofort", ließ uns Kaleb wissen und verschwand hinter die Theke.

Ich sah ihm noch hinterher und wendete mich dann Bastien zu.

„Was hast du dir eigentlich bestellt?"

„Na, haben wir wieder andere Leute betrachtet?"

„Ja, hier sind einige von früher."

Bastien sah zu den Leuten und erkannte sie offenbar auch noch, denn er nickte ihnen ebenfalls zu.

„Ich hab mir ein Bier bestellt."

„Ach, soll ich dich dann später nach Hause fahren?", meinte ich grinsend.

„Nein, wir könnten auch hier übernachten", er schien es teilweise ernst zu meinen.

Klar, es stimmte, dass Kaleb uns jederzeit in den Räumen hinter der Bar schlafen ließ, aber ich war da nicht ganz so flexibel wie Bastien. Ich hatte nur selten hier übernachtet. Ich streckte ihm zum Spaß die Zunge raus. Seine Augen funkelten amüsiert auf.

„Hm, willst du tanzen?"

Bastiens Frage kam zwar plötzlich, aber sofort erfüllte mich die Lust, das Tanzbein zu schwingen. Ich nickte ihm zu und wir wiesen Kaleb darauf hin, dass wir nach nebenan gingen. Er nickte uns kurz zu und kümmerte sich dann um einen Kunden, der gerade bezahlen wollte. Bastien öffnete mir wieder die Glastür. Im Raum war die Musik lauter und bunte Lichter spiegelten sich an der Discokugel wieder. Die Tanzfläche war fast voll mit tanzenden Pärchen. Bastien zog mich sogleich nah zu sich heran und begann sich rhythmisch zu der Musik zu bewegen. Er führte mich über die Tanzfläche so selbstsicher, als hätte er nie etwas anderes getan, als zu tanzen. Ich bewegte mich passend zu ihm und ließ mich mit Leichtigkeit führen. Der Beat drang an meine Ohren und es fühlte sich alles im Moment wie eine einzige fließende Bewegung eines ganz großen Stückes an. Er drückte mich noch enger an sich und ich ließ es zu. Es wurde bereits das zweite Lied gespielt, seitdem wir angefangen hatten zu tanzen. Bastien bedeutete mir seinen Blick zu folgen. Ich sah hinüber zu den Tischen, die ringsum die Tanzfläche standen, und sah Kaleb, der unsere Getränke auf einen Tisch stellte und uns zunickte. Wir nickten ebenfalls und Kaleb ging wieder aus dem Raum. Bastien ging mit mir zum Tisch und wir nahmen beide jeweils einige Schlucke von unseren Getränken. Wir blieben kurz einfach so stehen, dann gingen wir noch einmal auf die Tanzfläche. Diesmal powerten wir uns komplett aus, und nachdem wir wieder zu unseren Getränken gingen, tranken wir sie auf einen Zug aus. Bastien bestellte sich danach einen Wodka Lemon und ich mir wieder einen Kirschsaft. Wir tranken und tranken ein Getränk nach dem anderen, wobei ich mich natürlich auf Alkoholfreies beschränkte, und redeten über die alten Zeiten. Irgendwann musterte ich Bastien und bemerkte, dass er mich bereits ansah. Ich schluckte, als ich merkte, *wie* er mich ansah. Er wendete seinen Blick gar nicht mehr von mir, fixierte meine Augen komplett.

„Möchtest du raus?", fragte er mich mit leichtem Blick zur Seite.

Ich war unfähig etwas zu sagen, seine stahlblauen Augen fesselten mich, aus diesem Grund nickte ich nur leicht.

„Gut."

Er nahm mich bei der Hand und führte mich aus diesem Raum, bezahlte bei Kaleb alles, auch meine Getränke, und ging mit mir nach draußen. Es war angenehm kühl draußen, nur dass es leicht regnete.

„Danke dafür, dass du meine Getränke bezahlt hast."

Er legte nur seine Arme um meine Hüften und sah mir in die Augen. Ich blinzelte ihm mit Absicht einmal mehr zu, dann sah ich ihm direkt in die Augen und begann leicht zu lächeln. Auf einmal rückte er sehr nah zu mir.

„Wenn du damit nicht sofort aufhörst, kann ich für nichts garantieren", meinte er mit vielversprechendem Grinsen.

Ich forderte ihn heraus, indem ich ihm noch einmal verführerisch zublinzelte, dann legte ich meine Hände auf die seinen und führte sie von meiner Hüfte weg.

„Bitte geh mit mir ein Stückchen", forderte ich ihn sanft.

„Ich weiß, wenn wir jetzt ein bisschen gehen, wird es nicht nur bei Küsschen bleiben", erwiderte er kehlig.

Eigentlich sollte mich das abschrecken, aber das tat es nicht, und so gingen wir einfach ein Stückchen weiter auf die nächste Straßenseite.

„Ich kenn da einen geheimen Platz, den hab ich damals, als wir so oft hier waren, entdeckt", er legte mir seinen Arm um die Taille und dirigierte mich um die nächste Ecke zu einer menschenleeren Gasse. Ich kannte die Gasse zwar vom Vorbeigehen, aber durchquert hatte ich sie noch nie. Umso erstaunlicher fand ich es, als wir einen riesigen Container auffanden, vor dem ein weiterer Lagerhaufen stand. Wir blieben vor dem Container stehen, aus dem Blickwinkel sah ich, dass wir bereits inmitten der Hälfte der Gasse standen. Ich bemerkte außerdem, dass hinter dem Container ein bisschen Platz war, und vermutete bereits etwas, das Bastien mir auch bestätigte, indem er mich sanft dazu aufforderte, hinter den Container zu gehen. Ich tat es und spürte, dass er mir hinterher folgte. Der Container war wirklich groß und breit, deshalb waren wir hier komplett von der Umwelt abgegrenzt. Irgendwann blieb ich stehen und drehte mich zu ihm um. Er blieb ebenfalls stehen und sah mich nur an. Als ich ihn ebenfalls nur still betrachtete, löste er den Abstand zwischen uns und legte wiederum seine Arme um meine Hüften. Ich sah zu ihm hoch und sein Gesicht war knapp vor meinem. Doch bevor er seine Lippen auf meine senkte, wendete ich mein Gesicht ab und ließ es auf seiner Schulter ruhen. Ich begann etwas unsicher zu lachen, doch als er selber deshalb kurz auflachte, wurde ich wieder mutiger und heftete meinen Blick auf seine Lippen. Sein warmer Atem blies mir ins Gesicht und ich roch seinen frischen Duft, der mich jedes Mal aufs Neue erregte.

„Aber-r ... Bist du dir sicher, dass du mich so willst?", fragte ich unsicher.

Anstatt zu antworten, drückte er einen keuschen Kuss auf meine Lippen und blieb mit geöffnetem Mund darauf. Ich hielt mich an seinen Schultern fest. Ganz langsam versuchte er seine Zunge in meinen Mund zu führen. Ich ließ ihn steif gewähren, denn ich wollte es auch, trotz bekannter Unsicherheit. Sein Mund war warm und weich, seine Zunge glitt fordernd in meine Mundhöhle und stieß gegen meine eigene Zunge. Ich bewegte sie anfangs vorsichtig gegen seine, Richtung Mundhöhle, dann ließ ich zwischendurch meine Lippen über seine Zunge gleiten. Seine Zunge glitt immer wieder in meine Mundhöhle und massierte meine Zunge sanft, aber bestimmt. Ich drängte meine abwechselnd gegen seine, stieß wieder in seinen Mund vor und hielt wieder mit meinen Lippen seine Zunge fest, die ich langsam bis zu seiner Zungenspitze gleiten ließ. Ich wiederholte das öfters und bemerkte, dass ich ihn ganz leicht dominierte, doch auch er hörte nicht auf, sondern er schien mehr zu wollen. Nach einer weiteren Minute ließ ich ihn wieder frei und er sah mich mit sexy Blick an. Bei dem Blick stockte mir mein Atem und ich versuchte zu lächeln.

„Wie weit willst du gehen? Du musst es mir immer sagen, wenn etwas zu viel für dich wird", seine Stimme war nun mehr ein Flüstern.

Ich nickte und er öffnete mir beinahe fragend meine weiße Seidenjacke, die ich seit dem Besuch bei Amanda anhatte, noch nicht auswechseln konnte. Wieder ließ ich ihn gewähren und er betrachtete das wohl als stumme Zustimmung, denn er ließ seine beiden Hände einfach in meine Hose, zu meinem Hintern gleiten. Er knetete leicht meine Pobacken und drückte mich dann kurz so fest an sich, dass ich seine Erregung an meiner Vagina spüren konnte. Er eroberte meinen Mund aufs Neue und ich konzentrierte mich vollständig auf den Kuss. Er hörte auf meinen Hintern zu massieren und ließ eine Hand nach vorne streifen. Die andere Hand ließ er an Ort und Stelle. Noch immer küsste er mich, langsam fordernder. Seine Zunge leckte an meinem Ohr und ich musste ein Stöhnen unterdrücken. Plötzlich ließ er einen Finger entlang meiner Schamlippen streifen, sodass ich erst mal stocksteif in seinen Armen stand. Dann glitt er mit ihm leicht in mich hinein, aber nicht vollständig. Für mich war es das Höchste, doch meine Zunge vereinte sich mit seiner und ich war vollkommen mit ihr beschäftigt. Ganz langsam versuchte er mich zu stimulieren und ich drängte mich seinem Finger entgegen, damit er vollständig in mich eindrang. Zu meiner Enttäuschung nahm er ihn komplett heraus und begann wieder mit seinen beiden Händen meinen Hintern lustvoll zu quälen. Er drückte mich wieder so fest an sich und ließ mir dann wieder etwas Freiheit, um mich daraufhin wieder fest gegen sich zu pressen. Ein ganz leichtes Aufseufzen entrang sich mir in seinem Mund und sein lodernder Blick zusammen mit seiner nun vollständig aufgerichteten Erektion entfachte meine Lust ins Unermessliche. Noch länger konnte ich diese Zurückhaltung nicht mehr aushalten, also forderte ich ihn stumm mich endlich zu nehmen. Seine Hand wanderte wieder zwischen meine Schenkeln und ich drückte mich fester gegen seine Hand. Als hätte er mein stummes Flehen verstanden, packte er mich plötzlich und drückte mich mit seinem Körpergewicht gegen die Mauer, der Container direkt hinter seinem Rücken. Ein eiskalter Schauer fuhr entlang meines Rückgrats, als die Kälte der Mauer allmählich durch meine Jacke kroch. Er glitt verlangend mit seinen Händen unter mein Oberteil und umkreiste meinen Bauchnabel, seine Zunge stieß dabei fest gegen meine und forderte sie zu einem wilden Tanz auf, dem ich gerne nachkam. Nun war kein Abstand mehr zwischen unseren Körpern und trotzdem wollte ich ihn näher bei mir haben, *in* mir haben. Keiner von uns war nun mehr zimperlich, nur noch aufsteigendes Verlangen und Sehnsucht ließen uns immer fordernder werden.

„Du. Bist. Der. Wahnsinn", quetschte er zwischen jedem Zungenstoß hervor, den ich dirigierte. Ich schlang meine Beine um seine Hüften und krallte mich in seinem Nacken fest. Sein lautes Aufstöhnen, als ich mich gegen sein bestes Stück drückte, ließ mich erschauern und beinah kommen. Er nestelte an meinem Hosenknopf herum und ich versuchte gleichzeitig seine Hose zu öffnen. Leider gelang es mir nicht, sodass er mir half, nachdem er meine geöffnet hatte. Nun war er frei und ich bog mich lustvoll ihm entgegen. Ich knabberte an seinem Ohr, was ihm offenbar gefiel, denn er knetete nunmehr kräftiger meine Brüste. Meine

Zunge bahnte sich einen schlängelnden Weg zu seiner Schlüsselbeingrube. Er schmeckte salzig und nach Minze. Ich griff an seine Penisspitze und zwirbelte mit meinen Fingern darum herum. Er fing leise an zu knurren und biss mir sanft in meinen Hals, dann leckte er eine Stelle hinter meinem Ohr, was mich fast um den Verstand brachte, während er immer noch meine Nippel massierte. Ich fand es nur gerecht, ihn auch so zu quälen, deshalb ließ ich meine Hände mit langen Strichen und immer schneller werdenden Bewegungen an seinem Schaft entlanggleiten. Ich fuhr mit meinen Fingernägeln sanft seine Haut entlang.

„Aahhh!" Es erfreute mich, dass ich ihn so sehr erregte. Ich spürte direkt, wie er sich immer schneller zwischen meinen Händen bewegte und er beinahe unkontrolliert meinen Nacken küsste. Gnadenlos machte ich weiter und begann sanfte Küsse auf seine Wange zu hauchen. Er packte meine Hände und hielt sie an der Mauer fest.

„Schluss ... jetzt! Nun werde ich dich lieben, und zwar so sehr, dass du laut aufschreien und die Kontrolle verlieren wirst. Ich will, dass du meinen Namen in die Nacht rausschreist, damit jeder, der im Umkreis ist, weiß, dass ich dich besitzen werde. Heute Nacht und jedes Mal, bis du schwanger geworden bist. Du gehörst so lange mir und nur mir."

Seine Worte rührten mich und erregten mich zugleich. Ich spürte, wie mir ein paar Tränen die Wange hinabliefen. Er leckte sie weg und sah mich mit purer Lust an. Der Mann war eine Sünde, die ich gerne beging. Er platzierte mich so, dass er nur noch nach vorne rutschen musste, um mich auszufüllen, und er wies mich an meine Arme um seinen Rücken zu schlingen. Er selber stützte sich links und rechts neben mir mit seinen Händen ab, und ehe ich mich versah, glitt er lautlos und mit schnellem Zug in mich hinein. Ich stöhnte lauthals auf. Langsam begann er sich in mir zu bewegen und ich passte mich automatisch seinem Tempo an. Ich fuhr mit meinen Fingern seinen Rücken entlang und unsere Münder vereinten sich wieder, als er immer schneller in mich stieß. In mir baute sich eine Riesenwelle der Ekstase auf und ich konnte es beinahe nicht mehr aufhalten.

„N-nicht … zurückhalten", er stieß bei seinen Worten kräftiger zu und nun konnte und wollte ich es nicht mehr länger aufhalten. Ich kam und schrie seinen Namen laut in die Nacht. Meine Stimme erkannte ich in meinen eigenen Ohren nicht mehr. Sie klang kehlig und fast schon animalisch. Doch ich wollte ihn mit mir reißen, also bewegte ich mich so und nahm meine Hände noch als Hilfsmittel, sodass er sich selbst in mir verlor. Als er zu seinem eigenen Höhepunkt kam, brüllte er meinen Namen und ich kam sofort noch mal. Völlig kraftlos hielt ich mich an ihm fest und sah ihm in die Augen. Seine Zunge leckte mein Ohr und ich erschauerte ein letztes Mal. Er gab mir einen letzten Kuss und blieb in mir noch ein paar Minuten so stehen, hielt mich fest, obwohl er selber erschöpft sein musste. Mein Herz verkrampfte sich merkwürdig, doch ich versuchte es zu ignorieren, Bastien hatte so etwas Liebevolles zu mir gesagt und mir wieder einmal den Orgasmus meines Lebens geschenkt. Ich würde die Nachwirkungen davon jetzt nicht mit irgendwelchen Gedanken verschwenden, außer mit denen, die mich noch mal den Liebesakt Revue passieren ließen. Er strich mir sanft eine Strähne aus dem Gesicht, dann zog er sich aus mir heraus und schloss unsere Hosen. Gemeinsam gingen wir zu unserem Auto zurück. Ich hatte auf dem Weg dorthin ein dämliches Grinsen aufgesetzt und fühlte mich, als könnte ich im Moment Bäume ausreißen.

Kapitel 16

Geduldig wartete ich auf das Ergebnis des Stäbchens, das ich in der Hand hielt. Seit ungefähr zwei Wochen besuchten Bastien und ich öfters wieder unser ehemaliges Stammlokal. Ab und zu schliefen wir dann auch miteinander und nun wartete ich auf das Testergebnis, ob ich nun schon schwanger geworden war. Bastien fuchtelte mir dabei wie ein Kleinkind mit einer Tafel Schokolade in der Hand vor der Nase herum.

„Jane, nun hör auf so auf das Ding zu gucken und iss lieber ein bisschen Schokolade."

„Also erstens ist das kein Ding, sondern ein Schwangerschaftstest, und zweitens, wenn ich anfangen würde Schokolade zu essen, dann wäre es nicht nur ein bisschen", nuschelte ich mehr zu dem Stäbchen gewandt als zu Bastien.

Scheinbar gab er es endlich auf, mich abzulenken, denn er setzte sich beinahe artig neben mich und gab keinen Ton mehr von sich. Abgesehen von dem Kauen der Schokolade war es nun sehr still, aber ich konzentrierte mich wieder auf die Bildschirmfläche, die eigentlich bald mal ein Ergebnis von sich geben sollte. Auf einmal fing es an, leise zu piepsen, und ich richtete mich unwillkürlich auf Bastiens Wohnzimmercouch auf.

„Und?", Bastien schien nun auch gespannt zu sein und biss ein letztes Mal ab, bevor er die Tafel auf den Tisch ablegte. Er wartete geduldig ab, bis ich schließlich antwortete: „Nicht schwanger ..."

Bastien drehte mich zu sich und sah mich mit ernster Miene an: „Das macht doch nichts! Rein theoretisch hättest du ja auch schwanger werden können, dann versuchen wir's einfach weiter, okay?"

„Hm", war alles, was ich rausbrachte. Ich seufzte tief, dann warf ich den Test einfach neben mich und lehnte mich zurück. Trotzdem war meine Stimmung im Moment total unten. Es war

einfach wie eine Leere, die ich füllen wollte, aber nicht konnte, und ich wusste nicht, wie lange sich diese noch hinauszog.
„Ich glaube, jetzt brauch ich auch Schokolade."
Bastien hielt sie mir lächelnd hin. Dankbar nahm ich sie an und war froh darüber, dass Bastien mich nicht mitleidig ansah oder versuchte mich zu trösten. Wie zu erwarten war, aß ich so lange, bis von der Schokolade nichts mehr übrig blieb. Die Verpackung knüllte ich zusammen und murmelte dabei etwas Unverständliches, was aber einer Beschwerde glich. Aus den Augenwinkeln bemerkte ich, wie Bastien grinste, und irgendwie schien sich meine schlechte Laune auf einmal um ein gutes Stück verbessert zu haben, was mich auch gleichzeitig wieder aufregte. Ich *wollte* jetzt Trübsal blasen, und dass *er* es schaffte, meine Laune unverzüglich zu bessern, ging mir irgendwie gegen den Strich, denn schließlich, so schön der Sex auch war, wollte ich das alles so schnell wie möglich hinter mir haben, denn in letzter Zeit traten solche Gedanken, die ich seit unserer Zeit als Paar nicht mehr hatte, immer häufiger hervor. Ich stand auf und warf die leere Verpackung in den Restmüll. Ich spürte, wie Bastiens Blick vollständig auf mich gerichtet war. Dieses Gefühl, so von ihm geachtet zu werden, verschlang mein Herz und allmählich wurde mir klar, dass ich ihn nicht mehr so sah wie damals, als wir ein Paar waren, sondern ich sah ihn nun wieder mit neu erwachtem Interesse an. Mit etwas anderem, was mich einfach viel mehr fesselte. Hätte Bastien nicht irgendetwas von sich gegeben, was ich erst nicht richtig verstand, dann hätte ich wohl noch länger darüber nachgedacht. Noch einmal ging ich die Frage im Kopf durch und versuchte sie zu einem sinnvollen Satz zu bilden.
Willst du mit mir ins Kino gehen?
Sofort sah ich zu ihm auf.
„Ja, gerne!"
Bastien lächelte mich strahlend an und wie immer fragte ich mich, wie jemand mich derart von einer Stimmung in die andere bringen konnte. Es war aber wahrscheinlich auch gut so, trotz ständigem Ab. Umso schöner war das darauf folgende Auf. Er verstand es einfach, mich abzulenken.

„Okay, erkundigen wir uns danach, was im Kino alles läuft."
Ich sah ihn verwirrt an.
„Das weißt du gar nicht?"
Seine Lachfältchen begannen sich wieder zu kringeln.
„Nein, woher? Dafür fahren wir ja jetzt direkt zum Kino, und wenn der Film, den wir ansehen wollen, später läuft, vertreiben wir uns bis dahin einfach in der Stadt die Zeit."
„Ach so, ich dachte nur ...", aus einem mir unbekannten Grund wurde ich schon wieder rot.
Bastien forderte mich dazu auf, zum Wagen zu gehen. Er sperrte hinter uns die Tür zu und folgte mir dicht auf den Fersen. Diesmal schien er so aufgeregt zu sein, dass er seine sonst so gentlemangleichen Avancen vergaß. Als wir im Auto zur Stadtmitte fuhren und Bastien immer noch so aufgeregt wie ein Kleinkind war, wollte ich schon sagen: *Halt an, ich fahre jetzt.* Er drückte einerseits mal wie ein Wahnsinniger auf das Gaspedal und andererseits blieb er beinahe zu sehr an der gebotenen Geschwindigkeitsbegrenzung. So oder so, durch die längeren Wege oder den städtischen Verkehr fuhr er irgendwie wie jemand, der erst seit heute seinen Führerschein hatte. Allerdings fand ich es auch süß, dass er nur wegen mir so hibbelig war. Vielleicht war das auch der einzige Grund, warum ich mich den Rest der Fahrt über zu entspannen versuchte. Nachdem wir das Auto in einem Parkhaus untergebracht hatten, standen wir vor dem ausgehängten Kinoprogramm des großen Gebäudes. Von außen sah das Kino wie ein Discopark aus, allerdings war dies mein absolutes Lieblingskino im Stadtinneren. Die einzelnen Räume waren perfekt nach einem Thema gerichtet. Eins war königlich gehalten, ein anderes sah aus, als befände man sich in einem riesigen Ozean, und wiederum ein anderes sah wie ein Hotelzimmer aus. Soweit ich wusste, musste es auch einen großen Raum geben, der aussah wie eine Reise ins Universum. Allerdings war ich in diesem Kinoraum noch nicht gewesen, sondern hatte es nur auf einem Zeitungsbild gesehen. Wir entschieden uns einstimmig für den Film *Django Unchained*, ein Westernfilm, der ab 16 freigegeben war. Der Film war für 15 Uhr eingeplant, deswegen beschlossen

wir noch ein wenig durch die Stadt zu gehen. Es war 14:30 Uhr, wie die große Kirchenuhr uns verriet, deswegen bestellten wir uns noch ein Eis und sahen uns damit ein paar Schaufenster an. Bastien legte mir seinen Arm um die Taille und so gingen wir die Straßen entlang. Die Sonnenstrahlen spiegelten sich an den Fensterscheiben der Läden wider und ließen Bastiens Augen von der Seite aus erstrahlen. Seine Augen waren wie eine eigene Sonne und ließen sein Gesicht von innen heraus erblühen. Mein Herz schlug um fünf Herzschläge schneller, als ich ihn so betrachtete. Mit einem Mal schien die Zeit stehen geblieben zu sein und ich kostete jeden Augenblick davon, als würde ich diesen Anblick nie wieder erleben. Egal was noch vor mir lag, diesen Augenblick konnte mir keiner mehr nehmen und ich war froh darüber. Ich fragte mich, warum wir früher nicht jeden Moment so genossen hatten. Vielleicht lag es einfach daran, dass wir früher noch nicht den Augenblick eines Moments zu schätzen gewusst haben. Mich entsetzte nur der Gedanke, was gewesen wäre, wenn wir schon damals so weit gewesen wären. Wären wir dann noch ein Paar? Hätten wir Amanda und Nico jemals kennengelernt? Und wie sehr mussten wir uns eingestehen, dass wir uns einfach in eine andere Richtung hinbewegt hatten als andere? Würden wir uns dann nicht so vom selben Geschlecht angezogen fühlen? Die Wahrheit war doch, dass eigentlich nichts ohne Grund passierte, und wir konnten nur daraus lernen. Dass es eigentlich nicht viel anders war als die Liebe zum anderen Geschlecht, das konnten nur Außenstehende nicht begreifen. Sobald sie aber selbst diejenigen waren, denen es passierte, sahen sie es wieder anders und trotzdem gab es Menschen, die andere Menschen deshalb fertigmachten. Ich fand das nicht okay, und dass man sich eigentlich vor gleichen Wesen so rechtfertigen musste, nur damit sie es dabei beließen, war einfach nur traurig. Schließlich versuchte man sich doch immer recht zu geben und in gewisser Weise war auch immer was dran. Jeder hatte nur Angst davor, dass andere Personen nichts Gutes zu seinen Entscheidungen und Entwicklungen zu sagen hatten, was in Anbetracht der Liebe zum Mitmenschen oder einfach der Höflichkeit entsprechend völlig absurd war. Sollte jemand damit wirklich nicht zurechtkommen, wäre ein Desinteresse doch gar nicht verkehrt. So konnte niemand jemand anderem schaden. Niemand musste werden, wofür er nichts kann. Ich spürte förmlich, wie mich diese Gedanken und Fragen in einen tiefen schwarzen Abgrund sogen.

„Alles in Ordnung? Du siehst so blass aus ..."

Ein kleines Licht erschien im nachtschwarzen Abgrund, ich versuchte es zu ergreifen.

„Jane?"

Wieso gehörte ich zu den Menschen, die es anderen nicht mal erzählten, weil ich gar nicht wissen wollte, was die anderen dazu sagten.

Ich spürte, wie Bastien mich an den Schultern packte und schüttelte. Ich blinzelte gegen den plötzlich blendenden Sonnenstrahl, der sich in meine Augen zu fressen schien. Bastiens Blick sah irgendwie sehr besorgt aus. Ich musste wahrscheinlich wirklich beunruhigend ausgesehen haben, wenn wir mitten am Weg stehen blieben und er mich schüttelte, als hätte ich sie nicht mehr alle. Also riss ich mich schließlich zusammen und steckte alles in die hinterste Ecke meines Gehirns. Sanft befreite ich mich wieder aus seiner Umklammerung.

„Es ist alles in Ordnung. Mir war nur eben etwas schlecht, aber jetzt geht's wieder."

Bastien sah nicht zufrieden mit meiner Antwort aus, aber er beließ es glücklicherweise dabei. Um zu signalisieren, dass es mir wirklich wieder besser ging, fragte ich ihn, ob er schon irgendetwas über den Film wusste. Anfangs war er noch etwas skeptisch, jedoch ließ er sich irgendwann davon nichts mehr anmerken, als er sich wohl eingestand, dass das nichts bringen würde. Er setzte sein übliches Strahlen auf und ließ mich wissen, dass er keinen Schimmer hatte, worum es in dem Film ging. Als es Zeit wurde, gingen wir wieder in Richtung Kino. Als wir in der Popcornreihe standen, überlegte ich mir, dass ich lieber Nachos haben wollte und dazu eine große Cola. Wir bestellten Besagtes, wobei er exakt das gleiche Getränk bestellte wie ich und wir nahmen zusammen einmal Nachos mit Salsa Soße.

Unser Film lief im Raum *Brennende Berge* und der Name sagte eigentlich, wie er aussah. Die Sitzplätze 39 und 40, die wir für den Kinofilm reserviert hatten, waren ebenso flammend rot ausgepolstert wie die vielen anderen. Wir setzten uns gerade rechtzeitig hin, als die Werbung begann. Wir saßen ziemlich weit hinten und hinter uns setzte sich keiner mehr hin, nur vor uns waren einige Leute. Wir griffen abwechselnd in die Nachos und nach einigen Werbespots und Trailers fing der Film an. Sofort herrschte Schweigen und sämtliche Lichter gingen aus. Irgendwie konnte ich mich aber nicht auf den Film konzentrieren. Frustriert griff ich wieder nach den Nachos und berührte genau in diesem Moment Bastiens Hand. Ein heftiges Kribbeln durchfuhr meine Haut. Wie vom Blitz getroffen zog ich sie wieder weg. Nervös sah ich zu Bastien. Sein Blick war heiß und ich musste erst mal schlucken. Mein Herzschlag beschleunigte sich und so war ich vollkommen gefesselt von seinem Blick. Ohne mich aus den Augen zu lassen, suchte Bastiens Hand die meine. Als er sie fand, führte er sie wie in Zeitlupe an seine Lippen und hauchte kleine Küsse darüber. Mir wurde mollig warm und ich fühlte wie mir die Hitze zu Kopfe stieg. Ich genoss das zarte Gefühl seiner weichen Lippen auf mir und den hungrigen Blick, den er mir zuwarf. Ich legte den Kopf in den Nacken und ließ mich davon treiben. Irgendwann bemerkte ich, wie seine Lippen einen Kuss auf meinen Hals drückten. Um ihm mehr Platz zu machen, bog ich meinen Hals zur Seite. Diese Gelegenheit ließ er nicht ungenutzt. Sofort fand seine Zunge einen Weg zu meinem Schlüsselbein, während seine Hand sanft meine Hände streichelte. Er liebkoste mein Kinn, meine Nase, meine Stirn und fand sich schließlich auf meinen Lippen wieder. Mein Herz machte Purzelbäume, während meine Libido schrie: mehr, mehr! Als hätte er es gehört, griff seine andere Hand unter meinen Slip und fand sogleich meine Mitte. Ich war bereits heiß und feucht und hielt ihn mit meinen Schenkeln fest, wobei sich mir ein leises Wimmern entrang. Sofort sah ich nach vorn, ob einer mitbekam, was wir hier hinten trieben. Zu meinem Erstaunen tat es keiner. Vielleicht übertönte das Geballere des Films uns. Also wendete ich mich wieder Bastien zu. Seine Zunge war fordernd, aber liebevoll und sein Finger trieb mich immer mehr an den Rand des Wahnsinns. Wie konnte ein Mann so viele Gefühle in mir heraufbeschwören? Auf einmal war es mir egal, dass Leute vor uns saßen. Mein Orgasmus kam immer näher und ich bäumte mich auf, soweit es mir in dem Sitz und mit den Nachos in der Hand nur möglich war. Als ich zu meinem Höhepunkt kam, verschlang Bastien meine leisen Aufschreie mit seinem Mund. Völlig überhitzt ließ ich mich in das Polster sinken. In Bastiens Gesicht lag ein spitzbübisches Grinsen und ich war immer noch benebelt, wollte mehr, wollte ihm auch so eine Freude bereiten wie er mir. In seinem Blick stand *nachher*. Also versuchten wir beide uns auf den Rest des Filmes zu konzentrieren. Mir gelang es nicht und, wie ich mit einem Blick zu Bastien bemerkte, ihm anscheinend auch nicht. Also nahm ich Nachos und führte sie zu seinem Mund. Er blinzelte leicht überrascht, grinste dann aber, bevor ich sie ihm in den Mund schob. Ich versuchte mich an dem sexiesten Blick, den ich besaß, und gab ihm dann noch einen Kuss. Bis der Film zu Ende war, beschloss ich mit Absicht nicht mehr zu ihm zu sehen. Ich war schon fast enttäuscht, dass Bastien mich nicht mehr berührte. Ich hielt mich aber an dem Gedanken fest, dass sich das nachher vollends verändern würde. In dem Film spritzte viel Blut und es gab viel Geballere. Mein Magen drehte sich um und ich konnte nicht mal sagen, ob es an dem Kinofilm lag oder an der Tatsache, dass ich ihn unbedingt berühren wollte. Nach einer Zeit, die mir wie die Ewigkeit erschien, immerhin dauerte der Film fast drei Stunden, spielte das Schlusslied und die Leute verließen einer nach dem anderen den Kinosaal. Auch wir gingen durch die großen Türen und warfen unseren Abfall in die neben der Tür stehenden Mülleimer.

„Ich muss noch schnell aufs Klo", rief ich Bastien zu und folgte der Frauentruppe vor mir zu den Toiletten. Ich wartete geduldig draußen darauf, dass die fünf Frauen fertig waren, und ging dann hinein. Später beschlossen wir noch in unser Stammlokal zu fahren, nachdem Bastien mir bereits die Autotür aufhielt, als ich endlich zu ihm trat. Natürlich war ich etwas gekränkt, dass wir nicht nach Hause fuhren, aber ich ließ es mir nicht anmerken. Schließlich konnte ich wohl kaum darum betteln, dass wir nach Hause fuhren, nur um zu … Also unterdrückte ich meinen Wunsch und versuchte, so gut es ging, Spaß daran zu haben, mit ihm zu tanzen. Ein Song nach dem anderen verging und mit einem Mal war ich so verschwitzt und fertig, dass ich mit ihm wieder zu unserem Tisch ging, wo unsere Getränke standen. Als wir hier auftauchten, begrüßte uns Kaleb mit einem Händedruck und stellte uns ohne Weiteres zwei Getränke hin, wie er es früher auch tat. Wobei Bastien dankend ablehnte, da er fahren musste, also kippte ich mir beide Schnäpse hinunter. Danach begaben wir uns in den Tanzraum. Nun prostete mir Kaleb sein Glas von der anderen Seite des Raumes zu und ich erwiderte. Nachdem ich mein Glas geleert hatte, musste ich wieder ganz dringend aufs Klo, deshalb rannte ich schleunigst in die einzelne Toilette, die für das Personal, da ich nicht darauf warten konnte, bis jemand in der öffentlichen Toilette fertig war. Heute war nämlich viel los und ich hätte schwören können, einige Frauen in Richtung der WCs gehen gesehen zu haben. Außerdem wusste ich, dass Kaleb nichts dagegen hatte, da wir ihm früher auch öfters mal aushalfen und er uns selbst mitteilte, wir dürften die fürs Personal ruhig benutzen. Also nutzte ich das hiermit aus. Die für Frauen und Männer waren getrennt nebeneinander. Wobei ein Luftschacht durch beide ging. Ich schloss ab und zog schnell mein Höschen herunter. Wie immer sah ich zuerst auf den Luftschacht. Ich fühlte mich sofort unendlich leichter, nachdem ich fertig war. So blieb ich noch einige Sekunden stehen, dann griff ich nach der Türklinke, hielt aber inne, als ich ein Geräusch vernahm. Ein leises Geflüster drang von dem Männerklo durch den Luftschacht bis hierher.

„Jane?"

Sofort drehte ich mich um und sah hinauf zu dem Schacht.

„J-ja?", kam es von mir nur zögerlich.

„Jane, ich bin's. Bastien."

„Bastien, was soll das?"

„Heey …", seine Stimme war nur schwer zu verstehen.

„Hallo! Jetzt lass den Quatsch! Wir sind auf dem Klo, was ist denn?", kam es von mir etwas aufgebracht.

„Sag ich dir, wenn du rüberkommst."

„Spinnst du! Hast du vielleicht Wasser von der Kloschüssel geschluckt? Wie lange stehst du schon im Klo?", mit einem Mal durchschoss mich der Gedanke, dass Bastien mich vielleicht beim Wasserlassen gehört hatte. Das wollte ich mir gar nicht vorstellen, aber leider verriet mich meine schon aufsteigende Röte.

„Oh mein Gott!", stieß ich aus.

„Jane? Was hast du gesagt, ich versteh dich so schlecht …"

„Ist auch gut so", sagte ich ganz in der Hoffnung, dass er dies auch nicht gehört hatte.

„Komm bitte kurz herüber, ist keiner da."

Ich schnaubte viel Luft aus, dann schloss ich auf und begab mich ins Männerklo, das logischerweise aufgesperrt war. Bastien stand vor der geschlossenen Kloschüssel mit dem Rücken zu mir. Nachdem ich mich räusperte, drehte er sich zu mir um. Der Anblick verschlug mir die Sprache. Seine Augen sprühten förmlich Sex aus und seine Haltung war entspannt, aber aufrecht. Seine Haare waren so verwuschelt, wie ich sie insgeheim liebte. Wahrscheinlich war der überschüssige Alkohol daran schuld, dass ich ihn tatsächlich auf der Männertoilette anschmachtete. Er griff hinter mich zu dem Türschloss, dass er auf „Rot" stellte. Dann griff er sofort nach meinem Kopf und drückte mir stürmisch einen heißen Kuss auf die Lippen. Sogleich bog ich mich ihm hungrig entgegen. Darauf hatte ich schon seit dem Kino gewartet. Aus diesem Grund blendete ich es aus, dass wir im Männerklo waren. Mein Herz pumpte kräftig Blut und schlug direkt an seinem. Seine Zunge raubte mir den Verstand und ich hielt mich an seinem Rücken fest. Seine Hände wanderten über meinen ganzen Körper und schon war ich wieder feucht und wollte, dass er mit dieser süßen Folter nicht mehr aufhörte. Er dirigierte mich an die freie Mauer und so standen wir im Eck zur Tür, Toilette und Waschbecken. Seine Lippen fuhren hinab zu meiner Kehle. Stöhnend riss ich den Kopf nach hinten und fuhr durch seine Haare. Die Ausbuchtung in seiner Hose drückte sich gegen meinen linken

Oberschenkel. Ich rieb mich genüsslich an ihm und fand es in dem Moment überhaupt nicht keusch. Er knurrte an meinem Ohr und glitt unter mein Top zu meinen Brüsten. Er zwirbelte meine Warzen zwischen seinen Daumen. Die Lust in mir trieb sich immer weiter in die Höhe. Verzweifelt suchte ich nach seinen Lippen. Er sog sanft daran, was mir im Moment nicht passend erschien, da ich kurz vorm Explodieren stand. Jedoch glitt seine Hand zu meiner Hose und öffnete sie. Ich drückte mein Becken seinen Fingern entgegen. Er ließ nicht lange auf sich warten und stieß erst sanft, dann immer kräftiger in mich. Irgendwann, was ich nur noch am Rande wahrnahm, kam ein zweiter Finger mit dazu. Ich stöhnte heftig auf und bewegte mich automatisch schneller, als seine Finger kräftiger zustießen.

„Halt dich nicht mehr fest …", schnurrte er mir zu, während er mich fester hielt. Und dann ließ ich los und schrie meinem Höhepunkt entgegen. Ich wand mich unter ihm und gerade wollte er in mich eindringen, als eine Stimme von draußen zu hören war. Wir hielten sofort inne.

„Bastien? Alles in Ordnung da drinnen? Hör mal, ich habe dir die Rechnung hingelegt, so wie du wolltest, kannst dann bezahlen", die Stimme von Kaleb ließ mich wieder etwas zu Verstand kommen. Bastien sah mich entschuldigend an.

„Ist gut, danke! Ich komme gleich", mich wunderte es, dass Bastiens Stimme so gefasst klang.

„Gut", dann hörte ich die wegtretenden Schritte des Geschäftsführers.

Enttäuscht zog ich meinen Reißverschluss wieder zu. Mir war alles so unglaublich peinlich. Ich konnte mich nicht daran erinnern, dass wir es damals auch nur einmal auf dem Klo getan hatten. Als Bastien mir die Hand auf den Rücken legte und mich vorangehen ließ, beruhigte ich mich etwas. Mir schien es, als wäre ich an seiner Seite viel mutiger und trotzdem war ich froh, dass keiner da war oder auch niemand bemerkt hatte, dass wir gemeinsam aus der Toilette gingen. Als wir zur Bar gingen, kam ich mir beobachtet vor, während Bastien zahlte und dabei dermaßen souverän wirkte, dass ich mich bemühte nicht mehr allzu sehr darüber nachzudenken. Letztendlich gelang es mir, aber erst dann, als wir im Auto saßen und ich einen richtigen Lachanfall bekam, in den Bastien erst nach einiger Zeit mit einstimmte. Er war doch ein ziemlich geheimnisvoller Mann. Schließlich folgte er mir auf die Toiletten und dann zeigte er nicht einmal die kleinste Regung im Bezug auf die Beinaheentdeckung. Dabei war er doch so wahnsinnig scharf darauf gewesen, mich in der Toilette zu vernaschen. Ich habe es zwar genossen, doch wäre ich nie auf diese Idee gekommen.

Als wir zu Hause ankamen, empfand ich das ganze Haus als ein pulsierendes Flammenfeuer. Heiße Blicke von Bastien ließen mich innerlich dahinschmelzen und doch hatte ich ebenso einen gierigen Hunger darauf, ihn zu küssen. Ich spürte nur noch am Rande, dass ich auf ihn zuging und sich unsere Zungen freudig umschlangen. Kopf an Kopf, Körper an Körper und Herz an Herz. Das Adrenalin bekam nicht genug von ihm. Alles war wie in ein feuriges Licht getaucht. In dieser Nacht liebten wir uns einige Male hintereinander, bis wir schließlich irgendwann völlig erledigt nebeneinander einschliefen.

Kapitel 17

„Herzass! Die Runde gehört mir." Ich blickte auf die Tischmitte vor mir, auf der gerade das letzte Kartenpärchen zu seinem Sieger geschoben wurde. Nach ein paar Tagen hatten Bastien und ich beschlossen bei ihm zu Hause mit Amanda und Nico Karten zu spielen. Gerade hatte Nico den letzten Kartensatz für sich entschieden, sodass wir alle vor uns hin starrten, da in dieser Runde keiner so richtig etwas zu bieten hatte. Vor allem ich sah ziemlich dumm aus der Wäsche, da ich kein einziges Pärchen zustande gebracht hatte und so von den Gesamtpunkten wieder nach oben katapultiert wurde. Diese Runde hatten aber Bastien und Nico wirklich gute Karten gehabt. Nun hatte sogar Amanda einen Punkt weniger als ich, dann kamen Nico und Bastien, völlig unschlagbar, ganz vorne, mit fast keinen Punkten mehr. Bei diesem Spiel ging es darum, von zwanzig Punkten so schnell wie möglich auf null runterzukommen und somit zu gewinnen und ich bin soeben um fünf Punkte gestiegen. Bastien, als der Schreiber, notierte sich die jeweils weniger oder mehr gewordenen Punkte von uns und Nico gab den Kartenstapel an mich weiter, als nächsten Kartengeber. Ich mischte und gab jeweils eine Karte aus, während Amanda, die neben mir saß, aufstand und sich einen Schluck von ihrer Cola genehmigte. Wir hatten es uns in der Küche bequem gemacht. Als ich ausgerechnet „Herz" für diese Runde aufdeckte und auch noch als Kartengeber nicht aussetzen durfte, machte ich ein lautes Zischgeräusch, als hätte ich mich verbrannt. An diesem Abend war ich höchst angespannt, da ich unbedingt von Bastien beachtet werden wollte und er es während des Spiels nicht konnte. Nur leider saß ich ihm auch noch gegenüber. Als alle Karten am Tisch lagen, nahmen wir sie in die Hände. Ich warf einen kurzen Blick zu Bastien, der nichts von seinen Karten preisgab, während Amanda etwas angespannt wirkte, und ich hatte auch kurz das Gefühl, dass Nico ebenfalls nicht so begeistert aussah.

„Also, wie viele kauft ihr?", ich blickte neugierig in die Runde.

„Ich nehm drei", sagte Amanda. Ich gab sie ihr und sie legte die „weggeworfenen" Karten neben sich auf einem Ablagestapel ab.

„Ich zwei", Bastien nahm die Karten entgegen, die ich ihm gab, und legte seine Karten, die er nicht brauchte, ebenfalls auf den Ablagestapel.

„Und du, Nico?"

„Ich bleib daheim", er legte seine kompletten Karten auf den Stapel. Also hatte mein Gefühl mich doch nicht getäuscht. Ich sah mir noch einmal meine Karten an und entschloss mich dazu, ebenfalls zwei Karten zu nehmen. Ich spielte dieses Kartenspiel sehr gerne und ich hatte darin auch schon einiges an Erfahrung. Ich erkannte einen echten Gegner, wenn er genauso wenig von sich preisgab während des Spiels wie ich, und Bastien war wirklich darin geübt, richtig zu entscheiden, wie viele er kaufte und welche er ablegte, denn er war schwer zu schlagen, selbst wenn er mal keine hohen Karten hatte. Es kam auch darauf an, wie man die Karten in einem Spielzug ablegte. Dennoch wollte ich ihn schlagen und sah auch nicht allzu schwarz dafür. Eins war klar, sollte Bastien nur zwei Pärchen bekommen, hatte er gewonnen, da bei einer „Herzrunde" alles doppelt zählte, und das musste ich verhindern. Wobei Amanda mir dabei vielleicht unbewusst half, ihn zu stürzen. Außerdem musste ich auch mal wieder runter mit meinen Punkten.

„Okay, Amanda, fang an", sagte ich.

Amanda legte Grasass aus. Bastien stach mit Herzober. Ich legte Herzass drüber und nahm das erste Pärchen an mich. Fallen konnte ich schon einmal nicht, jedoch war dies eine entscheidende und spannende Runde. Ich sah auf meine Karten und entschied mich ganz klar, Herzkönig auszulegen, den ersten Griechen, den niemand schlagen konnte. Amanda gab leicht genervt Herzneun zu und Bastien völlig unbeeindruckt Herzzehn. Wahrscheinlich gingen wir beide davon aus, dass Amanda nicht mehr viele Herzkarten hatte, wenn überhaupt noch welche. Dennoch legte ich zur

Vorsicht noch Schellesieben, den zweitstärksten Griechen, raus und bestätigte damit, dass Amanda keine Herzkarten mehr hatte, da sie Grassieben zugab. Amanda wäre bestimmt daheimgeblieben, nur leider hatte sie schon zwei Runden hintereinander ausgesetzt, deswegen musste sie jetzt spielen. Bastien überraschte mich ein bisschen, als er Herzunter zugab. Ich überlegte, wenn Bastien eine relativ hohe Herzkarte zugab, besaß er keine niedrigeren mehr, aber was hatte er noch zu bieten oder hatte er überhaupt noch etwas? Mir schwante, dass er Eichelsieben, den dritten und letzten Griechen besaß, was gar nicht gut wäre. Alles half nichts, ich musste Herzacht auslegen und hoffen. Amanda legte völlig lustlos Eichelober hin. Meine Augen hefteten sich an Bastien, während ich meinen Atem aufgeregt anhielt. Bastien legte Herzsieben ab. Innerlich atmete ich aus, doch noch war nichts entschieden, denn nun waren alle Herzen weg und nun konnte ich nur noch mit Schelleober rausgehen, der aber noch stechbar war, und er konnte ja immer noch Eichelsieben haben. Bei dieser Runde musste er nämlich Herz zugeben, auch wenn er mit einem Griechen stechen könnte. Also legte ich ab. Amandas Augen leuchteten, als sie völlig fröhlich Schelleass auslegte. Nun war ich gespannt. Bastien legte sich mit seinem Schellekönig darunter und damit hatten wir es geschafft, ihn fallen zu lassen. Amanda freute sich, dass sie zwei Punkte hinabkam und ich acht Punkte. Nun war ich gleich mit Nico. Bastien war nun knapp Letzter mit seinem Zehnpunkteaufstieg. Amanda nahm sich alle Karten und mischte sie gut durch und so nahm das Spiel wieder seinen Lauf. Ich zockte im wahrsten Sinne des Wortes gegen Bastien. Immer wieder überzeugte ich mit einem spannenden Spielzug und machte ihm ordentlich Konkurrenz. Die brauchte er, aber auch da Nico nach zwei Runden gefallen war und er sich wieder weit nach unten gekämpft hatte. Nach einiger Zeit waren wir beide ganz unten mit den Punkten und so entschied diese Runde über den wahren Sieger. Er oder ich. Mittlerweile fixierte Bastien mich mit seinem Blick, den ich nur erwiderte. Jede Sekunde machte sich mein Puls mehr bemerkbar. *Bumm-bumm. Bumm-bumm.* Ich betrachtete ihn immer wieder, denn ich konnte nicht anders. Ich spürte, wie etwas an mir nagte, und zwar was endlich aus mir herausbrechen wollte. Sein Blick fesselte mich und er ließ es nicht zu, dass ich etwas anderes tat, außer seine Augen zu betrachten. Ich versuchte mich auf meinen nächsten Zug zu konzentrieren. Ich spürte direkt, wie er versuchte mich abzulenken, als wüsste er, dass ich sonst gewinnen würde. Alles hing davon ab, wie ich mich jetzt entschied. Ich sprach mir in Gedanken immer wieder zu: „*Konzentrier dich, lass dich nicht ablenken!*" So als ob viel mehr dahinterstecken würde als nur das Kartenspiel. Ich atmete innerlich noch mal aus und hoffte, dass ich das Richtige ausgelegt hatte. Amanda gab zu, Nico warf seine einfach drunter und Bastien legte sich auch drunter. Ich hatte das Richtige ausgelegt, denn der nächste Stich gehörte mir ebenfalls. Vor Freude lachte ich kurz auf und sah, wie Bastien mir ein kurzes Lächeln schenkte, in der er zu Kenntnis nahm, dass ich verdient gewonnen hatte. Ich lächelte ebenfalls und lehnte mich zurück. Aus den Augenwinkeln sah ich, wie Amanda unser Schauspiel mit steifer Miene betrachtete. Das machte mich etwas stutzig. Als Nico abrupt aufstand, wurde ich aus meinen Gedanken gerissen.

„So, Leute. Für heute hab ich genug. Ich hol mal die Chips von meinem Auto raus."

Bastien wendete den Blick ab.

„Ja. Bei solchen Spielen können selbst die Frauen einmal gewinnen."

Nico lachte zum Spaß auf. Dieser Satz ärgerte mich etwas, obwohl er nur ein Witz war. Dennoch wuchs mit jeder Sekunde, in der er sich nur mit Nico unterhielt und mich absolut nicht beachtete, meine Wut. Nach den letzten Tagen hätte ich nicht gedacht, dass er das noch tat. Es hatte viel zu lange gebraucht, bis sich mein Inneres auch auf das Ganze vollkommen einließ. Dass ich ihm aber wahrscheinlich nie so viel sein würde, wie ich für ihn zu fühlen wagte, tat mir weh. Doch wollte ich das niemals zeigen, sondern letztendlich hatte ich keine Lust mehr, mir ständig Sorgen zu machen. Ich bemerkte nicht einmal mehr richtig, dass ich aufstand und einfach nach meiner Jacke griff und zu meinem Auto ging, kurz zu mir fuhr, um mich dann am Boden hockend neben Globby wiederzufinden. In diesem Moment war es mir egal gewesen, auch wenn ich vielleicht ein wenig übertrieb. Doch ich konnte einfach nicht anders. Der einzige Ruhepol war nur noch Globbys Fell gewesen, in dem ich so lange rumstreicheln konnte, wie ich wollte. Irgendwann beschloss ich einfach quer durch die Stadt zu fahren bis spät in die Nacht. Nachdem ich um 3 Uhr in der Früh wieder bei Bastien zu Hause ankam, waren Amanda und Nico nicht mehr da und Bastien wahrscheinlich schon im Bett. Das war auch gut so, denn ich wollte ihm jetzt nicht begegnen. Dass ich akzeptieren musste, dass er nicht mehr in mir sah, hieß noch lange nicht, dass ich damit auch umgehen konnte. Es war nicht mehr zu leugnen, ich hatte es geschafft, mich in Bastien zu verlieben. All meine Vorsätze, dass so etwas nicht passieren würde, waren geplatzt. Als hätte es sie nie gegeben. Mit einer betrübten Stimmung schlich ich mich leise in mein Zimmer und hoffte, dass der kommende Arbeitstag schnellstmöglich verging.

Kapitel 18

Die Uhr schlug 14 Uhr Nachmittag. Völlig erledigt und mit dem Kopf ganz woanders hielt ich ihn in einer Hand gestützt und starrte vor mich hin. Ich hatte die vergangene Nacht über nicht ein Auge zugebracht und entsprechend, noch immer in Gedanken versunken, sah ich auch aus. Meine Arbeitsstunden wollten nicht vergehen. Zu allem Überfluss klopfte es auch noch an der Tür. Ich brauchte gar nicht erst „Herein" zu schreien, denn Sabine trat einfach ein und hielt eine Akte unter ihrem Arm geklemmt. Wahrscheinlich war die für mich, doch als sie mich ansah, brach sie ihr Vorhaben ab und ging sofort auf mich zu.

„Alles in Ordnung mit dir? Du bist so blass ...", sie beugte sich zu mir hinab und sah mich mit ihren großen Kulleraugen besorgt an.

„Ja, es ist alles in Ordnung", ich gab mir nicht einmal Mühe, meine schlechte Laune zu verbergen. Selbst wenn ich gewollt hätte, ich hätte es einfach nicht geschafft. Sie runzelte die Stirn und legte die Akte auf den Schreibtisch.

„Genau! Das sieht ja ein Blinder, dass es dir scheiße geht. Du warst die ganze letzte Zeit über nicht mehr dieselbe. Irgendwas stimmt nicht mit dir, also sei so freundlich und klär mich endlich auf. Du hast mir damals, als es mir wegen Jake schlecht ging, auch zugehört. Ich bin zwar kein Psychologe, aber ich glaube, du musst dich mal richtig aussprechen", demonstrativ verschränkte sie die Arme vor ihrer Brust als Zeichen dafür, dass sie nicht eher gehen würde, bevor ich ihr nicht alles erzählt hatte.

Ich blies angestaute Luft hinaus und rieb mir angestrengt über die Stirn.

Sie hob auffordernd eine Braue. Ich seufzte.

„Okay ... Ich erzähl dir alles, aber bitte hör mir erst zu, bevor du etwas erwiderst."

Sie nickte versprechend. Ich blinzelte, dann fing ich an: „Ja, es stimmt, dass es in letzter Zeit bei mir nicht so gut läuft. Es ist nicht so, als hätte ich den Weg nicht selbst gewählt …"

„Welchen Weg?", doch sie hielt sich schnell die Hand über den Mund und entschuldigte sich stumm bei mir. Ich ignorierte es.

„Du weißt doch, wie wir uns damals über die Babymagazine gestürzt haben, weil wir sie so süß fanden? Tja und ich hab es eigentlich immer ernst gemeint damit, dass ich Babys dermaßen lieb fand. Es wurde mir aber erst vor Kurzem so richtig klar, dass ich mir selbst ein Kind wünschte. Obwohl es schon seit Längerem in mir war, aber es kam nie an die Oberfläche. Na ja, das wäre ja kein Problem gewesen, wenn ich nicht mit Amanda zusammen wäre."

„Was!? Du bist mit Amanda zusammen …"

Ich unterbrach sie mit einem scharfen Blick. Sofort schwieg sie und eine leichte Röte überzog ihre Wangen. Zufrieden nickte ich.

„Mmm … Ja. Ich bin mit ihr fest zusammen. Schon länger. Entschuldigung, dass hab ich dir nie erzählt, aber ich hatte Angst, was du von mir denken würdest. Und dafür war es für mich einfach zu schön, als dass ich mir von anderen irgendetwas dazu sagen lassen wollte, und so hab ich es lieber nicht erwähnt. Es weiß keiner, außer wir zwei natürlich, Bastien und Nico. Wir haben uns einfach ineinander verliebt. Da gab es kein Wie oder was wir beide für ein Geschlecht waren. Wir ließen es einfach zu und kamen auch ohne große Umschweife zusammen. Tja, aber um ein Kind zu zeugen, brauchte ich Spermien und die wollte ich nicht von einem Wildfremden. Also …"

„Bastien!"

Ich nickte nur etwas baff, wobei so schwer war es nicht zu erraten. Sie wusste ja, dass wir eng miteinander befreundet und auch mal ein Paar waren. Sie fuhr auf: „Also wirklich! Wie konntest du nur davon ausgehen, ich würde dich wegen der Beziehung zu Amanda verurteilen! Ich weiß doch, dass du nicht hundertprozentig lesbisch bist und selbst wenn, es würde mir nichts ausmachen. Du bist eine meiner engsten Freundinnen und du standest mir immer zur Seite und Amanda mag ich auch. Sie hat schließlich Jake und mich zusammengebracht. Gefühle kann man nicht kontrollieren, also versteh ich das auch!"

Ich kam mir dermaßen schuldbewusst vor, wie ich auch nur ansatzweise hatte annehmen können, dass sie mit mir deshalb anders umgegangen wäre.

„Ja. Es tut mir leid. Ich hätte es dir sagen sollen. Wobei das ist ja nicht das Problem, was ich meine. Es geht darum, dass ich seit Kurzem mit Bastien anfing zu schlafen, um schwanger zu werden. Verstehst du, ich wohne sogar derzeit bei ihm."

„Du bist bei ihm eingezogen, praktisch wohnt ihr jetzt zusammen?"

Ich nickte.

„Ja, wenn man's so sieht. Anfangs fiel es mir überhaupt nicht leicht, mich daran zu gewöhnen. Doch in letzter Zeit passierte etwas ganz Seltsames mit mir. Ich bin nicht schwanger, noch nicht. Jedoch habe ich etwas getan, was ich eigentlich nicht hätte tun sollen", stieß ich kleinlaut hervor.

„Du hast dich in ihn verliebt", stellte sie mit verblüffender Offenheit fest.

Ich sah auf mein Wasserglas, das vor mir stand, und nahm es in die Hand.

„Äh ... ja. Aber woher willst du das wissen? Ich meine, ich wollte das doch gar nicht und hab mich auch bemüht meine Gefühle nicht so offen zu zeigen."

„Ach Jane. Du Dummerchen! Gerade redeten wir doch davon, dass niemand etwas für seine Gefühle kann und schließlich wart ihr auch einmal zusammen."

„Ja, eben. Wir *waren*!"

„Meinst du, das spielt eine Rolle? Du hast die Gefühle für ihn wiedergefunden und wahrscheinlich sind sie jetzt noch intensiver und interessanter. Er fesselt dich aufs Neue und du willst gar nicht mehr loslassen."

Mir kam es vor, als würde sie mein Innerstes aufs Genauste beschreiben. Ich fühlte mich entblößt und gerade wie ein offenes Buch. Ich hob das Glas zu meinen Lippen an.

„Das ist so süß! Vor allem weil er ebenfalls so für dich empfindet", sie strahlte mich zuckersüß an. Sie sah mich an, als ich mich an einem Schluck Wasser verschluckte und kräftig aushustete. Als ich dachte, es ginge wieder, meinte ich etwas unsicher: „Nein, das stimmt doch überhaupt nicht. Er fühlt bestimmt nicht so für mich, ich hab das Gefühl, das eher das Gegenteil der Fall ist."

„Ach, rede doch keinen Quatsch! Wer würde so was schon machen, wenn er nicht mehr für einen empfindet."

„Er tut das alles nur, weil ich ihn darum gebeten hatte. Das hat nichts damit zu tun."

„Ja, genau! Und Träume lernen zu fliegen. Mensch, die Anzeichen sind doch alle da. Der Brief, die Blumen, die Abende, die ihr miteinander verbracht habt, dass er selbst, obwohl du noch nicht schwanger geworden bist und dir auch offensichtlich Zeit dafür nimmst, immer noch mit dir schlafen und zu tun haben möchte, ist doch mehr als offensichtlich. Ich meine, vielleicht lässt sich einer aufs Erste darauf ein, aber auf längere Zeit sagen die meisten doch eher ab. Er nicht, Jane."

„Ja, aber das glaube ich nicht. Wie sollte er denn auf so etwas reagieren?", fragte ich verzweifelt.

„Ich weiß es ehrlich gesagt nicht. Doch du kannst mir glauben, ich habe durch Jake so viel erfahren, und wenn es eins gibt, was ich weiß, dann ist das, dass nicht gleich alle Männer die Wahrheit so offenlegen."

„Es gibt aber noch ein Problem, was mach ich wegen Amanda?"

„Also, das musst du wissen, was deine Gefühle dir raten. Lass dir aber Zeit, bis du schwanger bist, hast du die auch in dem Sinne noch."

„Und was ist mit ihm?"

„Wie mit ihm?", sie runzelte sichtlich verwirrt die Stirn.

„Ähm … Nico ist in gewisser Weise …"

„Oh nein! Er ist mit Bastien zusammen, hab ich recht? Deshalb seid ihr auseinandergekommen. Ihr brauchtet einen neuen Antrieb, um euch schließlich wiederzufinden. Nun gut. Jedoch wenn ihr wirklich wollt und es auch zulasst, dürftet ihr das schaffen. Die zwei müssen das doch verstehen, dass ihr zwei zusammen gehö..."

Plötzlich klopfte es an der Tür und Monika trat ein.

„Meine Damen, ich möchte euer Schwätzchen nicht stören, aber es gibt noch zu arbeiten. Ihr könnt euch danach unterhalten", so schnell wie sie hereinkam, war sie auch wieder verschwunden. Ich sah genauso drein wie sie.

„Ähm, ja ... Gut, du hast sie ja gehört. Zurück an die Arbeit, die Akte sollst du noch durchgehen, die ich dir mitgebracht habe."

„Ist gut!"

„Denk noch mal darüber nach!", sagte sie, bevor sie aus dem Zimmer verschwand.

So saß ich verdutzt da. Doch schließlich arbeitete ich mich noch bis zu meinem Arbeitsschluss durch.

Nach meiner Arbeit entschloss ich einzukaufen. Dies berichtete ich noch schnell Sabine, ehe ich aufbrach. Ich wollte ein paar Zutaten für verschiedene Gerichte, die nächste Woche kochen wollte, besorgen. Jedoch sah ich mich nicht nur nach Geplantem um, sondern auch nach allem, was es Neues gab. Der riesige Einkaufsladen in der Stadtmitte erschien mir da mehr als passend. So durchstöberte ich die vielen Regale und Ständer und die von Licht durchflossenen Gänge. Vor ein paar blieb ich stehen und packte das ein oder andere in meinen Einkaufswagen. Nach ein paar Minuten füllte er sich ganz leicht und bot mir ein angenehmes Zwischendurchtraining. Als ich mit dem Lebensmitteleinkauf fertig war, machte ich mich auf den Weg durch die Gänge in Richtung Kasse. Jedoch hielt mich ein Schildchen mit der Aufschrift „2 % Rabatt auf alles" in der Unterwäscheabteilung, die vor der Kasse war, auf, sodass ich den Einkaufswagen ein kurzes Stück davor stehen ließ und direkt darauf zusteuerte. Ich sah mich willkürlicherweise um, ob mich jemand betrachtete, aber das tat niemand. Also wendete ich meinen Blick wieder der reizenden Damenunterwäsche zu. Vor mir lag ein stolzes weißes Pärchen aus Spitzen-BH und Höschen. Mit dem Zeigefinger hielt ich es nach oben und betrachtete es eine Weile.

In meinem Kopf gingen kurze Vorstellungen davon, wie es wohl Bastien an mir finden könnte, umher. Schließlich schüttelte ich den Kopf und legte es zackig zurück. Ich ging ein paar Schritte um die große Quadratform herum und blieb vor einer dunkelroten Satinwäsche stehen. Bewundernd griff ich danach. Der Stoff war seidig weich und die Form war wunderschön, betonte die Brust, war aber nicht zu knapp ausgeschnitten und das Höschen glich hintenherum einem Hauch von Nichts. Fester Stoff vorne und hinten transparent und so geschnitten, dass es gerade noch die Arschfalte bedeckte. Das Ganze wurde von ein paar Rüschen verziert.

„Sieht bestimmt heiß aus an dir!"

Erschrocken drehte ich mich um. Bastien grinste mir über beide Ohren zu. Erst als sein Blick nach unten wanderte, erwachte ich aus meiner Trance und sah ebenfalls nach unten zu meinen Händen, die die Reizunterwäsche hielten. Schnell legte ich sie zurück, darauf bedacht, sie nicht zu verknittern. Mir war das fürchterlich peinlich, dass er mich bei der Suche nach Unterwäsche entdeckt hatte.

„Bastien! Was willst du denn hier?" An meiner Stimme konnte man nur allzu deutlich erkennen, wie aufgebracht ich war.

„Na dich suchen und dich fragen, warum du so seltsam warst, letztens beim Kartenspiel."

„Ah ja. Und woher wusstest du, dass ich ausgerechnet hier bin?"

„Ich hab vorhin am Telefon Sabine nach dir gefragt und da hatte sie es mir erzählt."

In Gedanken nahm ich mir vor, mir Sabine in der Arbeit vorzuknöpfen.

„Denk noch mal darüber nach!", sagte sie mir.

Auf einmal ersetzte ein unangenehmer Schmerz meine Wut, sodass ich mich innerlich krümmte.

„Also?"

Ich blieb stocksteif stehen.

„Nichts", ich versuchte nicht zu lang aus dem Augenwinkel heraus ihn anzusehen. Allerdings setzte er eine gerunzelte Stirn auf.

Zerknirscht drehte ich ihm den Rücken zu und ging weiter auf meinen Einkaufswagen zu. Doch schon nach wenigen Schritten holte mich Bastien ein und hielt mich am rechten Arm fest. Ich wollte nicht, dass er meine langsam aufsteigenden Tränen mitbekam. Er zwang mich aber dazu, mich zu ihm umzudrehen. Als er mir in die Augen sah, fühlte ich es unendlich schwer um mein Herz. Er sah mich gleichzeitig mit einer Wärme, Intensität und *Traurigkeit?* an. So hatte er mich noch nie angesehen. Ich streifte seinen Arm von mir.

„Jane …", meinen Namen aus seinem Mund flüstern zu hören, fühlte sich wie seidiges Rauschen in meinen Ohren an.

„Bitte", flehte ich leise und sah ihm in die Augen.

„Warum? Was ist mit dir los?"

„Ich kann nicht … Ich kann es dir einfach nicht sagen!"

„Aber wieso?", er versuchte mich wieder am Arm zu berühren, doch ich wehrte ihn rechtzeitig ab. Er ließ nicht locker, deswegen flüsterte ich leise: „Weil es mir zu sehr wehtut", ich machte einen Schritt weiter weg von ihm und drehte mich zum Wagen um. Jetzt konnte ich eine Träne nicht mehr aufhalten und so rann sie mir heiß die linke Wange hinab.

„Jane! Jetzt warte doch und sag mir endlich, was los ist? Meinst du, ich bin so kalt, dass ich dich mit Absicht verletze?"

Er hielt den Wagen fest, sodass ich nicht vorwärtskam und mich letztendlich doch wieder ihm zu wand.

„Schön! Du willst wissen, was los ist? Gut, hier bitte schön! Ich halt das nicht mehr aus. Zu lange in deiner Nähe zu sein. Dein Blick, deine Stimme, dein Lächeln, einfach alles. Selbst wenn ich dich nicht sehe, geisterst du in meinem Kopf umher. Ach, verdammt! Was soll ich deiner Meinung nach machen? Ich werde dieses Gefühl nicht mehr los, dass es viel mehr ist als damals, und wenn du mich dann ignorierst, weil du mich nicht willst oder du dich für mich nicht mehr interessierst, ja, dann weiß ich nicht, wie ich damit umgehen oder wie ich überhaupt vor dir auftreten soll, was du wohl von mir denkst! Es war dumm von mir, aber ich wollte auch nicht, dass du mich für verrückt hältst", ich zwang mich sichtlich zur Ruhe.

„Für verrückt halten, hä? Wieso sollte ich dich ignorieren, ich will mit dir zu tun haben, Jane, und zwar mehr, als du dir vorstellen kannst."

„Ach, ja? Und warum warst du dann so abweisend zu mir. In der Nacht beim Kartenspielen und zuvor einige Male?"

„Du bedeutest mir viel, ich wusste nicht, wie ich reagieren sollte. Verstehst du? Seitdem wir Schluss gemacht haben, hatte sich bei mir einiges verändert, und als du mich darum gebeten hast, dich zu schwängern, begann alles wieder von vorn. Ich hab dich nie vergessen können", er sah mich mit qualvollem Blick an, sodass es mir die Kehle zuschnürte.

„Aber du hast dich doch so von den Jungs, während wir zusammen waren, anziehen lassen."

„Jein. Ich bemerkte, dass irgendwas zwischen uns stand. Wir gaben beide nichts zu und von den anderen Frauen wollte ich nichts wissen. Also ...", er sah jetzt leicht gekränkt aus.

„Was? Du warst nur auf Männer aus wegen mir? Heißt das, du bist gar nicht wirklich ..."

Er schüttelte den Kopf.

„Nein, bin ich nicht. Ich konnte es nur nicht ertragen, dich einem anderen zu überlassen oder geschweige denn, wie hätte ich eine andere haben können, wenn ich dich wollte. Du musst doch bemerkt haben, dass ich nicht wirklich ..."

Das stimmte, ich hatte nie sonderlich das Gefühl gehabt, dass er ausschließlich auf Männer stand. Plötzlich nahm er meine Hand in seine warme.

„Ich liebe dich noch immer. Nur wünschte ich, du könntest endlich bei mir loslassen, komplett. Ich weiß, wir haben uns entwickelt, wir *können* nun damit reifer und ehrlicher umgehen. Doch du lässt mich immer noch nicht näher an dich ran. Wir sind eng miteinander, aber du baust irgendetwas vor dir auf, wenn ich versuche mit dir zusammen zu sein. Ich will dein komplettes Ich und ich warte schon so lange."

Kleine Tränen stiegen mir in die Augen.

„I-ich hatte ja keine Ahnung. Ich ging immer davon aus, dass es, egal wie schön es mit dir war, nicht für länger hatte sein sollen.

Dass wir uns nicht festhalten konnten. Deshalb hab ich mich von dir getrennt und danach war es nie mehr so schön wie mit dir. Mit der Zeit hab ich das aber verdrängt und wollte wieder genau so glücklich werden. Als ich dann Amanda … Du weißt schon. Doch jetzt! Ich bin nur unsicher …"

„Warum?", er umklammerte mich vorsichtig an beiden Armen. Ich genoss seine Berührungen, was mir in dem Moment peinlich war. Normalerweise achtete hier niemand darauf, was rundherum geschah, doch diesmal fühlte ich mich, als würde uns jeder anstarren, der an uns vorbeiging oder in der Nähe stand.

„Na ja. Ich bin mit Amanda zusammen und du streng genommen mit Nico. Ob Schein oder nicht, mir liegt viel an Amanda und so könnte ich sie nie verletzen und das Gleiche ist im Grunde genommen bei dir und Nico auch so."

„Ja, du hast ja recht, so wollen wir das nicht, aber sag mir, dass du nach allem einfach so weitermachen kannst wie bisher. Obwohl wir füreinander empfinden. Also ich kann es nicht, nicht noch einmal und ich will es auch nicht länger. Ich möchte mit dir zusammen sein, und zwar so wie wir es schon immer hätten sein sollen. Klar, wir haben beide einen Fehler gemacht, aber wir gehören zusammen, und das weißt du! Ich will dich für mich, dich lieben und nie mehr hergeben", jedes Wort sprach er aus, als wenn es ein einzig wahr gewordener Traum gewesen wäre. Bei seinen Worten unterdrückte ich einen Schluchzer. Ich richtete mich auf und blinzelte gegen die aufsteigenden Freudentränen an. Seine Hand wanderte von meiner Kehle zu meiner Wange hoch und verblieb dort. Er blickte mir tief in die Augen.

„Du bist das Wertvollste für mich", sagte er, dann schlossen sich seine Lippen sehnsüchtig um meine und zogen mich wieder in den nur allzu bekannten Bann, aus dem ich nicht mehr rauswollte. Glücklich wie nie gingen wir gemeinsam aus dem Laden und fuhren zu ihm oder besser gesagt zu *uns* nach Hause. Während der Fahrt strich seine rechte Hand immer wieder über meine Finger der linken Hand und das Auto bebte förmlich vor Freude und nicht länger unterdrückter Sehnsucht. Dort angekommen hörten wir bis zu seinem Schlafzimmer kein einziges Mal damit auf, uns zu küssen. Unsere Hände umschlangen uns fordernd. Als wären wir zu einem Wesen verschmolzen. In seinem Schlafzimmer ließ er nur kurz von mir ab, um den CD-Player einzuschalten. Einstweilen zog ich mich hastig aus und stand dann in meiner vollen Nacktheit vor ihm. Ich war bereits feucht und mehr als nur bereit für ihn. Er schritt geradewegs auf mich zu und nahm unser Spiel wieder auf. Als wären wir nie voneinander getrennt gewesen und doch fester als jemals zuvor miteinander verbunden drängten sich unsere Leiber gegeneinander. Im Hintergrund hörte ich, wie die Melodie von *This Love* von Craig Armstrong feat. Elizabeth Fraser anfing zu spielen. Ich setzte mich aufs Bett und Bastien folgte mir. Er zog an seinem Hemd und ich half ihm dabei, es auszuziehen. Ich wollte seine Haut auf mir spüren. Hungrig zerrten wir dann auch an seiner Hose. Wir gaben uns erst zufrieden, als wir beide nackt, Haut an Haut waren. Ich liebte den Geschmack seiner Lippen auf meinen und seinen vom Schweiß leicht gesalzenen Körper auf meinem.

This Love
This love
This love is a strange love

Die weibliche, Gänsehaut bringende Stimme harmonierte mit seinem warmen Körper. Seine Hände strichen entlang meines Rückens zur Taille. Seine Augen strahlten so viel Liebe aus, dass mir innerlich unendlich warm wurde. Ich strich an seinem Rückgrat entlang, drängte mich förmlich an seinen harten Schwanz. Seine Hände wanderten quälend zu meinen erregten Brüsten. Er kniff spielerisch an einer Brustwarze, sodass mir ein Stöhnen entfuhr. Er umhüllte sie mit seiner Hand. Strich sanft darüber und kniff immer wieder spielerisch zu. Keiner von uns hielt sich noch zurück. Zu diesem Zeitpunkt gab es nur noch mich und ihn, keiner konnte uns mehr aufhalten. Es war mir alles egal, nur noch Lust und verdrängte Sehnsucht drängten durch meine Poren. Er biss sanft an meiner Lippe, während ich meine Hände auf seine männliche Brust legte. Seine Handbewegungen wurden immer schneller und intensiver, sodass ich meine Hände Halt suchend hinter mir in die Matratze abstütze. Gleichzeitig beugte es meine Brust noch fester an ihn. Nach einer Weile wendete er sich meiner anderen Brust zu und tat das Gleiche genussvolle Spiel mit ihr. Stöhnend wand ich mich unter seinen Berührungen. Die Ekstase drängte sich immer mehr an die Oberfläche und ließ mich mehr spüren, ließ mich empfindsamer werden für jede seiner Streicheleinheiten.

This love
I think I'm gonna fall again
And ever when you held the hand
Nun benutzte er beide Hände für meine aufgerichteten Nippel. Nachdem ich es nicht mehr aushielt, begann ich mit meiner Hand seinen Penis entlangzufahren. Ich spürte, wie er unter meinen Berührungen pulsierte und sich immer fester gegen meinen Bauch drückte. Er stöhnte leicht auf, was mich nur noch mehr ermunterte. Ich beugte mich nach unten und legte sanft meine Lippen um seinen Schaft. Sofort stieß er ein Zischen aus und seine Hände ließen sofort meine Nippel los. Stattdessen hielt er sich an meinen Hüften fest.

Now rehearshed we stay, love
Doesn't know it is love
Ich sog sanft an ihm und steigerte automatisch mein Tempo, als er sich in meinem Mundraum schneller bewegte. Es erfreute mich, dass er unter meinen Bemühungen fast in mir kam. Meine Zunge wanderte mal weiter nach oben und dann wieder schnell nach unten. Langsam umhüllte ich ihn mit meinen Lippen. Danach ließ ich ihn wieder ein Stück weit los und nagte ganz sanft mit meinen Zähnen an seiner Spitze. Meine Zunge glitt aufreizend mit langen und qualvollen Zügen dahin. Ich trieb ihn an und spürte direkt, wie er sein Tempo erhöhen musste. Wie er sich mir anpasste. Dieses Spiel gefiel mir und ich wollte ihm auch so viel Lust bereiten wie er mir vorhin.

„Ja-ane ... Nicht, ich komme gleich!", seine Stimme war kaum wiederzuerkennen und klang fast animalisch. In solchen Momenten spürte ich, was wir ursprünglich waren. Nicht nur, dass ich es wollte, dass er in mir kam, nein, ich trieb ihn sogar richtig dazu an. Es brauchte nur noch ein paar Züge seinen Schaft entlang und schon ergoss er sich in mir, gleichzeitig knurrte er auf. Ein leichter Moschus Geschmack füllte meinen Raum und ich schluckte jeden einzelnen Tropfen. Als ich mich zurückzog, leckte ich vor seinen Augen meine Lippen ab. Er sah mir einen Augenblick dabei zu und grinste mit einem verführerischen Blitzen in den Augen, dann drückte er mich mit seinem gesamten Körpergewicht in die Matratze und küsste mich aufs Neue. Seine Rache war genussvoll. Die seidige Bettwäsche drängte sich an meinen Rücken und ich reckte mich ihm keck entgegen. Diesmal packte er meine Brüste mit der einen Hand zusammen, was mir nicht wehtat, während er sich mit der anderen meinem Tal näherte. Ich schrie laut auf, als er einen Finger in meine heiße Höhle steckte.

Doesn't have to feel love

Ich wimmerte in seinen Mund hinein und bäumte mich auf.

„Bitte mich uns zu erlösen", seine Stimme war heiser.

Ich brauchte einige Zeit, bis ich ihn richtig verstand. Doch schon spürte ich wieder, wie er sich gegen meine Hüfte drückte. War dieser Mann denn nie zu stillen? Er quälte mich weiter, sodass ich beinahe explodierte.

„Schrei meinen Namen heraus!"

Er hörte nicht auf immer schneller zu reiben. Also tat ich es.

„Bastien!!!"

Von einer Sekunde auf die andere zog er seinen Finger heraus und stieß mit einem heftigen Stoß in mich. Sofort hielt er kurz inne und bewegte sich erst langsam und sanft in mir. Das hielt aber nicht lange so an, schon drängte er sich fester und schneller in mich. Dabei strichen seine Hände überall an mir. Über mir stürzte die Decke zusammen. Nun waren wir zusammen. Er wurde immer schneller, als er bemerkte, dass wir bereits kurz davorstanden. So umgab uns beide gleichzeitig eine Welle der Ekstase, als wir zum Höhepunkt kamen. Er schrie meinen Namen aus und ich ergoss mich in meinen Gefühlen. Keuchend und verschwitzt lagen wir noch einen Augenblick so da, er auf mir.

Doesn't mean a thing
Think I'm gonna fall again
This Love

Ich schnaufte genauso nach Luft wie er. Über die Konsequenzen dieses Bündnisses würde ich mich morgen kümmern. Jetzt war ich einfach zu erschöpft und befriedigt worden. Ich spürte sein Schmunzeln an meinem Hals und strich ihm liebevoll über die Haare. Ich bewegte mich unter ihm, als sein Gewicht mir langsam zu schwer wurde. Sofort verlagerte er seinen Körper und rutschte neben mich. Seinen Arm schlang er um mich. Mit dem anderen Arm griff er nach der Decke und breitete sie über uns aus. Er steckte all seine Liebe in einen letzten Kuss, ehe er sich entspannte und gleich einschlief. Ich war erledigt, glücklich und irgendwie gerade belustigt. Also doch! Er war ebenfalls so ein Mann, der gleich einschlief. Ich sah ihm noch eine Weile beim Schlafen zu, bevor ich mir auch erlaubte meine Augen zu schließen und mich enger an ihn zu kuscheln. Sein Arm drückte mich fester an sich und so schlief ich geborgen in seiner Wärme ein, in dem Hier und Jetzt, in dem ich keine Angst zu haben brauchte, dass wir das nicht alles irgendwie hinbekamen.

Kapitel 19

Ich wachte mit einem Schweregefühl auf meiner Brust auf. Ich drehte meinen Kopf zur Seite und hätte ihn beinahe mit meinen Lippen an seiner Stirn gestreift. Bastiens Arm lag quer über meinen ganzen Bauch ausgestreckt und hielt mich an der anderen Seite ganz fest umklammert, sodass ich allmählich keine Luft mehr bekam. Vorsichtig, um ihn nicht zu wecken, bewegte ich mich unter ihm und rutschte ein gutes Stück zur Seite. Dabei zog ich leicht an der Decke, leider blieb die Decke unter seinen Beinen hängen. So lag ich völlig frei an der Bettkante und grapschte nach der Decke, um sie ihm über den Oberkörper zu legen. Im Zimmer war es warm, deshalb machte es mir nichts aus, ihn in den Decken verschlungen zu sehen. Sein Atem ging tief und gleichmäßig, also ging ich davon aus, dass er noch fest schlief. Eine Weile sah ich ihm beim Schlafen zu. Er wirkte wie ein Engel, wenn er seine durchbohrenden Augen geschlossen hatte und dunkle Wimpern leichte Schatten auf seine gebräunten Wangen warfen. Das dunkle Haar, wirr von allen Seiten stehend, das ihn so sanft aussehen ließ. Mein Blick wanderte zu seinen vollen Lippen, die zu einem weichen Strich geschlossen waren. Ich beugte mich zu ihm und gab einen federleichten Kuss darauf, um ihre Wärme auf mir zu spüren. Dabei strich sein Atmen an meiner Wange und ein leichtes Kribbeln durchfuhr mich. Unglaublich, aber das reichte mir, um mich ganz leicht zu erregen. Leise seufzend stieg ich aus dem Bett und ging Richtung Badezimmer. Dabei sah ich aus dem Fenster, das statt einer Wand im Korridor des ersten Stockes angefertigt worden war, mit himmlischem Blick aufs Meer, das sich in Wellen am Horizont schlug. Völlig nackt starrte ich einfach so hinaus und wünschte mir, ich wäre ebenso frei und unbekümmert. Als ich im Bad war, sah ich mein Spiegelbild im großen Wandspiegel. Wild hingen meine Haare um meine befriedigt dreinblickenden Augen. Mein Kopf stattdessen war nur noch in Watte verpackt und ließ nur noch ein paar Spuren des vergangenen Liebesaktes sehen. Viel mehr genoss ich es, mir vorerst keine Gedanken über mögliche Probleme zu machen. Vielleicht hätte ich, wenn schon nicht Amanda, wenigstens Sabine Bescheid geben sollen, doch für einen Augenblick stellte ich mir nur noch ein Leben, in dem es nur um Bastien und mich ging, vor. Sollte es auch nur kurz sein, so würde ich jede Sekunde davon genießen. Grinsend machte ich mich etwas frisch und ging dann in mein Zimmer und zog mir ein schwarzes Top mit grünen Hotpants an. So ging ich runter in die Küche und bereitete ein Frühstück für uns zwei vor. Nach einer guten Stunde kam Bastien etwas müde die Treppen herunter und blinzelte erst mal, als er das Frühstück entdeckte, dann lächelte er mich hinreißend an, sodass meine Knie weich wurden. Er kam zu mir rübergeschlendert und legte die Arme von hinten um mich und drückte mich fest an sich. Ich genoss das Gefühl dieser Zweisamkeit und lehnte mich in seine Umarmung. Doch so sehr ich mich auch bemühte, mein Kopf wurde nicht frei von weiteren sexuellen Dingen, seinem Liebesgeständnis und die Zweifel an dieser Beziehung. Gequält schlang ich meine Arme fest um seine und versuchte so die Gedanken zu verdrängen und nur seine Liebe zuzulassen. Er ließ es zu und ich hatte das Gefühl, auch wenn das eigentlich nicht mehr möglich war, das er mich noch fester umschlang. Ich empfand das als seine Antwort darauf, dass er fest davon ausging, dass ich mir keine Sorgen zu machen brauchte und wir das schon schafften. Wie lange wir so dastanden, konnte ich nicht mit Sicherheit sagen, als wir aber endlich frühstückten, war das Essen bereits kalt. Morgen ging wieder die Arbeit an und ich wollte Sabine alles erzählen und ihr auch danken, dass sie erwähnt hatte, wo ich war. Wobei ich mir sicher war, dass Bastien mich schon irgendwo gefunden hätte.

Wir verbrachten den ganzen Tag zusammen, gingen draußen ein wenig spazieren, kamen gegen Sonnenuntergang wieder zurück, sahen dem Sonnenuntergang auf der Hängematte zu, liebten uns in ihr noch mal, Gott sei Dank wohnten seine Nachbarn abgegrenzt von ihm, und dann gingen wir eng umschlungen wieder hinein. Ich zappte mich noch ein wenig durchs Fernsehprogramm und machte es mir auf dem Sofa an seiner Brust gemütlich, während er mir sanft den Rücken streichelte und sich ein Kissen unters Genick legte. Es lief nichts, was mich wirklich interessierte und so genoss ich viel mehr seine Streicheleinheiten. Irgendwann wurde ich aber müde und kuschelte mich mehr unter die Decke, die er vorher über uns ausgebreitet hatte. Inzwischen lag sein Arm nur noch auf meiner Hüfte, während er sich durchs Programm zappte. Langsam schloss ich die Augen und hörte nur noch das Klicken der Fernbedienung, bis es aufhörte und ich davon ausging, dass er einen passenden Sender gefunden hatte. Er rutschte ein kleines bisschen nach oben und legte daraufhin beide Arme um mich. Ich schmiegte mich an ihn und schlief kurz darauf mit seinen langen und gleichmäßigen Atemzügen ein. In meinem Dahindämmern sah ich die ganze Zeit Bastien vor mir, als Schatten in einem unerträglichen Licht, der mich beschützte. Bei meinem scheinbar endlos langen Marsch wich er mir kein einziges Mal von der Seite. Fast spürte ich seine Haut auf mir und seine Lippen, die er mir immer wieder hinhielt. Fast wollte ich ihm schon zuschreien: *Ich will mehr. Bleib bei mir, setz mich nicht allein der Sonne aus!* Doch als Zeichen der Antwort lächelte er mir immer nur entgegen, aber ließ mich auch nicht allein. Irgendwann riss mich etwas aus meinem seltsamen Traum. Ich öffnete träge die Augen und sah Bastien, wie seine Lippen meine Nasenspitze streiften. Ich grummelte unverständlich und krallte nach … Nichts. Nun blinzelte ich doch und setzte mich auf. Bastien lächelte und legte die Decke gerade zusammen. Der Fernseher war bereits ausgeschaltet. Ganz vorsichtig hob mich Bastien in seine Arme, als wog ich nichts. Er stieg mit mir die Treppenstufen rauf, dabei war ich immer noch im leichten Dämmerzustand, und legte mich dann in meinem Zimmer aufs Bett. Er griff nach der Bettdecke und zog sie mir über. Nur schwach protestierte ich mit meinen Händen, ich wollte doch bei ihm schlafen. Als hätte Bastien es verstanden, schmunzelte er nur und ließ mich wie im Traum zuvor nicht allein. Ich wachte am nächsten Morgen in seinem Bett neben ihm auf.

Die nächsten zwei Wochen vergingen wie im Flug. Wir unternahmen viel. Gingen ins Kino, mal sahen wir uns einen Film nach seinem Geschmack an, beim nächsten hatte ich die Wahl, zu entscheiden. Viele sonnige Spaziergänge oder Ausflüge waren ebenfalls weit oben auf der Liste der Dinge, die wir neben Sex am liebsten machten. Ob mit dem Fahrrad einfach im Grünen unterwegs oder – was inzwischen eine meiner Lieblingstätigkeiten geworden war – ein Segelboot zu mieten und einfach frei im Meer umherzutreiben, uns wurde niemals langweilig. Ich fragte ihn fast täglich, wenn es unsere Arbeitszeiten zuließen, ob wir uns wieder ein Boot mieteten. Auch heute fragte ich ihn wieder und er verdrehte gespielt genervt die Augen. Allerdings verriet mir sein Lächeln und Leuchten in den Augen, dass er es inzwischen genauso gern tat wie ich. Uns trennte fast gar nichts mehr und es schien fast so, als hätten wir die verpasste Zeit von früher nachgeholt und sogar noch weit darüber hinaus. Es war einfach schön, ihn an meiner Seite zu haben und Spaß zu haben, dabei spürte ich immer dieses sanfte Kribbeln, das durch meinen Körper zuckte, sobald er mich auch nur leicht berührte. Er bückte sich zu mir hinab und gab mir einen unendlich sanften Kuss, bevor er etwas aus seiner hinteren Jeanstasche herausholte. Ich sah ihn neugierig geworden an, er begegnete meinem Blick mit einem wissenden Grinsen. Ganz langsam holte er es hervor und hielt es direkt vor mir empor, sodass ich es anfangs gar nicht richtig erkennen konnte. Ich starrte diesen gelben Zettel an und las verwundert, dass dort ganz groß „Besitzurkunde für ein Segelboot" stand. Mein verwunderter Blick wich einem Staunen und ich sah wieder zu ihm auf.

„Ja. Ab sofort müssen wir uns keines mehr ausleihen. Unser eigenes Segelboot wartet bereits am **Hafen Cervens**. Ich dachte mir schon, dass du heute auch wieder fragst und da uns das außerdem mit der Zeit billiger kommt …"

In mir stiegen die Tränen hoch. Ich wusste einfach nicht, was ich sagen sollte, deshalb warf ich mich ihm lachend entgegen und verschränkte meine Arme um seinen Hals. Er strahlte mich wieder so wundervoll an und wirbelte mich leicht herum. Nur mit Mühe konnte ich die Tränen wieder hinunterschlucken. So etwas hatte noch nie jemand für mich getan, etwas so Teures kaufen, fast hätte ich ihn zu Tode küssen können. Mein Herz war ihm genauso ausgeliefert, wie meine Libido ihn hier und jetzt genommen hätte. Egal was wir auch taten, wir kamen nicht darum herum, immer nach einer Tätigkeit zu unserem Lokal zu fahren oder uns zu lieben. Dabei machte ich mir nicht die kleinsten Gedanken darüber, endlich schwanger geworden zu sein. Ich war so gefangen in seiner Liebe und unserer Zweisamkeit. Ich hatte auch schon lange keinen Kontakt mehr zu Amanda, erzählte alles nur noch Sabine, und soweit ich wusste, hatte Bastien auch keinen Kontakt mehr zu Nico. Jedoch störte mich das keineswegs, wenn irgendetwas mit dem Haus gewesen wäre, hätten sie sich ja auch melden können. Nach meinem kleinen Freudenausbruch machten wir uns auf den Weg. In mir prickelte es überall vor Aufregung und ich konnte kaum mehr die frische Meeresluft abwarten. Endlich an den Bootsstegen angekommen erwartete uns schon die sanfte Meeresbrise. Der Wind war gut fürs Segeln, nicht zu schwach, aber auch nicht zu heftig. Alles in allem versprach es, ein guter Ausflug zu werden. Wir gingen entlang des breiten Steges, der sich zu vielen weiteren kleineren verzweigte. Viele Segelboote, Privatjachten, Boote und Katamarane waren links und rechts vor mir aneinandergereiht. Jedes für seinen persönlichen Besitzer herausgeputzt und in unterschiedlichem Stil erbaut. Neben Bastien und mir waren noch ein paar andere Leute da, die ihre Schiffe seetauglich machten. Ich folgte Bastien über das dunkelbraune Holz und hielt Ausschau nach unserem Segelboot. Bastien hatte mir erzählt, er habe es auf den Namen SECRETLY BJ getauft. Ich fand den Namen etwas eigen, aber als er vor einem mittelgroßen Boot mit rot-orange-schwarzen Segeln, das am Steg mit einem Seil befestigt worden war, stand, fand ich ihn irgendwie passend. Sofort verliebte mich in das Segelschiffchen. Bastien wies mich forderte mich auf die Seite des Hecks zu betrachten und tatsächlich entdeckte ich in kleinen schwarzen Buchstaben geschrieben: **SECRETLY BJ**. Lächelnd dirigierte er mich aufs Boot. Es stand eine Holzkiste im hintersten Eck mit Decken, Ausrüstungsteilen, Seilen und Rettungswesten parat. Davor gab es eine Sitzmöglichkeit in Form eines Brettes, quer in die Mitte gearbeitet. Fast in der Mitte des Segelbootes stand der große Mast mit den Segeln, die noch geschlossen und festgebunden waren. Bastien ließ das

Seil, das an einem Pfosten des Steges festgeknotet war, frei. Als Nächstes öffnete er die Schnur und breitete die Segel darin etwas aus. Gleich danach gab er dem Segelboot einen kräftigen Schubs mit seinem Fuß gegen das Holz auf der Heckseite. Das Ganze sah bei ihm wie reine Routine aus. Zur Unterstützung machte ich mich an die Segel, fuhr sie vollständig aus und befestigte sie mit der Sicherung des Mastes. Ich hatte bereits viele Male dabei zugesehen, wie Bastien und einige Männer die damals noch geliehenen Boote so startklar machten. Hätte ich nicht so ein Interesse daran gehabt, ihnen so zuzusehen, wäre ich Bastien wohl kaum eine große Hilfe gewesen, obwohl das, was ich tat, von großer Bedeutung für den Start war. Der Rückenwind brachte die SECRETLY BJ bereits aus den Ufern in Richtung offenes Meer. Bastien sah mich erstaunt an. Bisher hatte er mich noch nie so etwas machen sehen, da ich es bevorzugte, ihn als meinen ganz persönlichen Bootsmann zu sehen. Ich lächelte ihn von meinem Standort aus an. Selbst lächelnd und mit einem noch freudigeren Ausdruck in den Augen kam er auf mich zu und gab mir einen leidenschaftlichen Kuss, während wir bereits alles hinter uns ließen und vor uns nur noch das offene Meer lag. Links und rechts von uns reihten sich zwar Felsen und Sandstrände aneinander, jedoch störte uns das nicht weiter. Es lag so viel Freiheit und Abenteuer in der Luft. Die Sonne prallte dabei auf uns herab und ließ das blaue Wasser reflektieren. Bastien unterbrach den Kuss und holte aus der Holzkiste unter den Decken und Co eine Sonnencreme hervor. Er deutete mir, mich umzudrehen. Ich tat, wie mir geheißen, und war erleichtert darüber, dass ich nur ein Top angezogen hatte, als er mir die Schulterblätter und Schultern eincremte. Der gleichmäßige Druck seiner reibenden Hände ließ mich genussvoll den Kopf in den Nacken legen. Kurz hielt er in seiner Bewegung inne und gab mir einen Kuss auf die rechte Wange, dann massierte er mir auch die Arme ein.

Wir ließen es uns den ganzen Nachmittag gut gehen, sprachen fast gar nicht miteinander, aber das war auch gar nicht nötig. Ich fühlte, dass wir uns beide äußerst wohlfühlten, jeweils dem anderen und der offenen See so nah. Dieses friedliche und unbeschwerte Dasein machte mich langsam müde und so kuschelte ich mich kurz entschlossen an seine Schulter, bevor er langsam die Richtung änderte, zurück nach Hause.

Als wir wieder ankamen, sank die Sonne bereits am Horizont und doch war es noch angenehm warm. Gemeinsam machten wir die Segel wieder dingfest, legten das Seil wieder an den Pfosten an, deckten die Kiste mit einer Ablageplane, die ebenfalls darin gewesen war, zu und stiegen auf die dunklen Bretter vor uns. Ganz leicht wankten meine Beine von dem plötzlichen Festigkeitsgefühl unter den Füßen. Bastien unterhielt sich noch mit einem Mann, der wohl die Verantwortung, dass dem Segelboot in unserer Abwesenheit nichts passierte, trug. Bastien unterhielt sich noch kurz mit dem Mann. Immer wieder sah der Typ zu mir her und blieb einen Augenblick zu lang an mir haften, sodass es mir langsam unangenehm war. Das musste Bastien auch mitbekommen haben, denn als er das Gespräch beendet hatte, kam er gleich an meine Seite und schlang besitzergreifend einen Arm um meine Taille. Ich spürte den Blick des Mannes auf mir, als wir den Hafen verließen. So wie der mich ansah, als wäre ich ein gefundenes Fressen, wollte ich ihn nur noch hinter mir lassen. Jedoch wurde Bastiens Griff um mich erst etwas lockerer, nachdem wir auf dem Kiesparkplatz, wo der BMW stand, angelangt waren. Schweigend setzten wir uns ins Auto, wobei Bastiens Blick mich ab und an streifte. Ich tat so, als bemerkte ich es nicht. Dafür fanden seine Finger der rechten Hand meine und ich ließ es zu, dass sie sich mit meinen verschränkten. So schön es auch war, irgendwie war ich nun nur noch müde. Ich konnte kaum meine Augen offen halten und bemerkte erst, dass wir daheim angekommen waren, als Bastien abrupt stehen blieb und den Motor abstellte. Seine Finger waren inzwischen nicht mehr mit meinen verschränkt. Ich hatte es nicht mal bemerkt, wann er sie von mir entfernt hatte. Beim Aussteigen gab ich mir Mühe, mir meine Müdigkeit nicht ansehen zu lassen.

„Danke für das Boot. War ein schöner Tag!", war das Einzige, was ich noch zu ihm sagte, ehe ich mich auf den Weg in mein Zimmer machte. Seinen Blick auf mir ignorierte ich wieder, als ich die Treppe raufging und schließlich in meinem Bett landete und gleich darauf einschlief. Am nächsten Morgen wachte ich mit einem dermaßen großen Hunger auf, dass es mich regelrecht aus dem Bett holte. Es war, aber auch kein Wunder, dass ich solchen Hunger hatte. Schließlich ging mir eine feste Nahrung seit über 18 Stunden ab. Also machte ich mir mehr Frühstück als üblicherweise. Nachdem ich fertig gegessen hatte und mich wie ein völlig neuer Mensch fühlte, erschien Bastien im Türrahmen. Ich sah vom Stuhl aus zu ihm auf. Erstaunt sah er auf die drei leeren Teller vor mir, auf die ich Toasts, Speck, Eier gelegt hatte,und auf eine weitere Schüssel, in der ich Obstjoghurt zubereitet hatte.

„Hast du das alles allein gegessen?", er trat näher heran.

„Ja", nickte ich ihm etwas irritiert entgegen.

„Wirklich?", seine Augen weiteten sich, als befände sich vor ihm an meiner Stelle ein Alien.

„Nein, war gelogen. Ich hab alles aus dem Fenster rausgeworfen, als ich es erst zubereitet hatte", meinte ich sarkastisch.

„Oh, Mann. Ist da schon noch etwas im Kühlschrank für mich übrig geblieben?", wie um mich zu ärgern, sah er hinein. Dabei überprüfte er die Eierbox, in der sich normalerweise 20 Stück befanden. Ich wusste nicht wieso, aber dafür hätte ich ihm eines am Kopf zerschlagen können.

„Wahnsinn! Nur noch acht drin."

„Ich hatte eben Hunger. Gestern hatte ich kaum etwas gegessen", protestierte ich und wusste nicht, wieso ich das überhaupt musste.

Nun sah er mich mit fast tadelndem Blick an, schlenderte zu mir herüber und gab mir endlich einen Kuss. So wie er es immer zum morgendlichen Gruß tat.

„Guten Morgen", sagte er erst jetzt, als wenn nichts gewesen wäre. Sein zweiter leidenschaftlicherer Kuss ließ mich aber meinen Ärger über vorhin vergessen. Ich konnte mich in ihm verlieren. Schwer atmend ließ er mich sitzen und machte sich daran, sein eigenes Frühstück zusammenzustellen. Doch vorher wollte er den Tisch abräumen, doch ich ließ ihn nicht gewähren und machte es selber. Mit einem weiteren Kuss, diesmal auf meine Nasenspitze, was mir viel liebevoller erschien, machte er sich ans Essen. Als ich alles im Geschirrspüler verstaut hatte, ließ ich ihn allein und ging, zwei Stufen auf einmal nehmend, die Treppe hoch. Ich übersah fast eine und hielt mich stabilisierend am Geländer fest. Plötzlich hatte ich ein leichtes Schwindelgefühl von dem Adrenalinschuss und krallte mich fester gegen die Stütze. So schnell, wie es gekommen war, war es auch wieder weg. Also überwand ich die letzten Stufen. In meinem Zimmer angelangt nahm ich mein Buch „SOLANGE DU DA BIST" und fing an, darin zu lesen. Nach einer Viertelstunde klopfte Bastien an die Tür und streckte ohne mein „Herein" seinen Kopf ins Zimmer. Sein Blick sah unergründlich zu mir. Ich legte das Buch beiseite und deutete ihm sich zu mir zu setzen. Nun kam er endgültig herein und setzte sich an den Bettrand zu meinen Füßen. Er hob sie auf seinen Schoß und streichelte sie. Ich lehnte mich entspannt in mein Kissen zurück, während es leicht von meinen Füßen aufwärts kribbelte. Irgendwann fragte er in die Stille hinein: „Hast du heute Lust, ins Lokal zu fahren?"

Ich nickte zustimmend. Das war bisher der erste Tag seit Langem, an dem wir mal nicht segelten. Jedoch konnten wir ja von nun an jederzeit segeln. Bastien hatte mich zusätzlich neben ihm zum Besitzer des Segelbootes gemacht. Ich stand auf und suchte mir etwas Passendes aus meinem Kleiderschrank. In den Momenten, in denen ich mal ausnahmsweise nichts anderes zu tun hatte, machte ich mir Gedanken darüber, ob sich Amanda nicht wunderte, warum Bastien und ich so viel miteinander machten, denn dass wir mehr machten als nur Sex, war nach der Zeit ohne einen Anruf oder gar eine SMS selbstbeantwortend. Letztendlich war es mir aber gleichgültig, da ich eigentlich dadurch, dass sie sich nicht meldete, mehr Zeit mit Bastien verbringen konnte. Ich zog eine schwarze Röhrenjeans mit chromoxidgrünfarbigem Spaghetti-Träger-Top dazu heraus. Ohne nachzudenken, zog ich mich vor ihm aus und zog Gewähltes an. Ich spürte, wie sein Blick über meinen Körper glitt. Er sog scharf die Luft ein.

„Du siehst unglaublich schön aus."

Ich sah kritisch an mir hinab. Tatsächlich brachte die hautenge Jeans meine langen Beine gut zur Geltung. Ich drehte mich zu dem Kleiderschrankspiegel um und bewunderte mein Rückenbild. Mein Po war wohl proportioniert und das Oberteil ließ meine Schulter zart und feminin wirken, was sie ja auch waren. Meine Brüste kamen auch voller rüber. Nun fehlten nur noch passende Schuhe. Die hatte ich in meinem etwas überfüllten Kleiderschrank, der zugleich auch ein Schuhschrank war. Anthrazitfarbene Peeptoes waren das Krönungsstück meines gesamten Outfits. Dazu nahm ich mir eine gleichfarbige kleine Umhängetasche. Stolz lächelte ich vor mich hin, ausnahmsweise mal mit meinem Aussehen zufrieden. Meine Haare ließ ich offen herunterhängen. Make-up legte ich mir diesmal nicht auf. Bastiens schwarz-orange-kariertes Hemd, das er sich angezogen hatte, ließ ihn nicht minder attraktiv und gut gebaut aussehen. Startklar machten wir uns auf den Weg in die Stadt. Zuerst aßen wir etwas, bevor wir schließlich noch ein bisschen die Zeit mit Schaufensterbetrachten totschlugen. Etwas verspätet brachen wir zum Tanzen in unser Lokal auf. Der Rhythmus der Beats schlug uns sogleich entgegen und wie immer nahm man gleich unsere Bestellungen entgegen. In letzter Zeit verzichtete ich auf Alkohol, denn ich hatte irgendwie keine Lust mehr darauf. Außerdem dürstete es mich jetzt regelrecht auch noch nach einem Kirsch-Bananen-Getränk. Bastien bestellte sich eine Cola mit Zitronenscheibe. Irgendwie erinnerte mich das an heute Mittag. Beim Mittagessen in einem guten Restaurant hatte er doch tatsächlich zusätzlich zu seinem Schafkäse, bei dem bereits geschnittene Paprika, Tomaten und ein klein bisschen Peperoni mit Knoblauch dabei waren, extra kleine Schinkenstreifen geordert. Mir entging dabei der staunende Blick des Kellners trotz dessen freundlichem Nicken nicht. Am Ende bekam er alles wie bestellt, natürlich mit Preisaufschlag, aber das bekümmerte ihn nicht. Ich kam mir relativ zurückhaltend vor, als ich *nur* einen einfachen Gemischtsalat mit Käsespätzle und hinterher ein großes Stück Schokoladentorte bestellte. Bastien sah mich schweigend an, als ich alles verdrückte, zumal die Portionen wirklich nicht klein waren. Ich beruhigte ihn damit, dass ich einfach gestern nicht so viel zu mir genommen hatte und das Frühstück wahrscheinlich nicht gereicht hatte. Ich ignorierte sein leise gemurmeltes „*Man könnte meinen, ich hätte nicht genug zum Ernähren für dich*" und genoss auch die letzte Kuchengabel. Da war ich wirklich satt und kam mir leicht aufgebläht vor. Umso besser, dass ich nun tanzen konnte, bis die ganzen Kalorien verbrannt waren. Eine geschlagene Stunde verbrachte ich ohne Unterbrechung auf der Tanzfläche und passte meine Moves und Schritte den Aneinanderreihungen verschiedener Liedstücke an. Bastien stand die ganze Zeit über bei unseren Getränken und sah mir beim Tanzen zu. Das trieb mich dazu an, noch gewagtere Bewegungen zu vollziehen. Gut, dass sie mir gelangen, denn ich wollte, dass Bastien mich attraktiv dabei fand. Er war es, warum ich mir Mühe gab, obwohl es mir mehr als nur Spaß machte. Es fühlte sich an, als wäre ich mit der Musik verschmolzen. Ich passe mich ihr an, spürte sie. Die Lichter ließen alles nur noch, noch mehr wie in einer anderen Welt erstrahlen. *Schritt, Schritt, Drehung, leichte Beugung. Schritt, noch ein Schritt und wieder eine Drehung, diesmal länger.* Das war besser, als ein Rausch es mir jemals bringen konnte. Lustvoll bewegte ich mich weiter, mal schneller, mal langsamer. Irgendwann spürte ich neben mir einen leichten Luftzug und kurz darauf einen warmen Körper, der sich an meinen Rücken presste. Ich bewegte mich weiter zum Rhythmus und presste mich ebenfalls fester an ihn, als seine Hände sich in meiner Hüfte vergruben. Ich spürte, wie sich Bastiens Unterleib immer fester gegen mich drückte. Schnurrend drängte ich mich ihm fester entgegen. Ich blinzelte und sah Bastien immer noch an derselben Stelle stehen, und das sehr wütend dreinblickend. Verwirrt drehte ich mich um und sah einen völlig fremden Mann grinsend vor mir stehen. Er war ungefähr einen Kopf größer als ich, dunkelblond und äußerst gut aussehend. Seine fast babyblauen Augen schienen mich zu durchleuchten. Allerdings bekam ich bei ihm nicht so ein freudiges Kribbeln wie bei Bastien, sondern eher überkam mich eine Übelkeit. Ich sah bereits förmlich vor mir, wie er mich auszog. Ich war unfähig dazu, irgendetwas anderes zu tun, als einen Schritt nach hinten zu machen. Plötzlich stieß ich gegen jemanden. Erschrocken drehte ich mich um und sah Bastien, der etwas grimmig aussah. Das war sogar maßlos untertrieben. Er warf dem Kerl einen bitterbösen Blick zu, sodass ich auf gar keinen Fall an seiner Stelle sein wollte. Den gut gebauten Schönling schien das aber nicht weiter zu stören. Im Gegenteil, er sah erst zu mir, dann zu Bastien und fing noch breiter zu grinsen an. Ein unangenehmes Gefühl durchfuhr mich, und als ich mich Hilfe suchend an Bastiens Arm festhielt, spürte ich seine Anspannung darunter. Er war zum Zerreißen angespannt und sollte ihm irgendetwas von dem Typen missfallen, konnte ich nicht sagen, wie das ausging.

„Verschwinde von ihr, sofort!", der Satz war klar und deutlich und duldete keinerlei Widerspruch. Ich wusste eines, dass ich niemals wollte, dass Bastien auf mich so wütend war. Der Fremde lächelte süffisant.

„Hey, ich bin Kevin. Sag deinem kleinen Aufpasserchen, dass er mich nicht so anknurren soll wie ein Köter."

Ich bemerkte erst nach den Worten, dass Bastien wirklich wie ein Hund knurrte. Ich zerrte an seinem Arm, er sollte sich beruhigen, obwohl es mir ganz warm ums Herz wurde. Er beschützte mich und sah mich nur als *sein* Eigentum an. Der Hübschling zwinkerte mir kokett zu.

„Hast du heute deinen persönlichen Bodyguard mitgebracht, Hübsche? Das wäre doch nicht nötig gewesen. Ich hätte schon genug auf dich aufgepasst. Wir zwei könnten die Stadt unsicher machen oder du tanzt mich noch mal so heiß an, Schöne."

Ich sah, wie Bastien den schmierigen Kerl warnend fixierte. Zugegeben er sah nicht schlecht aus, aber ich fand ihn nicht so attraktiv wie Bastien, sondern eher wie einen elenden Schleimer, der in mir ein Kotzgefühl hervorrief.

„Hm?", Kevin sah mich herausfordernd an.

„Nein ...", ich wollte gerade erwidern, dass er sich seine Einladung sonst wo hinstecken konnte, doch Bastien kam mir zuvor.

„Sie wird nirgends mit dir hingehen und jetzt verschwinde und such dir irgendjemand anderes, der auf deine billige Anmache reinfällt!", Bastien klang im Moment sehr einschüchternd und hätte ich es soeben nicht selbst mitbekommen, hätte ich es nicht glauben können, dass Bastien so eine Seite in sich hatte. Bisher hatte er diese Seite nie vor mir gezeigt. Wobei ich das Gefühl hatte, dass er sich momentan noch unter Kontrolle hielt. Ich wusste allerdings nicht, für wie lange das noch galt. Jetzt sah der Typ zu Bastien und musterte ihn von oben bis unten.

„Was will so einer wie du denn? Hast wohl keine Lust, zu teilen, wie?", seine Stimme klang voller Spott. Bastien schnaubte drohend aus. Ich umklammerte ihn noch fester, wobei mehr zu dem Zweck, dass er nicht auf ihn losging.
„Halt dein verdammtes Maul!"
„Bastien! Komm, lass es doch. Reg dich nicht wegen so einem auf und lass uns heimfahren. Er ist es nicht wert", ich zerrte fordernder an seinem Arm. Er warf mir einen kurzen Seitenblick zu. Kevin sah uns amüsiert an.
„Bitte, Bastien. Lass uns verschwinden!"
Noch einmal warf er ihm einen vernichtenden Blick zu, dann ließ sich Bastien von mir wegzerren. Ich bemerkte ein paar Blicke von anderen Gästen. Auf halbem Weg zum Ausgang schrie uns Kevin noch etwas hinterher: „Ach, wie süß. Der Köter braucht seine Anweisungen von seinem Prinzesschen, damit er sich vorwärtsbewegt."
Nun platzte mir endgültig der Kragen und ich blieb abrupt stehen, drehte mich zu ihm um und schrie ihn lauthals voller Hohn an: „Immerhin benutzt er seinen Schwanz richtig und muss es sich nicht selbst machen, nur weil er keine abbekommt wie so ein Schmierling wie du!"
Kevins Grinsen wich einer von Staunen zu einer sauer verzogenen Fratze. Ich zeigte ihm mein bestes Strahlelächeln und drehte mich dann auf dem Absatz um und zog Bastien mit mir. Ich bemerkte Bastiens bewundernden Blick und fing innerlich zu grinsen an. Wir ignorierten beide die wütenden Schreie von Kevin, die in den mahnenden Worten Kalebs, wenn er sich nicht benähme, würde er sofort fliegen, untergingen. Eilig liefen wir schon fast zum Auto. Ich betrachtete die an mir vorbeirauschenden Straßenlaternen. Dabei entging mir nicht die immer noch vorhandene Aufregung Bastiens. Beruhigend legte ich meine Finger auf seine rechte Hand, die nur scheinbar gelassen auf der Kupplung lag. Er riskierte einen kurzen Seitenblick auf mich, ehe er ihn wieder auf die dunkle Straße vor uns richtete.
„Dieser Bastard hätte eigentlich einen Schlag ins Gesicht vertragen können, damit er weiß, wo er sich seine Anmachen hinstecken kann."

Ein wenig verunsichert sah ich zu ihm, noch nie hatte ich so viel Zorn in ihm erlebt und wollte es auch nie wieder.

„Aber das haben wir ihm doch auch so gezeigt. Wir werden ihn höchstwahrscheinlich nie wiedersehen und er wird es auch so kapiert haben."

„Vielleicht hätte es ihm aber ein Schlag noch besser eingebläut", er versuchte seine Wut in Schach zu halten, wie ich mit einem schnellen Blick auf seine verkrampften Hände auf dem Steuerrad und der Kupplung bemerkte.

„Ja, aber es wäre nicht besser gewesen, wenn du dafür Ärger bekommen hättest. Der Typ hatte es darauf angelegt und du hast richtig gehandelt. Auch wenn sein Stolz es nicht zugab, es hatte ihn noch mehr geärgert, dass du nicht darauf eingegangen bist."

Er schnaubte unüberhörbar.

„Stolz? Der Typ hat keinen Funken davon", meinte er noch grimmiger als zuvor.

Ich seufzte ergeben. Dabei wollte ich ihn ja beruhigen. Schön und gut, dass er mich so beschützte, aber irgendwann reichte es auch wieder. Mit einem unwohlen Gefühl in der Magengegend sah ich wieder aus dem Fenster. Den Rest der Fahrt verbrachten wir schweigend, was mich nur noch mehr aufregte. Allerdings, was hätte ich auch groß tun können? Es hätte ihn für diesen Moment nur noch mehr aufgewühlt, wie mir seine harte und zugleich verunsicherte Miene klarmachte, und das wollte ich beim besten Willen nicht. Als er endlich anhielt, stieg ich rasch aus, wobei mich ein kleiner Schwindel langsamer aufs Haus zugehen ließ. Bastien folgte mir schweigend. Oh, wie mich das Ganze aufregte, konnten wir nicht wieder normal miteinander reden? Uns betraf das doch gar nicht! Ich wünschte Kevin zum Teufel. Als Bastien mit eiserner Miene die Tür aufschloss, biss ich mir auf die Unterlippe, um nicht laut aufzuschnaufen. Nach einer mir schier endlos erscheinenden Zeit öffnete er die Haustür. Ich stürzte in den dunklen Korridor, Richtung Treppenstufen. Bastien schaltete das Licht im Korridor ein. Nur schwach drang es bis zu mir herüber. Hastig stieg ich eine Stufe nach der anderen hinauf, doch es schien mir, als würde ich gar nicht vorankommen.

Ich sah nur noch, wie sich die Stufen ineinander verschlangen und ich wankte. Im allerletzten Moment erwischte ich mit der linken Hand noch das Geländer und krallte mich haltsuchend daran. Ich wartete darauf, dass der Schwindel in meinem Kopf aufhörte, doch das tat er nicht. Im Gegenteil, nun verschwamm fast alles vor mir und ich wollte mich schon hinknien, doch plötzlich legten sich Arme um mich. Ein Arm an meiner Hüfte, darauf bedacht, mich nicht fallen zu lassen, während sich der andere Arm um meinen Rücken herumgelegt hatte. Trotz der stabilisierenden Arme, die nicht locker ließen, klammerte ich mich immer noch an das Treppengeländer. Wohl mehr aus dem Grund, um meinen Schwindelanfall zu vertreiben. Ich holte immer wieder tief Luft und stieß sie daraufhin wieder aus. Langsam wurde meine Welt wieder klarer vor mir, doch noch immer hatte ich dieses Drehgefühl. Die Arme legten sich noch ein klein wenig enger um mich, bereit dazu, mich aufzufangen, sollte ich plötzlich stürzen. Als es wieder schlimmer wurde, verkrampfte ich mich.

„Schscht. Ich halt dich fest", vernahm ich Bastiens Worte direkt an meinem Ohr. Ich schluckte den Kloß in meinem Hals hinunter. Es fiel mir schwer. Mich schüttelte es nach kurzem Warten wieder, diesmal war es am schlimmsten. Dabei hielt er mich wie ein Fels in der Brandung fest. So standen wir noch einige Zeit, vielleicht Sekunden oder Minuten, bis mein Anfall völlig abgeklungen war, da.

„Besser?", fragte er mich sanft.

Ich nickte langsam, um nicht erneut einen Schwindelanfall hervorzurufen. Ganz vorsichtig hob er mich in seine Arme und trug mich die restlichen Stufen in mein Zimmer. Dort angekommen legte er mich sanft ab und breitete eine Decke über mir aus, dann hockte er sich neben mein Bett auf den Boden und hielt meine rechte Hand fest. Ich wagte noch einen kurzen Blick zu ihm. In seinen Augen stand Sorge. Ich wollte ihn beruhigen, ihm sagen, dass es mir wieder besser ging. Doch ich brachte keinen Ton heraus und schließlich schlief ich, meiner Erschöpfung erlegen, in seiner Vertrautheit ein.

Kapitel 20

Mein Magen rebellierte gegen mich. Als ich früh am Morgen vor Qualen zur Toilette rennen musste, weil ich es nicht mehr aushielt, wäre ich beinahe über Bastien gestolpert. Er hatte die ganze Nacht neben mir gehockt, wie ich nun erschreckt festgestellt hatte. Dabei beachtete ich ihn gar nicht richtig, als ich so überstürzt die Badezimmertür aufschlug, und nun musste er mich so sehen. Ein elendes kleines Etwas, das zusammengekrümmt über die Kloschüssel gebeugt war und seine eigenen Eingeweide von sich gab. In mir brannte es vor lauter Würgen, doch das schlechte Gefühl wollte einfach nicht mehr von mir weichen. Ich nahm nichts mehr um mich herum wahr, bis mich erneut ein Würgeanfall ergriff und sich die brennende Säure meinen Hals erneut hinaufbegab. Mit jedem Ausspucken wurde ich schwächer, klammerte mich fester an den Rändern der Toilette fest. Meine Gedanken drehten sich um mich und ich spürte, wie ich am ganzen Körper zitterte. So einen Anfall hatte ich schon seit meinem letzten Grippevirus nicht mehr gehabt, und das war über fünf Jahre her, doch ich konnte mich noch immer an dieses entsetzliche Übelkeitsgefühl erinnern und diese einschießenden Kopfschmerzen. Ich hustete verkrampft und rammte mir die Hände in den Bauch. Denn diesmal schien es mir, als wenn alles von meinem Magen ausgehen würde. Ich schwor mir nie wieder so viel zu essen. Das Ganze *musste* ja meine Darmtätigkeit aus dem Gleichgewicht bringen! Irgendwann brachte ich aber nichts mehr von mir und blieb zitternd an meinem Platz hocken, unfähig mich auch nur einen Zentimeter von der Stelle zu bewegen. Mein ganzer Leib stand in Flammen und in mir wütete eine Unruhe, sodass ich mich mit meinen Armen umschlang und meine Augen schmerzverzerrt zusammenkniff. Ich spürte nur, wie jemand die Arme um mich legte und wie mich verzweifelt etwas bewegte, was für mich schon fast erneut einen Schwindelanfall hervorrief. Ich wurde in feste Arme hineingewuchtet, blieb jedoch weiterhin zusammengekrümmt. Immerzu hörte ich die gleichen Wörter: „*Es wird alles gut. Ich bleib bei dir. Ich lass dich nicht allein!*" Die Stimme klang besorgt und erschien mir so weit weg. Ich wollte sie beruhigen, doch nicht nur dass das gelogen wäre, ich konnte es gar nicht. Meine Stimme war zu schwach und mein Hals fühlte sich so an, als hätte ich Reisnägel geschluckt. Er brannte und war völlig ausgetrocknet. Verzweifelt musste ich mich meinem Zustand ergeben und hoffte, es wäre bald vorbei. So kannte ich mich gar nicht. Ich spürte einen leichten Widerstand unter mir, der sanft etwas nachgab. Zwar konnte ich es nicht genau bestimmen, doch ich hielt es für mein Bett, wo ich irgendwie hingelegt wurde und wo ich sofort zugedeckt wurde. Nachdem sichergestellt war, dass ich es möglichst bequem hatte, spürte ich eine Hand an meiner rechten Wange. „*Ruh dich aus, ich wache über dich.*" Ich musste schwer schlucken über diese plötzliche Traurigkeit und Verzweiflung, die ich der Stimme direkt über mir entnahm. Doch plötzlich kehrte in mein Inneres ein völliger Frieden ein, als wenn es mein vorheriges Erbrechen wiedergutmachen wollte. Ja, ich spürte förmlich ein zufriedenes Wohlgefühl in meiner schmerzenden Magengrube, das sich schnurrend in mir langsam zusammenrollte. Ich war nicht allein und war froh darüber, völlig erledigt und ausgelaugt schlief ich ein.

Diesmal wachte ich völlig unbeschwert auf, als hätte ich mir gestern nicht die Seele aus dem Leib gekotzt. Mit kurzem Blick auf den Wecker neben mir sah ich, dass es bereits 11 Uhr vormittags war. Ich setzte mich mit dem Oberkörper auf und sah Bastien vor meinem Kopfteil hocken, seinen Kopf fast neben mir gebettet. So wie er seinen einen Arm beherzt unter seinen Kopf abgelegt hatte und mit dem anderen nach meiner Hand griff, wie ich erst feststellte, als ich leicht die Hand in meiner rechten drückte. Das konnte gar nicht bequem sein. Sanft strich ich sein Haar, das ihm ins Gesicht hing, zur Seite. Das alles nur meinetwegen! Mein Herz wurde warm, doch ein Kloß des Schuldgefühls steckte in meinem Hals. Als ich ihn hinunterschluckte, spürte ich, dass mein Hals völlig trocken war. Ich brauchte unbedingt etwas zu trinken. Vorsichtig stand ich auf und bettete ein kleines Kissen unter seinen Kopf und breitete die Bettdecke, so gut es diese Sitzposition zuließ, über ihn aus. Ich versuchte möglichst leise aus dem Zimmer zu gehen. Wer wusste, wie lange er wach geblieben war, nur um sich nach meinem Befinden zu erkundigen. Ich stolperte mehr schlecht als recht die Treppe in die Küche hinunter. Sofort nahm ich mir ein Glas aus dem oberen Aufhängeregal und füllte es mit Leitungswasser aus der Spüle. Ich leerte das Glas mit eiligen Schlucken und ließ es erneut volllaufen. Auch dieses trank ich hastig aus. Sofort fühlte ich mich besser und mein Schluckgefühl war wieder halbwegs normal. Kurz starrte ich einfach so vor mich hin. Beim Ausspülen und Verstauen des Glases blieb mein Blick kurz an einem Apfel hängen, der in einer Obstschale auf der Küchentheke lag. Doch fast sofort meldete sich eine kleine Beschwerde als Erinnerung an heute früh in meinem Magen. Also wendete ich den Blick wieder ab. Ich hörte oben Wasser rauschen. Bastien war also wach und duschte sich. Ich ging die Stufen hinauf und musste feststellen, dass die Badezimmertür nicht verschlossen war. Als ich sie öffnete, wehte mir gleich ein warmer Dampf entgegen. Bastien stand mit dem Rücken zu mir in der Dusche, während das Wasser auf ihn hinunterprasselte. Bei dem Anblick schnürte sich mir die Kehle zu. Sein perfekt gebräunter, gut gebauter Rücken war von vielen Wassertropfen gezeichnet. Ich sah dem Muskelspiel seiner Schultern, wenn er sich bewegte, eine Weile zu, bis ich mich schnell meiner Kleider entledigte. Wie gebannt ging ich auf ihn zu und stellte mich hinter ihm in die Dusche. Noch hatte er mich nicht bemerkt. Ein paar Wasserspritzer trafen auch mich, als er sich mit einem berauschenden Duschshampoo einseifte. Ich begann sanfte Küsse auf sein Schulterblatt zu drücken und schlängelte mich immer weiter hinauf in seinen Nacken. Plötzlich hielt er mitten in seiner Bewegung inne. Mit leichtem Grinsen an seiner Haut machte ich weiter und leckte auch vereinzelt das Wasser ohne Duschgel von ihm. Immer mehr Wasser bahnte sich einen Weg an seinem Rücken hinab. Mir gefiel es, sein festes Rückenbild mit Abertausenden von Küssen zu bedecken.

Abrupt stellte er den Wasserhahn ab und drehte sich zu mir, um mich bei meinen Armen zu packen. Das ging so schnell, dass er mir beinahe einen Kinnhaken verpasst hätte. Von vorne sah er noch weitaus besser aus. Das tropfnasse Haar klebte ihm an der Stirn und sein nackter Brustkorb glänzte vom Wasser.

„Was machst du hier drin? Wo warst du überhaupt? Als ich aufgewacht bin, warst du nicht mehr im Bett!", er sah mich eindringlich an.

Sein Tonfall ließ mich meine träumerischen Gedanken sofort vergessen.

„Was meinst du mit: *Was machst du hier drin?* Ich hatte unheimlichen Durst und bin nur kurz in die Küche, um etwas zu trinken", erwiderte ich fast genauso störrisch.

Ein dicker Wassertropfen fiel ihm von seinem Haar auf die linke Brust. Ich machte schon eine Bewegung, als Bastien mir zuvorkam und mein Handgelenk festhielt.

„Kurz? Weißt du, was für ein Schock das für mich war? Du brichst vor der Toilette zusammen, zitterst am ganzen Leib und dann musste ich feststellen, dass du nicht mehr im Bett liegst, in das ich dich am Morgen platziert hatte. Ich bin schon fast verzweifelt, als ich dich da vor ein paar Stunden so hocken sah. Ich hatte es mit der Angst zu tun bekommen. Du warst ja nicht mal ansprechbar!", seine Stimme klang nach einer Mischung aus Verzweiflung und Wut, doch hörte ich die Sorge nur allzu deutlich daraus.

Selbst wenn ich taub gewesen wäre, hätte mir spätestens sein Blick verraten, dass er beunruhigt gewesen war. *Oh Gott, Bastien! Was musstest du nur wegen mir durchstehen?* Ich konnte mir gar nicht vorstellen, was ich dabei gefühlt hätte, wenn ich ihn an meiner Stelle vorgefunden hätte.

„Es tut mir leid", war alles, was ich flüsternd herausbrachte.

Er lachte sarkastisch auf und drehte sich dann weg. Mein Herz verkrampfte sich kurz, dass ich ihn so aus dem Konzept gebracht hatte. Ich legte ihm sanft meine Hand auf den Rücken und bettete meinen Kopf auf seine Schulter. Sanft strich ich ihm über den Arm. Immer wieder und wieder.

„Bitte verzeih mir! Mir geht es gut", ich küsste ihn auf die Wange.

Nur langsam drehte er sich wieder zu mir um und sah mir prüfend in die Augen. Standhaft hielt ich seinen Blick fest. Scheinbar beruhigte ihn das etwas, sodass er sich mir wieder ganz zuwendete.

„Dreh dich um!"

Ich befolgte seine Anweisung und zuckte kurz freudig zusammen, als er das Wasser wieder aufdrehte und es nun auch an meinem Körper hinunterprasselte. Ich hörte ein Geräusch und schon stand er ganz dicht bei mir und massierte mir Shampoo in die Haare. Es war wieder so angenehm, seine Finger zärtlich massierend auf meiner empfindlichen Kopfhaut zu spüren. Das vertraute Kribbeln kam mit jedem Fingerzug seinerseits. Dennoch spürte ich nach wie vor eine winzige Anspannung an ihm. Deshalb griff ich nach hinten und suchte seine Wange. Als ich sie gefunden hatte, verrenkte ich mir fast den Hals, nur damit ich ihm meine Lippen hinhalten konnte. Diese berührte er aber auch gleich mit den seinen, ehe er mit seiner Waschung weitermachte. Nachdem er mir das Shampoo überall abgewaschen hatte, wendete er mir noch mal kurz den Rücken zu, um das Wasser abzudrehen. In der Zwischenzeit drückte ich das Wasser aus meinen Haaren und öffnete die Tür der Duschkabine. Ich wollte einen großen Schritt hinaus machen, als vor mir wieder alles für einen Moment verschwamm, ich einen Fehltritt machte und plötzlich nur noch Adrenalin durch meine Venen pumpte und ich ausrutschte. Ich rechnete nur noch mit dem Aufprall, da ich mich nicht mehr rechtzeitig irgendwo festhalten konnte. Doch im scheinbar letzten Moment, bevor mein Kopf Bekanntschaft mit der Glaswand machte, hielten feste Griffe meine Mitte und zogen mich von einer Sekunde zur anderen in die entgegengesetzte Richtung. Ich brauchte erst eine Sekunde, ehe ich mich wieder richtig orientieren konnte. Leicht wankte ich und spürte nur noch meinen Herzschlag gegen meine Brust klopfen, bis sich der kleine Dampfnebel wieder lichtete und ich Bastiens Blick, gehetzt und zugleich entsetzt, vor mir sah. Ich blinzelte und dann war sein geschockter Gesichtsausdruck verschwunden und stattdessen ersetzte eine harte und unergründliche Miene sein wunderschönes Gesicht. Eine eiskalte Hand umklammerte plötzlich mein Herz mit festem Griff und ich schluckte hart gegen seine plötzlichen entschlossenen Worte.

„Okay, irgendwas stimmt mit dir nicht! Wir gehen jetzt zum Arzt!"

Ich holte schon Luft, um etwas zu erwidern, doch er schnitt mir einfach das Wort ab.

„Und sag jetzt bloß nicht, dass es dir gut geht. Für wie blöd hältst du mich eigentlich? Du bist mir innerhalb kurzer Zeit dreimal umgekippt, geradeso noch, dass ich dich rechtzeitig zusammenkehren konnte", brachte er aufgebracht hervor.

„Aber ..."

„Nein! Ich weiß wirklich nicht, wie das weitergehen soll? Was, wenn ich beim nächsten Mal nicht rechtzeitig da bin oder es schlimmer wird und ich nichts machen kann? Das würde ich nicht ertragen!"

Ich sah ihn jetzt ebenfalls entsetzt an, verzweifelnd suchte ich nach den richtigen Worten, doch mir wollte einfach nicht das Richtige einfallen. Deshalb sah ich Hilfe suchend zu ihm auf.

„Ja!! Jetzt weißt du es. Ich weiß nicht, ob ich dich beim nächsten Mal noch vor mehr bewahren kann, und das ertrag ich nicht! Ich kann einfach nicht anders, und das zuzugeben fällt mir nicht leicht. Ach, verdammt!", abrupt fuhr er sich durch die Haare.

Ich konnte einfach nicht beschreiben, was ich fühlte. Er wirkte auf mich in diesem Moment innerlich völlig verstört. Dass er mir nicht helfen konnte, dass er es wusste und dass ihm das so wichtig war, flößte ihm Angst ein. Das alles bemerkte ich, als er fast vor Wut zitterte. Er wirkte auf mich immer so stark und jetzt noch viel mehr. Er verbarg diese Seite an Gefühlen vor mir immer, was ihm wahrscheinlich in so einem Moment schwerfiel. Ich verstand, dass er es normalerweise verbarg, weil es einfach seine Art war oder einfach männlich. Klar – würde ich als Mann, dem man immer nachsagte, er sei von Natur aus stärker, so etwas zugeben? Nein, eindeutig nicht! Ich hatte ja auch meine Macken. Doch nun war ich mir mehr als nur sicher, dass Männer in Sachen Emotionen eindeutig die Schwächeren waren, und das wusste tief in sich drin jeder Mann. Doch gerade weil sie es wussten und trotzdem damit umgingen, empfand ich das als äußerst stark. Jedoch brauchte ich mich nicht mehr zu wundern, dass er mir manchmal seltsam vorkam und in der Zeit auch nichts dazu sagte. Jeder hatte seine Geheimnisse, doch ich wollte niemals, dass er sich wegen mir so outen und dagegen ankämpfen musste, nur damit er im wichtigen Moment das Richtige machte. Diese Gedanken machten mir zwar Angst, aber zugleich waren sie auch der Antrieb, den ich brauchte, um leise zu nicken. Fragend sah er mich an, das Blau kräftig pulsierend in seinen Augen.

„Vielleicht … sollte ich mich wirklich mal untersuchen lassen …", begann ich zögernd.

Seine Augen leuchteten auf und sofort lächelte er wieder einmal so herzallerliebst. Ich hatte wieder den Bastien vor mir, den er immer zu hegen pflegte.

„Gut, ich ruf gleich an", meinte er und glitt aus der Duschkabine raus und ließ mich völlig verdattert stehen. Er rubbelte sich schnell mit einem Handtuch trocken und stürmte ohne einen weiteren Blick zu mir hinaus. Ich hörte ihn nur eine Türe aufreißen, Bastiens Schlafzimmer, in dem er immer sein Handy lagerte, wie ich wusste. Seine Stimme drang bis hierher. Zwar verstand ich nichts Genaueres, aber man erkannte die Kommunikation mit einer Rezeptionistin. Er rief wahrscheinlich bei dem Arzt an, zu dem auch er oft ging. Ich verspürte keinerlei Schwindelgefühl mehr, was mir für diesen Moment nur recht war, aber nicht zu bedeuten hatte, dass alles mit mir in Ordnung war, wie ich ärgerlicherweise zugeben musste. Erst als ich endlich aus der Dusche stieg, beendete er sein Gespräch. Stille kehrte wieder ein und ich griff nach einem großen Handtuch. Als ich mich abtupfte, weil es besser für die Haut war, als abzuschrubben, kam leise Bastien rein, um mich nur kurz zu mustern. Ich tat einfach meine Tätigkeit weiter, wissend, dass alles arrangiert war, und versuchte mir nicht ansehen zu lassen, wie nervös ich dabei war. Er bewegte sich keinen Millimeter weiter. Ich wickelte mir das Handtuch um. Als sich Sekunden wie Stunden anfühlten, platzte ich genervt aus: „Willst du jetzt darauf warten, dass es mich umhaut?!" Ich wusste es war ein wenig unfair, aber allein schon der Gedanke daran, dass er mich nicht wieder so berühren würde vor Verlangen, bis wir beim Arzt waren, machte mich launischer, als ich beabsichtigte. Ich meinte, wer wusste, wie lange wir noch Zeit miteinander hatten, und nun mussten wir uns mit so was herumschlagen. Manchmal hasste ich es echt, dass mir das Schicksal solche Steine in den Weg legte. Am liebsten wollte ich sie aufheben, nicht um ein Haus daraus zu bauen, sondern um sie jemandem an den Kopf zu werfen. Ich seufzte schwer. Er sah mich nur noch mehr stirnrunzelnd an. Er antwortete nichts auf meine rhetorisch gemeinte Frage, denn ich glaubte zu wissen, dass er genau das tat.

„Ach Gott. Vergiss es!", schnaubte ich aus und stürmte aus dem Raum, dass mir dabei das Handtuch von den Hüften fiel, interessierte mich nicht weiter. Hauptsache, ich kam hier raus. Wie ein Wirbelwind stürzte ich in mein Zimmer, zog mir schnell ein leichtes Kleid über und saß innerhalb weniger Sekunden draußen auf der Hängematte. Nun war ich verstört und ich konnte meine plötzlich aufsteigenden Tränen nicht mehr aufhalten. Also saß ich heulend in den letzten bunten Sonnenstrahlen. Sobald ich ein Keuchen beendete, überrollte mich erneut eine Welle dieses Zitterns und die Tränen kamen immer wieder nach. Mein Zeitgefühl verließ mich ebenso wie das Geräusch des Meeresrauschens, was mich sonst immer begleitete, wenn ich hier draußen war. Irgendwann, ich hatte immer noch einen Kloß im Hals und salzige Tränen klebten auf meinen Wangen, kam Bastien still zu mir und setzte sich an meine Seite. Ich schluckte hart, doch ich konnte nicht verhindern, dass ich erneut in Weinen ausbrach, diesmal an seiner Schulter schluchzend. Er sagte nichts, wich aber auch nicht von mir, bis ich mich allmählich beruhigt hatte. Ich fühlte mich völlig ausgelaugt, als ich nass von den vielen Tränen zu ihm aufsah in seine warm dreinblickenden Augen, die mir doch so vertraut waren. Ich sah ihn mit einem unendlichen Elend an und hoffte, dass er verstand, dass ich mich für mein vorheriges Benehmen hiermit entschuldigte. Mein Mund war staubtrocken, als er seinen Blick seitlich von mir abwandte. Doch nur für einen kurzen Moment, denn dann nahm er mein Gesicht in seine Hände und gab mir einen unendlich sanften Kuss auf meine Lippen. Ich wimmerte auf und krallte mich an seinem Hemd fest, das er sich noch nicht mal zugeknöpft hatte. Pure Angst und Verzweiflung durchwühlten mich. Er hielt mich ebenfalls fest, als spürte auch er es und wollte keinen von uns damit allein lassen. Heute erfuhr ich viel mehr von seinen wahren Gefühlen für mich und ich hasste es, dass ich gerade davor so Angst hatte, denn ich fühlte für ihn nicht anders und doch sagte mir eine unheimliche Stimme im hintersten Eckchen, dass uns das in absehbarer Zeit noch so richtig verletzen würde.

Zwei Tage danach saß ich im Wartesaal der großen Praxis. Allmählich wurde mir warm, weil so viele Patienten inzwischen mit mir im Raum warteten. Bastien saß neben mir und las wohl mehr aus Langeweile eine Zeitschrift, die er sich von einem Tischchen vor uns geschnappt hatte. Das Zimmer an sich war in einer cremigen Farbe gestrichen und strahlte eine freundliche Neutralität aus und dennoch, ich mochte Arztpraxen nicht sonderlich – wie so ziemlich alles, was mit einem Doktor mit Spritze zu tun hatte. Bisher musste ich auch kaum einen Arzt, nicht mehr als nur ein- oder allerhöchstens zweimal in den vergangenen letzten vier Jahren, aufsuchen.

Ab und an streifte mich der Blick einer Dame, die den Eindruck vermittelte, als wäre ihr genauso warm wie mir. Dabei durchfuhr mich immer ein mulmiges Gefühl und ich wusste beim besten Willen nicht, wieso mich deren Blicke so durchschauten. Ich starrte zurück und suchte nach Bastiens Hand. Als ich sie streifte, sah ich zu ihm auf. Er sah mich beruhigend an und hob meine Hand zu seinen Lippen. Das sanfte Gefühl seiner Lippen kribbelte bis in meine Zehenspitzen und ich vergaß die Dame, die mich immerzu ansah. Ich kuschelte mich während des Wartens an ihn und sah auf unsere ineinander verschlungenen Hände.

„Jane Hollow!"
Ich erstarrte bei dem Klang meines Namens, als die Brünette mich aufrief und zu sich winkte. Bastien gab mir einen aufmunternden Stups. Ich schluckte noch einmal, dann stand ich mit ihm auf und ging aus dem Wartezimmer raus. Wieder bemerkte ich die Blicke der Dame, die nun ein Grinsen aufgesetzt hatte. Ich wurde entlang eines Ganges zu einem Untersuchungszimmer geführt. Vor dem blieb die Frau stehen und sah erst mich und dann Bastien an.

„Möchten Sie draußen warten oder mit reingehen?"
Er hob schon zu einem Satz an, doch eilig unterbrach ich ihn.
„Ich möchte allein rein."
Sie nickte und kündigte mich drinnen beim Doktor an. Mir entging Bastiens Blick nicht. Doch schon drehte sich die Frau wieder zu mir um und sagte mir, ich könnte eintreten. Ich nickte zustimmend und sie hielt mir höflich die Tür auf. Kurz drehte ich mich noch zu Bastien um.

„Tut mir leid, aber ich möchte das zuerst allein wissen, wenn wirklich etwas mehr ... als angenommen der Fall sein sollte."
Er blinzelte verständnisvoll, dann ging ich schon hinein und hinter mir wurde die Tür zugemacht. Ich sah den Doktor von seinem hellen Schreibtisch aufsehen und mir freundlich die Hand reichend. Sein Händegriff war fest und warm.

„Guten Tag, Miss Hollow. Ich bin Doktor Kelvin-Cher. Was fehlt Ihnen denn?"

„Ich hatte in letzter Zeit Schwindelgefühle und mir war dabei ziemlich schlecht."

„Okay. Ich werde nun eine Untersuchung machen, in der ich Ihr momentanes Wohlbefinden herausfinden kann. Hier rechts neben Ihnen können Sie sich auf die Untersuchungsbank legen. Sie brauchen keinerlei Angst zu haben", der Arzt sprach in einer kraftvollen und klaren Stimme.

Ich nickte und befreite mich aus meinem Oberteil, zog Schuhe aus und legte mich mit dem Rücken auf die schwarze, höhenverstellbare Liege. Hinter mir nahm Doktor Kelvin-Cher auf einem Hocker Platz und zog sich gleich ein Kästchen mit Fußrollen heran. Er zog sich Überhandschuhe an und nahm eine kleine Taschenlampe in die rechte Hand. Zuerst sah er meine Augen an und holte sich noch Stift und Papier von seinem Schreibtisch.

„So, nun legen Sie bitte den Kopf in den Nacken und öffnen Ihren Mund." Ich tat wie mir geheißen und wartete geduldig, bis er fertig war.

„Seit wann haben Sie diese Beschwerden genau?"

„Seit ungefähr einer Woche merke ich es."

„Mhm. Sie erwähnten, dass Ihnen schlecht war. Können Sie sich vielleicht orientieren, von wo aus dieses Gefühl herkommt?"

„Ja, vom Bauch", antwortete ich kurz überlegend.

Er rutschte ein bisschen weiter und betastete meine Bauchdecke, dann holte er ein Stethoskop hervor und horchte mich dort ab.

„Haben Sie in letzter Zeit irgendetwas anderes getan oder zu sich genommen?"

„Nein, hab ich nicht", unwillkürlich schluckte ich.

Er verblieb dort noch eine Weile horchend, dann setzte er sich abrupt auf, holte einen Ultraschallkopf und Gel aus einer Kommode neben seinem Schreibtisch hervor und schaltete links neben mir ein Gerät ein. Verwirrt sah ich zu ihm auf.

„Keine Sorge, ich sehe mir nur Ihren Innenraum an."

Er trug das Gel auf den Kopf auf und stellte noch ein bisschen was am Gerät ein, dann ging er kreisend über meinen Bauch. Plötzlich schlug mein Herz mir bis zum Hals und ich wollte kaum mehr atmen. *Das kann doch nicht ...?* Ich sah beklommen auf den Bildschirm. Allerdings erkannte ich nicht viel. Das Gel war kühl, doch ich wartete, bis er mit seiner Arbeit fertig war und es mir mit einem Tuch wegwischte. Er nickte wissend und räumte alles zusammen.

„Und? Was ist mit mir?", fragte ich ängstlich

Als ich aus dem Untersuchungszimmer ging, mich vom Doktor verabschiedete und zögernd zum Warteraum schritt, stand Bastien gleich auf, als er mich sah.

„Und? Was hat der Arzt gesagt?", er sah mich äußerst neugierig an.

„Mir fehlt nichts Schlimmes ... also ich bin nicht krank oder so ..."

Jetzt sah er mich mit einer Mischung aus Argwohn und Verwirrung an.

Ich seufzte ergeben und fuhr seltsamerweise traurig fort.

„Bastien ... Ich bin schwanger. Der Arzt hat gemeint, ich sei bereits in der 5. Woche."

Bastiens Miene erstarrte.

Kapitel 21

Eine bedächtige Stille hing zwischen uns, seit wir ohne Weiteres die Arztpraxis verlassen hatten. Nachdem er mich erst so erschreckend kühl gemustert hatte, sagte er zu mir „*Komm*" und ich ging ohne weiteren Wortwechsel ihm nach zum Auto und nun waren wir unterwegs auf dem Heimweg. Auf so kleinem Raum hing bedrückend die schlechte Stimmung zwischen uns, obwohl es mir nicht begreiflich war. Darauf hatte ich mich doch gefreut, das war es, was ich wollte, und es hatte so viele kleine Hindernisse gegeben, die dies hinausgezögert hatten. Nun war ich doch tatsächlich schwanger! Irgendwie wurde mir das erst jetzt so richtig bewusst. Ich war in der Praxis einfach zu geschockt und unsicher gewesen, wie Bastien das aufnehmen würde. Es war einfach plötzlich da gewesen. In mir wuchs ein Kind und ich freute mich so. Doch etwas haftete an mir, was die Freude nicht nach außen hin zuließ, und dieses etwas saß mit verschlossener Miene neben mir und konzentrierte sich betont verbissen auf die Straße. Ich liebte ihn abgöttisch, das war mir mit einem Mal klar geworden, ich konnte es mir ohne ihn nicht mehr vorstellen. Das hatte ich ihm noch nie gesagt, weil ich es nicht für nötig gehalten hatte, jedoch wenn ich ihn so sah, zog sich etwas schmerzhaft in mir zusammen. Außerdem kam mir der Gedanke, dass ich das Amanda auch noch erzählen musste. Wie ging es dann weiter, wenn es so eigentlich nicht ausgemacht worden war? Ich, wir konnten das nicht so belassen. So konnten wir nicht glücklich werden, wenn wir dafür die Gefühle von anderen zerstörten. Das wollte ich Amanda beileibe nicht antun, auch wenn ich Bastien mehr liebte und es auch immer tat, denn vorher war ich mit ihr zusammen gewesen und wir hatten auch eine wunderschöne Zeit miteinander. Ich konnte es einfach nicht. Nur wusste ich noch nicht, wie ich das regeln sollte. Als Erstes musste ich das mit Bastien so weit klären, dass ich das bedenkenlos Amanda erzählen konnte. Unwillkürlicherweise tauchte das Bild von Sabine vor mir auf, als ich ihr von dem Liebesgeständnis Bastiens erzählt hatte. Sie hatte so strahlend gelächelt und gesagt: „Siehst du? Ich wusste es gleich." Wie würde sie es aufnehmen? Hoffentlich nicht so wie Bastien. Innerlich seufzend und mit der Kraft meines ungeborenen Kindes machte ich mich dazu bereit. Der Himmel war wolkenverhangen und doch regnete es nicht, als wir ankamen. Es stand noch alles offen und ich wollte es, so gut es ging, zum Besseren umlenken. Als wir dann im Gang standen, wollte er mich nicht einfach so stehen lassen und dennoch war ich es, die anfing etwas zu sagen: „Bastien, ich würde es gern Amanda sagen, das muss ich. Ich kann das aber nicht, wenn ich weiß, dass es zwischen uns kriselt. Bitte lass uns jetzt nicht auf Distanz gehen. Noch nicht. Wir haben noch ungefähr 25 Wochen, vielleicht auch weniger und die will ich nicht so erleben, wenn wir so ... zueinander stehen. Ich werde sehen, dass ich das mit Amanda irgendwie klären kann, dass ich die Möglichkeit habe, noch eine Zeit lang bei dir zu bleiben, bis ich mich langsam, aber sicher auf den Krankenhausaufenthalt gefasst mache. Also bitte, Bastien", ich sah verzweifelt zu ihm. Er sah mich unentwegt an. Er machte keinen einzigen Zucker. Traurig seufzend beließ ich es dabei und ging langsam den Korridor entlang. Am unteren Ende des Treppengeländers angelangt ließ ich meine Hand vorsichtig darübergleiten. Ich nahm mir vor mich nicht mehr zu überanstrengen oder irgendetwas Verstörendes, das sich auf meinen Körper schlecht auswirkte, zuzulassen. Ich wollte mein Baby mit gutem Gefühl auf die Welt bringen. Die plötzliche Wärme an meinem Rücken fuhr mir bis in die Nackenhaare hoch. Sanft wurde ich umgedreht und sah direkt in seine stahlblauen Augen.

„Überrumpel mich nicht andauernd so", versuchte er es auf die witzige Art. Allerdings kaufte ich ihm den Humor dieses Mal nicht ab. Wahrscheinlich erkannte er an meinem zweifelnden Blick, dass ich ihn durchschaut hatte, denn er seufzte und sah mir mit purer Ehrlichkeit in die Augen. Ich schluckte.

„Jane, wie hast du das nur geschafft? Seit ich dich kenne, gehst du mir nicht mehr aus dem Kopf. Ich habe noch nie so für jemanden empfinden. Am liebsten würde ich mit dir durchbrennen. Also wie hast du das angestellt? Wie konntest du mich nur derart in deinen Bann ziehen?"

Mir verschlug es wortwörtlich die Sprache.

„Ja, verdammt! Ich würde jede einzelne Sekunde nehmen, die ich mit dir verbringen kann. Regel das gefälligst mit ihr und lass mich nicht länger warten. Die restliche Zeit genießen wir so, wie es jetzt nur angebracht ist."

Ich nickte baff und er strahlte mich an, diesmal jedoch war es ehrlich.

Wie vor einem Tag in einem längeren Telefongespräch vereinbart, saß ich in meinem Haus an meinem Küchentisch, vor mir Amanda hockend. Am Handy hatte ich ihr grob den momentanen Stand erzählt, wobei ich bemerkte, dass sie mir das nicht ganz abgekauft hatte, dass es bei Bastien und mir einfach länger gedauert hatte und es dazwischen auch ein bisschen schiefgegangen war. Klar, wahrscheinlich wäre ich auch etwas misstrauisch gewesen, wenn mir Amanda das erzählt hätte, nach all der Zeit ohne irgendeine Nachricht, obwohl ich ihr gesagt hatte, ich würde mich regelmäßig melden. Na ja, das war jetzt aber nicht von Belang, denn schließlich hatte ich sie betrogen, indem ich ihr verkauft hatte, Gefühle spielten dabei keine Rolle. Sie setzte zwar einen fragenden Blick auf und presste ihre Lippen fest zu einem dünnen Strich, dennoch wusste sie es nicht mit Sicherheit, was bei ihr höchste Priorität hatte. Plötzlich schien es, als wäre ihr etwas durch den Kopf gegangen, jedenfalls bemerkte ich, dass sie sich davon nicht länger beirren ließ. Fast hatte ich sogar das Gefühl, als hielte sie selbst etwas vor mir verborgen. Genau wie sie ging ich aber nicht weiter darauf ein. Dass sich etwas verändert hatte, war ja wohl kaum zu übersehen, aber das hatte auch viel mit der Neuigkeit zu tun, die ich ihr gerade vorbrachte. Zumindest nahm ich das an.

„Also endlich haben wir es schließlich geschafft. Ich bin endlich schwanger."

Amanda legte ihre Hand auf meine, die ausgestreckt auf dem Tisch lag.

„Ich freue mich so für dich. Ehrlich. Jetzt hast du das, was du dir so sehr gewünscht hast, aber eine Frage habe ich doch. Wie gehst du damit jetzt um? Also was ich meine, wie geht's jetzt weiter ... mit allem?"

Ich verkrampfte mich unter ihrer Hand. Langsam entzog ich mich ihrer Berührung. Amanda ließ ihre Hand dort liegen und sah mich eisern an. Ich suchte nach den richtigen Worten.

„Hm, also ich bin der Meinung, dass ich noch für einige Zeit bei Bastien bleibe, bis ich mich zum Krankenhaus begebe. Einfach aus dem Grund, weil ich mich noch daran gewöhnen muss und mein Kind im Unterbewusstsein ja alles mitbekommt. Auf die Tatsache hin, dass ich mich jetzt nicht zu sehr stressen will mit dem ganzen Hin und Her, mit Packen und mich an mein eigenes Haus wieder gewöhnen. Das will ich mir nicht antun, solange das Kind noch nicht da ist."

Sie nickte mit verschlossener Miene.

„Im Übrigen, dass mit meinem Dad hat sich auch geklärt. Er hat mich nur zwei Stunden, nachdem ich dich gestern angerufen hatte, angerufen und erklärt, dass er gar nicht mehr zurückkommen wird. Seine Arbeit hatte scheinbar wie eine Bombe da drüben eingeschlagen und sie haben ihm eine Stelle angeboten, die er nicht abschlagen konnte, deshalb hatte er beschlossen sich dort ein Haus zu kaufen. Er hat mir unser Haus komplett überlassen und gesagt, wir würden uns wiedersehen, wenn er sich im Ausland erst mal gut eingelebt hat. Von dem Kind habe ich ihm auch erzählt, natürlich nicht auf welchem Wege. Schließlich wusste er ja nicht mal, dass ich einen *Freund* habe. Er riet mir, dass mir das mit dem Besuch sowieso zu stressig werden würde. Deshalb würde er mich erst nach der Geburt besuchen", mir fiel es dabei nicht sonderlich schwer, meine Gefühle zu zeigen, weil das mit meinem Dad wahr war.

„Oh, Süße! Das tut mir leid. War bestimmt nicht leicht für dich. Er hat recht mit dem späteren Besuch, aber es tut dir trotzdem nicht minder weh", sie tätschelte wieder kurz meine Hand.

„Na ja. So schlimm ist es auch nicht, weil ich ihn ja die letzten Jahre nicht mehr so richtig gesehen habe, und irgendwie dachte ich mir schon so etwas, dass das mal passieren würde."

„*Nur nicht jetzt*", schoss es mir durch den Kopf.
Amanda nickte nur voller Mitgefühl. Kurz saßen wir schweigend da, dann räusperte sie sich.
„Also trennen ... wir uns für kurze Zeit, bis das Kind da ist."
„Ja", gab ich trocken zu.
„Haha, ich werde mich sogar überraschen lassen, ob es ein Bub oder ein Mädchen wird", versuchte ich die Stimmung umzulenken, obwohl mir überhaupt nicht nach dieser guten Laune war.
Sie nickte.
„Okay, dann wäre das geklärt. Ich kümmere mich in der Zwischenzeit weiterhin ums Haus", meinte sie. Plötzlich kam Nico in die Küche.
„Hey, was ist denn hier los? Auflauf oder wie?", meinte er lachend und gab Amanda einen kurzen Klaps auf die Schulter, ehe er mir freundlich zunickte. Sie lächelte zu ihm auf, dann drehte sie sich wieder mir zu. Auf einmal wieder besserer Laune.
„Gut, danke für deinen Besuch! Ach ja. Geh rechtzeitig ins Krankenhaus und melde dich mal", sie stand auf und Nico sah mich kurz an. Ich erhob mich ebenfalls, etwas verunsichert, dann nickte ich und verabschiedete mich von beiden. Beide nickten mir ebenfalls zu. Als ich Richtung Ausgang zusteuerte, sah ich noch, wie Amanda sich in Nicos Umarmung warf. Ein Kloß saß wieder in mir, allerdings schluckte ich ihn diesmal hinunter. Auf dem Weg zu Bastien zurück, grübelte ich über das, was gerade geschehen war. Ich wusste, ich hatte ihr nicht den wahren Grund für meinen Aufenthalt bei Bastien erzählt. Das konnte ich nicht, denn es hätte mir bestimmt die Zeit mit ihm genommen. Viel davon hatte ich ohnehin nicht mehr und ich konnte es schlichtweg ohne ihn nicht ertragen. Ich brauchte ihn, und dass ich es nicht zugeben konnte, war auch betrübend. Ganz egal wie das ausging. So wie es nun war, konnte ich nicht einfach wieder mit Amanda zusammen sein und auf eine unerklärliche Weise wusste das Amanda bereits auch, das spürte ich. Also beschloss ich das Ganze zu verschieben und verdrängte weitere Gedanken daran. Ich freute mich noch auf die Zeit mit Bastien. Ich schaltete meinen CD-Player im Auto an und erkannte sofort das Lied,

das gerade gespielt wurde. Lauthals sang ich den Lyric von den Vengaboys mit.

„Boom, boom, boom, boom I want you in my room. Let's spend the night together from now until forever."

An einer roten Ampel hielt ich an und sah singend neben mich. Der Autofahrer betrachtete mich mit komischem Blick, aber das war mir in diesem Moment egal. Als die Ampel für ihn auf Grün schaltete, fuhr er hastig davon. Komischerweise brach ich kurz in Gelächter aus, während ich darauf wartete, dass meine Ampel sich umstellte.

„Boom, boom, boom, boom I wanna double boom. Let's spend the night together together in my room."

Ich bog in die Straße ein, in der Bastiens Haus stand. Noch einmal dröhnte ich mit, bevor ich auf der gegenüberliegenden Straßenseite zum Stehen kam und den Motor abstellte. Ich stieg noch immer guter Laune aus und ging die steinernen Treppenstufen hinauf. Offenbar hatte Bastien bereits auf mich gewartet und sah mich bereits durch das Küchenfenster die lange Treppe raufkommen, denn er öffnete mir die Tür, als ich vor ihr stand. Bastien musterte mich fragend, als könnte er so die momentane Situation abschätzen. Ich ließ ihn gar nicht lange Zeit für Erklärungen, sondern zog ihn zu einem leidenschaftlichen Kuss zu mir herunter. Anfangs kam er mit meinem stürmischen Tempo nicht richtig mit, doch nach und nach erwiderte erden Kuss nach allen Regeln der Kunst. Wir schlossen hinter uns die Tür und liebten uns einige Stunden lang bis spät in den Abend hinein. Völlig verschwitzt lag ich mit nichts bekleidet unter der roten Seidenbettwäsche, neben mir Bastien ausgestreckt. Inzwischen dürstete es mich regelrecht nach einer heißen Schokolade, deshalb stand ich auf und bereitete mir unten eine zu. Als ich wieder etwas ungeschickt zurück in das Bett zu ihm kletterte, in der einen Hand die dampfende Tasse, sah er mir grinsend zu.

„Halt mal", forderte ich etwas patzig angesichts seiner Belustigung. Er hielt sie mir und grinste noch breiter. Etwas genervt tatschte ich nach der großen Bettdecke für zwei Personen. Ich fand mich einfach noch nicht mit meinen Stimmungsschwankungen ab. Aus Versehen streifte ich sein Bein, als ich die Decke nach oben zog. Schnell setzte ich mich zu ihm und wickelte die Decke über meinen entblößten Oberkörper. Als ich fertig war, wies ich ihn an, mir die Tasse wieder zu geben. Immer noch lächelnd gab er sie mir und machte es sich bequemer. Vorsichtig nippte ich an meinem warmen Getränk. Inzwischen fühlte ich mich wieder ausgeruhter. Immer wieder nahm ich Schlucke von meiner Tasse. Kurz sah ich zu Bastien hinab, der neben mir lag. Dieser war kurz vorm Losprusten.

„Was?", fragte ich etwas irritiert.

Er lachte leise vor sich hin, als er sich aufsetzte und mit seinem Gesicht meinem ganz nah kam. Ich hielt automatisch den Atem an und schloss meine Augen. Ich wartete bereits auf den Kuss, doch er kam nicht und so öffnete ich wieder meine Augen. Er berührte mich nur oberhalb meiner Lippe, mit seinem Finger und hielt ihn mir dann empor. Auf ihm klebte ein bisschen Schokolade. *Oh, Gott!* Schnell leckte ich mit meiner Zunge oberhalb meiner Lippe. Irgendwie war mir das peinlich und ich versuchte verzweifelt alles Süße von mir zu lecken. Kopfschüttelnd beugte er sich mit seinem Oberkörper zu mir und leckte mit einem Kuss die Schokoflüssigkeit von mir. Die Tasse hielt ich dabei fest umklammert. Als er sich zurücklehnte, atmete ich erleichtert aus. Mir war die Lust auf den Rest der Flüssigkeit vergangen, deshalb stellte ich die Tasse auf der Kommode ab. Dabei rutschte mir die Decke hinab und entblößte mich wieder. Ich drehte mich um und sah noch kurz das Aufleuchten in Bastiens Augen. Jedoch verriet mir ein ganz anderer Teil seines Körpers seine Begierde, die sich unübersehbar unter der Bettdecke wölbte. Wie gebannt strich ich mit meinen Fingern seinen Arm, den er völlig entspannt vor seinem Stück abgelegt hatte, in Richtung Unterleib hinab. Je weiter ich mich südlich begab, umso schneller fing er an zu atmen. Seine Bauchmuskeln spannten sich an. Voller neu erwachter Begierde griff ich nach ihm und wollte ihn gerade stimulieren, als er meine Hand von sich entfernte.

„Nein, heute verwöhne ich dich in allen Facetten", erwiderte er mit einem spitzbübischen Funkeln in den Augen.

Ich war bereits erregt und die Worte ließen mich noch ein kleines Stückchen feuchter werden. Als er mich mit seinen Händen am Bauch streichelte, kam ich fast. Sanft bewegte er seine Hände auf mir. Ein heißes Prickeln wanderte meinen Körper hinauf. Stückchen für Stückchen schlängelte er sich in einem seltsamen Muster hinab zu meinen Oberschenkeln, den Kniekehlen, Unterschenkeln und schließlich hielt er bei meinen Füßen an. Sanft strich er über die einzelnen Zehen, sodass ich leicht meinen Rücken bog. Ich genoss das Gefühl seiner warmen Hände, die langsam an meinen Schenkeln hochfuhren und dann schnell in Richtung meiner Füße rieben. Jedes Mal wanderte er bis knapp vor mein Geschlechtsteil. Für mich fühlte es sich an, als wäre sein Finger in mir. Diese Erfahrung war ganz und gar neu für mich, dass meine Beine ebenfalls so empfindlich waren, dass sie mir bei jeder Berührung einen Stromschlag weiter oberhalb gaben. Er beugte sich hinab und führte nun das gleiche Spiel mit seinen Lippen und der Zunge fort. Langsam leckte er mehr und mehr von meiner Haut ab. Er hielt nicht still, blieb nicht länger an derselben Stelle. Er musste jedes Hautstückchen von mir berühren und ich krallte mich zu beiden Seiten von mir fest. Seine Zunge glitt langsam immer mehr nordwärts und umrundete schließlich meine Vagina. Dabei kitzelten mich seine Haare wirklich *dort*. Ich sog scharf die Luft ein.

„Bastien, bitte! Berühre mich da", wimmerte ich, völlig meiner anschwellenden Lust unterworfen. Sanft küsste er mich auf meine Schamlippen und teilte sie dann mit seiner Zunge. Langsam stieß er immer tiefer in meine feurige Mitte und mir entfuhr ein Schrei. Seine Küsse entflammten mich. Er knabberte an meinem hitzigen Fleisch und ich drückte seinen Kopf fester an mich. Ich wollte mehr, brauchte mehr! Immer wieder stieß er in mich. Stimulierte mich in seinem Tempo. In mir begann sich ein gewaltiger Orgasmus zu entfachen. Ich hielt mich an seinen Schultern fest, um die genüssliche Qual auszuhalten. Er stieß schneller zu, um mich immer näher zu meinem Höhepunkt zu bringen. Mit seinen letzten, kräftigen Zungenstößen überkam mich ein überwältigender Orgasmus und ich schrie seinen Namen aus. Er zog sich aus mir zurück und zwang mich mit seinem Körper dazu, dass ich meine Beine weit spreizte. Er küsste mich fordernd und ich schmeckte mich selber. Seine Pracht drückte dabei leicht an meine empfindsamste Stelle. Sofort wurde ich wieder erregt, obwohl ich in seinem Mund nach Luft schnappte. Seine Hände rieben aufreizend an meinen beiden Hüften und seine Spitze positionierte sich direkt vor meinem Eingang. Er lächelte in meinen Mund, als ich weiter nach unten rutschte und unsere Körper miteinander verbinden wollte. Nun musste er sich nur noch bewegen, um in mich einzudringen.

„Bitte, Bastien. Dring in mich ein, jetzt!", keuchte ich zwischen einzelnen Küssen hervor.

Vorsichtig ließ er sich Zeit und hüllte mich Millimeter für Millimeter aus. Ich wölbte mich unter ihm und versuchte ihn noch weiter in mir aufzunehmen. Es war ein überwältigendes Gefühl. Er füllte mich so fest aus, dass ich das Gefühl hatte, als bestände kein bisschen Luft mehr zwischen uns. Spielerisch begann er sich in mir zu bewegen und küsste mich atemberaubend weiter. Anfangs erst mit einem nahezu aufreizenden und zugleich qualvollen Tempo. Ich stemmte meine Fersen in die Matratze und versuchte mich noch enger an ihn zu pressen, obwohl das schon gar nicht mehr möglich war. Sein erhitzter Körper auf meinem, unser leises Aufstöhnen trieb mich immer weiter an den Rand. Nichts mehr existierte, außer er und ich. Eine Mischung aus Liebe, Wärme und kaum aushaltbarer Lust durchströmte meine Venen. Als er merkte, wie ich mich unter der gewaltigen Explosion meines Orgasmus verkrampfte, bewegte er sich schneller und stieß heftiger zu. Nun steckte er auch noch einen Finger in mich und stimulierte meinen Kitzler, dass ich es nicht mehr länger aushielt und laut aufschrie. Ich ergab mich meinem Orgasmus. Als ich wieder seinen Namen ausrief, mehr animalisch als menschlich, genehmigte er sich mit noch ein paar letzten kräftigen Stößen seinen eigenen und brüllte meinen Namen aus. In diesem Moment, als er meinen Namen ausstieß, berührte es mein Herz so sehr, dass es mich noch einmal durchschüttelte. Diesmal mächtiger als alles zuvor. Erschöpft brach er über mir zusammen und ich genoss noch einen Moment seinen nackten Körper, komplett auf mir, dann deckte ich uns sorgfältig zu, als er sich neben mich legte und in den Arm nahm. *Ich liebe dich so sehr Bastien.* Am liebsten wollte ich nie mehr von ihm losgelassen werden. Vielleicht war ich in diesem Moment zu überwältigt von meinen Gefühlen, denn mir flossen einzelne Tränen heiß meine Wangen hinab. Er küsste sie alle weg und mein Herz zog sich noch mehr zusammen. Ich wollte ihn nicht verlieren und so ließ ich mich noch fester in seine Umarmung ziehen. Für diese Nacht war ich erst mal davon überzeugt, dass er mich nicht gehen ließ, und dafür war ich dankbar gewesen. Ich gab ihm einen allerletzten Kuss, ehe mich meine körperliche Erschöpfung einholte und ich einschlief.

Kapitel 22

Ein großes, robustes Gebäude, umschlungen von Blättern und Zweigen, prangte vor mir auf. Ich stand kniehoch im Gras, das von grün bis goldorangen in allen Farben wucherte. Um mich herum standen etliche Bäume und Büsche. Das Gras war von Blumen übersät. Die Sonne tauchte alles in einen goldenen Schimmer. Ich fühlte, dass ich eigentlich in dem Gebäude drin sein sollte, aber ich blieb lieber hier draußen. Die warmen Strahlen ergossen sich auf meiner Haut. Ich fühlte mich wie in einem Paradies. Einen Augenblick noch genoss ich es einfach, vor mich hinzustarren. Leicht lächelnd drehte ich mich um und sah aus den Augenwinkeln heraus, wie Bastien ein bisschen weiter weg abseits von mir stand. Er hatte ebenfalls den Blick auf das große Gebäude gerichtet. Mit klopfendem Herzen schritt ich weiter und mich überkam plötzlich das Gefühl, singen zu müssen. Ohne dass ich weiter darüber nachdachte, tat ich dies auch, während Bastien mir stets folgte. Meine Stimme klang völlig befreit und sinnlich. Die Melodie war mir so vertraut und erfüllte mich mit Wärme. Vielleicht hätte ich stehen bleiben sollen, aber ich testete ihn, ob ich es ihm wirklich wert war, dass er mir hinterherging. Irgendwann trat ich näher an einen Baum heran und bestieg ihn mühelos. Ich kletterte immer weiter und weiter, als ich seine singende Stimme vernahm. Ich blickte nach unten und sah Bastien, wie er hinter mir den Baum hinaufkletterte und dazu das gleiche Lied sang. Mich wunderte es, dass er es überhaupt kannte. Kurze Zeit sangen wir gemeinsam und kletterten immer stückchenweise hinauf. Er wollte mich erreichen. Ich aber wollte ihn bis zum Äußersten testen. Doch irgendwann hörte er auf zu singen und kletterte stattdessen wieder hinab. Ich brachte das Lied noch mit letzten wunderschönen Klängen zu Ende, ehe ich voller Angst auch wieder hinunterkam. Vielleicht hatte ich es übertrieben, denn nun drehte er mir den Rücken zu und ging langsam weiter weg

von mir. Jetzt folgte ich ihm und ich spürte, dass er sich wieder zu mir gewendet hätte, wenn ich ihm weiter so gefolgt wäre, um Verzeihung flehend, jedoch ...
Ich wachte mit rasendem Herzen auf. Völlig neben mir stehend sah ich Bastien neben mir noch schlafend. Der Wecker zeigte fünf Uhr in der Früh an. Es war alles nur ein Traum gewesen und dabei kam es mir so echt vor, mal abgesehen von dem zauberhaften Licht, das mich ständig umgeben hatte. Auch konnte ich mich nicht mehr an den Song erinnern, denn ich so völlig frei vorgebracht hatte. Der Traum hatte mich richtig mitgenommen. Zum Teil war es mir vorgekommen, als wenn ein anderer Teil von mir daneben gestanden und gesehen hätte, was ich da tat. Ich riet mir im Traum immer selbst, ich sollte ihn nicht einfach so ignorieren, aber ich tat genau das Gegenteil. Es war, als wenn ich gesteuert worden wäre und nur zusehen konnte, wie ich es selbst vermasselt hatte. Wie von unsichtbaren Flügeln getragen stand ich auf und marschierte geradewegs zur Hängematte. Dort wehte mir sogleich eine eiskalte Brise ins Gesicht, doch ich spürte sie kaum. Ich war völlig durch den Wind und fühlte mich gleichgestellt mit ihm. Wie der Wind sah ich alles und doch konnte ich nicht für ewig an ein und demselben Ort bleiben. Ich konnte ihn ganz einfach nicht festhalten. Ich konnte es noch so sehr verdrängen, es hätte mich schließlich eingeholt und entweder ich akzeptierte das jetzt gleich oder ich quälte mich ewig damit rum. Mit eiserner Entschlossenheit stand ich bei diesem kühlen Wetter draußen, mit nichts bekleidet außer dem langen Mantel, den ich mir schnell von dem Jackenständer im Korridor geschnappt hatte. Mein Magen schmerzte und die Traurigkeit hinterließ mir eine Übelkeit und doch weinte ich nicht. Ich konnte es einfach nicht mehr.

Als die Sonne heute wohl ihre wärmsten Strahlen abgegeben hatte, ungefähr kurz vor der Mittagszeit, ging ich wieder rein. Inzwischen war Bastien auch wach geworden, denn ich hörte ihn in der Küche rumoren. Bedächtig langsam ging ich ins Wohnzimmer.

„Jane? Bist du im Wohnzimmer? Ich hab uns etwas gemacht."

Als ich nicht antwortete, kam er lächelnd zu mir ins Wohnzimmer.

„Komm, lass uns gemeinsam frühstücken, nach so einer Nacht bin ich echt hungrig. Es war echt schön gestern. Ich …", er stoppte, als er meinen Gesichtsausdruck sah.

„Äh, Jane? Alles in Ordnung mit dir?"

Hätte ich weinen können, hätte ich es jetzt getan. Ich schüttelte stattdessen nur den Kopf und nahm ihn vorsichtig bei der Hand. Er ließ sich von mir, ohne weitere Fragen zu stellen, ins Wohnzimmer ziehen, bis ich ihn losließ und er mir einige Sekunden in die Augen sah. Wir standen eine gute Armbreite voneinander entfernt. Vorsichtig klemmte er eine wirre Haarsträhne hinter mein rechtes Ohr. Ich wendete meinen Blick von ihm ab.

„Ich kann nicht mehr. Bastien, ich kann nicht mehr."

„Wie du kannst nicht mehr? Was ist los?", er sah mich besorgt an.

„Na mit allem hier. Ich kann nicht länger so tun, als würden wir ewig so zusammen bleiben können. Das ist nicht richtig", ich sah ihn gekränkt an.

„Wie nicht länger zusammen bleiben? Warum sollte es nicht richtig sein?!"

„Weil es falsch ist! Ich bin in einer Beziehung mit Amanda und dass ich sie angelogen habe, nur damit ich wieder bei dir sein konnte, und überhaupt dass ich ihr was vorgemacht habe. Wie sollte ich das verdrängen können, wenn ich ständig in deiner Nähe bin. Ich fühle mich so schlecht, ich ekel mich vor mir selber über das, was ich getan habe. Mag sein, dass ich dich liebe, aber nicht auf Kosten anderer und ich denke, wenn wir wirklich zusammengehört hätten, dann wären wir anders zusammengekommen. In einer Situation, die nicht so viel fordert und in der wir nicht andere belügen müssen, um uns nahe zu sein."

„Du sagst das so, als wenn wir Verbrecher wären. Als würde es nicht zählen, dass wir uns über alles lieben."

„Bastien, für uns gibt es keine Zukunft. Wir sind in dem Sinne Verbrecher. Wir hatten eine schöne Vergangenheit, aber wir hatten damals eine Chance und haben sie nicht genutzt und jetzt können wir sie nicht einfach so wieder verbessern. Die letzten Wochen waren wirklich schön gewesen, aber wir müssen jetzt Schluss damit machen, bevor es zu spät ist."

„Nein! Ich will nicht mit dir Schluss machen. Wir gehören zusammen und selbst wenn, wir haben es bereits überschritten. Was willst du machen? Kannst du mit Amanda einfach so wieder zusammen sein, als wenn nichts passiert wäre? Was willst du ihr sagen?", er bemühte sich um einen ruhigen Tonfall, doch ich hörte seine Erregung dahinter.

„Ich weiß es nicht! Ich glaube nicht, aber ..."

„Ja, aber was willst du? Wenn ihr sowieso nicht mehr zusammen bleibt, spielt es doch keine Rolle mehr. Willst du das, was wir noch gemeinsam erleben könnten, alles aufgeben?"

„Verdammt, es spielt eine Rolle! Auch wenn ich nicht mehr mit ihr zusammen bin, ich kann das nicht einfach vergessen, dass ich sie verletzt habe und was ich ihr angetan habe. Wäre dieser Wunsch nicht nach dem Kind gewesen, hätte sich ja ohnehin nie etwas geändert. Wir wären uns nie so nah gekommen!"

„Woher willst du das wissen? Vielleicht wären wir uns ja irgendwann nähergekommen. Verstehst du, wir können nicht ohneeinander."

„Ach Gott, Bastien! Lass es! Es sollte einfach nichts Längeres zwischen uns werden, und das kann auch nichts werden."

„Nein, ich lass es nicht einfach so im Raum hängen. Du versteifst dich da einfach auf etwas Unwirkliches, was dir nicht einmal sicher verspricht, dass es so schlimm ist. Du lässt dabei etwas sausen, was nicht nur dich, sondern auch mich betrifft. Gut und schön, dass du dich so um Amanda sorgst, aber sie muss jetzt sowieso damit umgehen, und wenn du dabei auch noch unglücklich bist, bringt ihr das auch nichts. Außerdem hab ich auch ganz ehrlich nicht das Gefühl, dass es ihr so schwerfällt, sich ohne dich abzulenken."

„W-was? Wie meinst du das?", ein mulmiges Gefühl durchfuhr mich.

„Ich meine damit, dass ich glaube, dass Amanda und Nico auch ein Verhältnis haben. Komm, das musst du doch auch bemerkt haben."

Ich stand baff vor ihm und wusste nicht, ob ich jetzt erzürnt oder deprimiert sein sollte.

„Ah! So wie du das sagst, klingt es so, als wäre das zwischen uns nicht mehr als eine Affäre gewesen", brachte ich kalt hervor und ging einfach davon.

„W-warte, Jane! So war das doch nicht gemeint, aber hey! Siehst du, dir bedeutet das zwischen uns doch mehr. Hör zu! Nicht nur du hast ab und zu deine frühere Beziehungsperson getroffen. Auch ich habe das getan und so wie ich das aufgenommen hab, scheint es zwischen den beiden gefunkt zu haben. Also lass es doch so."

Er legte seine Hände auf meine beiden Oberarme und zwang mich dazu, ihm in die Augen zu sehn.

„Natürlich bedeutet mir unsere Beziehung etwas. Sehr viel sogar, aber ich kann das einfach nicht vergessen und ich fühle mich dabei nicht wohl, so wie ich es eigentlich tun sollte."

„Oh, Jane! Warum musst du nur so eine Person sein, die sich so sorgenvoll um andere Menschen kümmert", das klang eher nach einer Feststellung als nach einer Frage.

Er legte seine Hände um mein Gesicht und gab mir einen unendlich sanften Kuss und steckte alle seine Liebe darin hinein. Nach dem Kuss sah ich ihm tief in die warmen Augen. Unglaublich, wie so blaue Augen so unglaubliche Wärme versprühen konnten.

„So, du hast ihn auch öfters gesehen?", fragte ich ihn mit herausforderndem Lächeln.

„Mhja. Wir sind, um ehrlich zu sein, zwar schon etwas länger nicht mehr zusammen, aber weiterhin sehr gute Freunde."

„Das wusste ich gar nicht. Wie lange seid ihr schon auseinander?"

„Schon vorher, bevor wir angefangen haben miteinander zu schlafen. Mehr brauchst du nicht zu wissen. Ich habe auch meinen Stolz."

Ich stieß ein zustimmendes Schnauben aus. Er legte seine Hände auf meine Arme.

„Jane, du bist mir der wichtigste Mensch, den ich kenne, und würde ich dich etwa belügen? Siehe es doch endlich ein, du kannst nichts gegen deine Gefühle für mich tun, genauso wenig wie ich, und wir sollten das nicht mehr länger verstecken", er sah mir sehr tief in die Augen und ich wusste, dass er mit jedem Wort recht hatte, also seufzte ich ergeben.

Er küsste mich leidenschaftlich und fast gab ich der Versuchung nach, es wirklich zu vergessen, aber eben nur fast. Ich ließ ihn für den Moment im Glauben, dass ich vollkommen zustimmte. Allerdings war ich mir sicher, dass er mein falsches Zugeständnis durchschaute. Er hakte aber nicht länger darauf rum. Vielleicht aus der gleichen Hoffnung heraus, dass er mich doch noch umstimmen könnte, ebenso wie ich sie mir machte, dass er es auch tatsächlich schaffte. Oh ja. Er hatte recht! Wir passten zueinander und ich schwor mir, dass ich es zumindest versuchte.

Bum, bum, bum, bum. Stetig der Klang seines kräftigen Herztones. Manchmal täuscht aber das Äußere und ich war nicht in der Lage, etwas daran zu ändern. Streng genommen setzten wir etwas sehr Kostbares aufs Spiel, damit wir es gleichzeitig nicht verloren. Liebe war ein Risiko. Zwei Seiten, die, die unglaublich schön war, und die, die all den Schmerz bei Beendigung des Glücksgefühls zurückließ.

Ich wartete die nächsten paar Sekunden im Sprechzimmer der Arztpraxis ab, in der ich Vorsorgeuntersuchungen meines ungeborenen Kindes machte, und ließ mich dann von Bastien auf ein äußerst verführerisches Essen einladen. Ich hatte wirklich Hunger und das Drei-Gänge-Menü war köstlich gewesen, aber alles, was danach kam, stachelte in mir einen erneuten, heißeren Hunger an. Bastien küsste mich fordernd, als ich ihn, auf der Kommode im Flur sitzend, umschlang.

„Ich kann nicht mehr länger warten", flüsterte er mir heiser ins Ohr.

Mir entging sein Grinsen dabei nicht.

„Ich auch nicht", ich biss mir in die Unterlippe, weil ich vor Erregung komplett angespannt war.

Wir küssten uns noch leidenschaftlicher, als plötzlich mein Handy klingelte.

„Ach Gott! Hört das denn nie auf?!", stieß Bastien genervt aus.

Ich sah ihn entschuldigend an und zog mein Handy aus der Hosentasche hervor.
„Das ist Amanda, sorry, aber da muss ich ran."
Schnell gab ich ihm noch einen Kuss, ehe ich ranging und Richtung Wohnzimmer tappte, wobei mir Bastien äußerst reizvolle Blicke zuwarf.
„Hallo?", nahm ich Amandas Stimme am anderen Ende der Leitung wahr.
Ich winkte ihm grinsend zu.
„Äh, ja Amanda. Hallo! Du hast gerade zu einem äußerst günstigen Zeitpunkt angerufen", ich strich mir meine Kleidung glatt.
„Soll ich später noch einmal anrufen?"
Ich beobachte Bastien von meinem Platz aus. Er imitierte mein Telefongespräch. Ich grinste leicht und er warf mir einen Luftkuss zu. Immer noch grinsend drehte ich mich um.
„Nein, ist schon okay", meine Lust war ohnehin verflogen.
„Gut, ich wollte nämlich mit dir reden. Hättest du kurz Zeit, vorbeizukommen?"
„Ja, ich habe kurz Zeit, vorbeizukommen. Warte, ich bin in circa fünf Minuten bei dir", ich drehte mich wieder zu Bastien um, der sich übertrieben gekränkt gab.
„Okay, bis dann!"
„Ja, bis dann", ich legte auf und kam zu ihm herübergeschlendert.
„Oh, verlässt du mich schon? Dabei hab ich noch nicht mal richtig angefangen", er küsste mich wieder.
„Hmhm, das kannst du mir ja nachher noch genauer erläutern, wenn ich wieder da bin."
„Aber natürlich", er gab mir noch einen liebevollen Kuss, dann ließ er mich zu Amanda fahren.
Die Gedanken kreisten in meinem Kopf, was davon Fantasie und was Wirklichkeit war, wusste ich nicht. Mir kam in letzter Zeit alles so unwirklich vor. Ich kam daheim an, selbst mein eigenes Zuhause fühlte sich fremd an, als wäre es nicht meines. Da ich selbst die Schlüssel an meinem Bund trug, sperrte ich

selber auf. Amanda stand bereits im langen Korridor, sie wirkte, als wäre sie in ihren Gedanken verloren. Sie sah mich direkt an und winkte mich zu sich. Ohne mir meine Bedenken ansehen zu lassen, ging ich auf sie zu. Ich folgte ihr zu dem Sofa im Wohnzimmer. Langsam kam mir ihr Getue immer seltsamer vor, doch ich schwieg. Erst als wir wie zwei Fremde nebeneinander auf der Sitzmöglichkeit Platz genommen hatten, fing sie an.

„Gut, dass du es so kurzfristig einrichten konntest, denn was ich dir zu sagen habe, solltest du besser jetzt gleich erfahren. Ehrlich gesagt war ich schon am Überlegen, ob ich es dir überhaupt erzählen sollte, aber es würde mir ja doch keine Ruhe mehr lassen, wenn ich es dir verschweige."

Ich saß still und auf meine verschränkten Hände in meinem Schoß sehend da. Nachdem sie nicht mehr weitersprach, nickte ich. Ein-, zweimal.

„Wie du wahrscheinlich bereits gemerkt hast, ist es zwischen uns nicht mehr so wie früher. Um es milde auszudrücken, es hat sich etwas ganz stark geändert. Ich habe das Gefühl, wir leben aneinander vorbei."

Wie präzise sie unsere Beziehung doch schilderte.

„So kann es jedenfalls nicht weitergehen. Wir müssen miteinander reden."

Ich nickte steif.

„Ich hab das Gefühl, dass du, seit du bei Bastien eingezogen bist, dich verändert hast. Du erzählst mir ja schon fast gar nichts mehr."

Fast hätte ich mich schon gerechtfertigt und Bastien in Schutz genommen, doch das, was sie mir als Nächstes beichtete, schockierte mich kurzzeitig zutiefst.

„Na ja, aber zudem, was ich dir eigentlich sagen wollte, Jane, ich habe mit Nico geschlafen, es tut mir unendlich leid."

„Du hast was?", aufgebracht sprang ich vom Sofa. Fast gleichzeitig stand sie auch auf und hob beschwichtigend die Hände nach oben.

„Jane, es tut mir leid! Ich weiß auch nicht, wie das passieren konnte. In dem Moment ging es einfach mit uns durch."

„Hör, auf! Wie konntest du nur? Und ich habe mich schon gefragt, warum du so geheimnisvoll tatest."

„He! Du hast doch ständig mit Bastien geschlafen, also wirf mir das jetzt nicht vor!"

„Das war aber ein Unterschied! Wir hatten es so ausgemacht", ich wusste, dass ich sie gerade anlog, weil da weit mehr war.

„Ja, genau! Du hast es so entschieden, du bist zu ihm gezogen und hast mich allein gelassen!"

„Du weißt genau, wieso ich das tat. Das war mein größter Wunsch, ein Kind zu bekommen, und dich hab ich vor die Wahl gestellt und du hast eingestimmt, hättest du das nicht getan, dann hätte ich darauf verzichtet. Nur deinetwegen!", schnaufte ich vor Wut zitternd, teils auch mich selbst verachtend, weil diese Worte wirklich stimmten. Ich hätte Bastien nie mehr so an mich rangelassen, wenn ich nicht diesen einen Wunsch gehabt hätte. Amanda sah mich um Verzeihung bittend an und versuchte mich zum Bleiben zu überreden.

„Du hast ja recht! Ich habe zugestimmt, weil ich bemerkte, dass es dir so viel bedeutete, und ich weiß, dass du es für mich aufgegeben hättest, deswegen konnte ich nicht Nein sagen. Tut mir leid, das war falsch formuliert, aber ich bin einfach zu verwirrt. Als du weg warst, da war ich ganz allein auf mich gestellt, und als Nico und ich auch noch ständig miteinander zu tun hatten, da ... Da verbrachten wir die ein oder andere Nacht miteinander. Wir haben uns wohl beide sehr leidgetan, und als ich erfuhr, dass er und Bastien schon seit Längerem nicht mehr zusammen waren ...", verzweifelt versuchte sie mich festzuhalten.

„Was? Ihr habt öfters miteinander geschlafen und er hat dir erzählt, dass sie beide nicht mehr zusammen sind? Na, das wird ja immer besser!", ich entriss mich ihr.

„Ach ja? Du scheinst nicht so überrascht auszusehen, dass sie nicht mehr zusammen sind. Woher weißt du es denn? Wie nah seid *ihr* euch eigentlich?", sie hob herausfordernd die Augenbrauen.

Damit traf sie mich.

„Also mir reicht's! Erst verschweigst du mir, dass du mit Nico öfters das Bett geteilt hast, und jetzt wirfst du mir auch noch vor das schwarze Schaf zu sein. Ich hau besser ab!"

Plötzlich geschockt eilte mir Amanda im Hausflur nach. „Jane, bleib hier. Tut mir leid, das war nicht so gemeint. Bitte!", Amandas Stimme zitterte vor Anspannung.

Ich hielt die Türklinke fest und drehte mich noch einmal halb zu ihr.

„Nein, es ändert sich einfach nichts an der Tatsache. Wir passen nicht mehr zueinander. Ich bin der Meinung, wir sollten uns wohl besser einige Zeit nicht mehr sehen. Ich will keinen Stress während meiner Schwangerschaft und vernünftig können wir das jetzt nicht klären", meinte ich und schon war ich aus der Tür verschwunden, weg von ihr. Ich stieg in mein Auto und sah nicht mehr zurück. Ich raste aus dem Ortsteil und schluckte vor lauter Zorn die Tränen runter. Die Fahrt nahm ich kaum wahr. Ich war aufgebracht, traurig und fühlte mich elend. Es war nicht in Ordnung von ihr gewesen, so etwas zu tun und auch noch ewig vor mir zu verbergen, sodass ich mir an allem die Schuld gab. Zum Teil fühlte ich mich aber auch schlecht deswegen, weil ich jetzt ihr die alleinige Schuld gab und sie es mir ja gestanden hatte. Nur ich hatte es ihr noch immer nicht gesagt. Gleichzeitig dachte ich, ich hätte somit auch noch Bastien verraten.

Nachdem ich sauer die Autotür laut zuschlug, obwohl es mitten in der Nacht war, machte mir Bastien die Haustür relativ flott auf, als ich Sturm klingelte.

„Jane, wie war's?"

Bastiens freundliche Art ging mir im Moment auf den Wecker und ich steuerte entschlossen zum Kühlschrank hin. Doch als ich ihn öffnete, kam wieder dieses unerwünschte Schwindelgefühl. Hastig klammerte ich mich an den Seiten des Gefrierschranks fest.

„Nein. Nicht jetzt!", stieß ich zwischen den Zähnen hervor. Inzwischen war Bastien hinter mich getreten. Es half alles nichts, ich schloss den Kühlschrank und musste mich an Bastien lehnen. Er hielt mich fest und strich mir beruhigend über den Rücken. Langsam ging es wieder.

„Also erzähl es mir!", forderte Bastien sanft.

Ich erzählte ihm alles bis aufs kleinste Detail und auch meine Gefühle ihm gegenüber, wie ich mich fühlte, dass ich ihr nichts von uns erzählt hatte. Bastien ließ mich in Ruhe aussprechen. Er brachte größeres Verständnis für mich auf, als ich verdiente.

„Ich versteh dich. Es fiel dir einfach nicht leicht, es zu sagen. Klar, du hättest es ihr sagen können, jetzt wo sie dir die Karten offen gelegt hat und vielleicht wäre das auch das Beste gewesen, damit du dich nicht mehr so schlecht deswegen fühlst. Jedoch war es gut, dass du euch beiden eine kleine Auszeit gegönnt hast. Das meine ich jetzt nicht nur, weil ich dich für mich allein haben möchte. Es gibt euch Zeit zum Nachdenken und du musst dich von nun an auch um zwei kümmern", er legte voller Liebe seine Hand auf meinen Bauch.

Ich nickte bleiern.

„Ja, aber ich mach mir auch Sorgen um Globby. Ich habe sie schon lange nicht mehr richtig gesehen, und das nun auch weiterhin …"

„Wie wäre es, wenn du sie dann einfach noch einmal besuchst?"

„Du bist ja witzig, ich will Amanda dabei nicht sehen."

„Gut, ich ruf sie an und sag ihr, sie soll morgen zu einer gewissen Zeit nicht bei dir sein."

„Das würdest du für mich tun? Danke."

Er lächelte mir zu und schon war er im Wohnzimmer verschwunden und führte ein Gespräch, während ich mich an den Küchentisch setzte und meine Innereien zur Ruhe verdonnerte. Ich hörte wie er ab und zu mit ernster Stimme diskutierte. Ab und zu warf er mir einen beruhigenden, sorgenvollen Blick zu.

Kurze Zeit später erschien er im Türrahmen.

„Du hast Amanda-freien-Eintritt von zehn bis zwölf Uhr. Sie geht derweil aus."

Fast war ich versucht zu fragen, wie er das geregelt hatte, aber ich erkannte, dass es nicht wichtig war, und beließ es dabei. Ich stand auf und war erleichtert, dass meine Beine mich sicher trugen, und ging so elegant, wie es eben nach einem Anfall ging, zu ihm. Er sah mich kritisch an, doch als ich ihn von meinem Wohlbefinden überzeugt hatte, ließ er sich von mir küssen. Ich schlang ihm die Arme um den Hals und steckte all meine Liebe in diesen Kuss hinein.

„Danke. Das meine ich ernst, du bist mir sehr wichtig und zurzeit einer der wenigen Menschen, die ich noch sehen möchte. Ich liebe dich Bastien!", nun hatte ich es ihm gesagt.

Er riss die Augen weiter auf, lächelte, dann küsste er mich weiter.

„Ich liebe dich auch. Du sagtest, einer der wenigen. Gibt es da noch mehr außer mir?", grinste er dicht an meinen Lippen.

„Ja, Sabine, meine Arbeitskollegin, zum Beispiel. Das war's dann aber auch schon, du brauchst also nicht zu befürchten, dass du Konkurrenz bekommst. Es sei denn, du zählst Globby auch dazu", lachte ich.

„Soso. Was heißt hier Globby? Ich brauch keine Angst haben, egal wie viele Leute du mir noch aufgezählt hättest, denn ich weiß, dass nur ich mit dir zusammen bin."

Ich lächelte noch breiter und ließ mich erneut von ihm küssen.

„Mh ... Wo waren wir vorhin stehen geblieben?", fragte er.

„Ich weiß es nicht, aber wie wäre es, wenn du noch mal von vorne anfängst?"

„Dieser Bitte komme ich gerne nach, aber nur dieses Mal."

Lachend trug er mich die Treppe zu seinem Schlafzimmer hoch.

Kapitel 23

Vorsichtig betrat ich den Flur, zwar war es ausgemacht, dass Amanda nicht hier war, dennoch ging ich auf Nummer sicher und war bereit, wenn nötig, gleich zu verschwinden. Ich lauschte nach möglichen Geräuschen im Haus, doch da kam nichts. Gut, es war keiner hier, wobei ich mich fragte, wie sie das mit Nico geregelt hatten, aber egal. Nun konnte ich völlig sorgenfrei nach meiner Katze sehen. Ich fand sie schließlich auch, schlafend auf dem Fußboden in der Küche. Jedoch als ich auf sie zutrat, rekelte sie sich und kam schläfrig maunzend auf mich zu.

„Hey Süße! Wie geht es dir? Na, du siehst aber noch verschlafen aus."

„Miau, miauuuu", sie sah zu mir auf.

„Ja, nicht wahr?", ich streichelte ihr über den Kopf und sie reckte sich meiner Hand entgegen.

Ich hockte mich zu ihr. Schnurrend schmiegte sie sich mit ihrem zarten Körper gegen mich und schleckte an meinen nackten Zehen.

„Ja, ja. Du freust dich wohl mich zu sehen", ich strich ihren Rücken entlang.

„Ich freu mich auch dich zu sehen."

Sie schnurrte noch lauter, dann versuchte sie sich auf meinen Bauch zu legen.

„Was machst du denn da?", seltsam, aber ich glaubte, sie spürte, dass da etwas in mir heranwuchs.

Ich ließ sie vollends gewähren, spürte ihr leichtes Gewicht und die ausstrahlende Wärme, die bis nach innen sickerte. Sie machte ein Nickerchen auf mir, genau darauf bedacht, mich zu wärmen, und ich streichelte sie sanft als Gegenleistung. Nach einem Blick auf meine Armbanduhr wusste ich, dass bereits mehr als eine Stunde vergangen war. Zeit, dass ich langsam aufbrach. Ich hob sie sanft von mir und ignorierte ihre protestierenden Laute.

„So, ich muss jetzt gehen. Es wird Zeit, aber Amanda kommt ja gleich. Wobei das ja auch der Grund ist, warum ich weg muss", ich hockte mich auf und ging mit kleinen Schritten zur Ausgangstür. Globby maunzte mir zu, während sie mir dicht an meinen Füßen hinterherrannte. Sie schlängelte sich um meine Beine, als ich kurz stehen blieb.

„Globby, ich muss jetzt leider gehen. War schön und bald komm ich dich ja wieder besuchen."

„Miau, miau, miau!"

Ich hob sie hoch und gab ihr einen Kuss auf die Nasenspitze.

„Und dann ist das Baby auch da. Versprochen! Fragst dich bestimmt, was es wird, aber ich lass mich selbst überraschen."

Sie sah mich mit ihren Kulleraugen an. Ich ließ sie wieder runter.

„Also, mach's gut bis dahin und lass dich nicht einsperren", schrie ich ihr noch mal zu, bevor ich nach draußen verschwand.

Hinter der Tür hörte ich noch ihre schreienden Laute. Irgendwie hatte ich das Bedürfnis, mir ihren süßen Blick von vorhin einzuprägen. Globby war mir schon richtig ans Herz gewachsen und ich liebte ihre kleinen, süßen Wehlaute. Obwohl wir sie ja noch nicht lange hatten. Ach, ja stimmt! *Ich* hatte oder – während meiner Abwesenheit – *Amanda* hatte. Es konnte wohl noch eine Zeit dauern, bis ich vollkommen damit abgeschlossen hatte. Zumindest bis ich wieder daheim war, ab dann würde ich sie nicht mehr als einen großen Teil meines Lebens sehen, vielleicht würden wir nette Freunde bleiben, aber eigentlich hatte ich sie von den Gefühlen her schon fast verdaut. Natürlich blieb sie in Erinnerung, aber sie bedeutete mir schlichtweg nichts mehr. Dieses Gefühl hatte ich schon länger, nur seit der Auseinandersetzung war es endgültig. Ich setzte zum Rückzug an.

„Nicht die Wahrheit sagen."

„Lügen."

„Täter", antwortete Bastien schnell auf mein Stichwort.

„Schuldiger", schon seit ein paar Minuten spielten wir das Spiel, passende Wörter auf das Wort des jeweils anderen zu finden. Um genau zu sein, seit ich mürrisch wegen dem Abschied von Globby angekommen war.

„Person", grinste Bastien mir zu.
Ich hob die Augenbrauen.
„Leute", ich saß auf der einen Seite des Sofas und Bastien auf der anderen.
„Mehrere!"
„Clique."
„Freunde", konterte er.
„Verräter", aufgebracht sprang ich vom Sofa.
„Können wir nicht irgendetwas anderes tun?"
„Doch, können wir. Schlag was vor!", Bastien sah mich amüsiert von der Couch aus an.
„Ja, okay. Gehen wir ins Kino."
„Nein, nicht ins Kino. Wir fahren mit dem Boot und später sehen wir uns auf unserem Platz die Sterne an."
„Du hast doch gesagt, ich soll entscheiden!"
„Nein, ich sagte, du sollst etwas vorschlagen. Komm schon! Ich hab bereits unsere Plätze reserviert", meinte er mit einem Augenzwinkern.
„Gut, machen wir das. Nur raus hier", ich zog Bastien zu mir und gab ihm einen Kuss, dann machten wir uns auf die Socken.
Später in der Nacht, die Segelfahrt war wundervoll, sagte ich die Worte:
„Ich liebe dich", und sah ihm dabei ganz tief in die Augen.
„Ich liebe dich auch. Sehr sogar, das kannst du mir glauben."
Seine Lippen berührten meine und schon vergaß ich alles um mich.

Eine glückliche Woche der Zweisamkeit reihte sich an die andere. Die Zeit verging, aus ein paar Tagen wurden mehr als neunzehn Wochen, wie viele es genau waren, wusste ich nicht. Ich hatte irgendwann aufgehört mitzuzählen. Vor allem nahm mein Bauchumfang immer mehr zu und nun saß ich allein auf der Couch, vor mich hin starrend. Ich erinnerte mich an die letzten vergangenen Ereignisse, in denen nichts außer unser gemeinsames Glück zu bestehen schien. Vor Kurzem hatte ich beschlossen allmählich ins Krankenhaus zu gehen, um dort den Rest der Zeit bis zu meiner Geburt zu verbringen. Es war seltsam, aber ich fühlte mich so, als wenn ich Bastien bereits verloren hätte, als wäre ich gar nicht mehr hier. Auch wenn ich ihn liebte, konnte ich mir nicht vorstellen, wie es noch weitergehen sollte, wenn das Baby erst einmal da war. Es hätte mich immer daran erinnert, dass das Amanda und mich auseinandergebracht hatte. Ich war hinweg über sie, aber nicht darüber, was ich ihr Falsches angetan hatte. Irgendwie kam es mir falsch vor, glücklich zu sein, wenn sie litt. Vielleicht tat es mir nicht ganz so weh, wenn ich mich möglichst bald von ihm trennte. Gut, ich konnte es mir zwar nicht vorstellen, aber ich konnte es noch weniger ertragen, dass wir uns noch einmal so auseinanderlebten wie damals in unserer Teenagerzeit. Dafür liebte ich ihn zu sehr. Ich hatte nunmehr seit ein paar Tagen auf den richtigen Augenblick dafür gewartet. Ich erkannte aber, dass es den nicht gab und dass es, je schneller ich es ihm sagte, weniger quälend für uns beide sein würde. Das konnte ja nicht besser werden, wenn ich es noch weiter verschob und er war ja auch nicht blöd, dass er meine schlechte Laune in der letzten Zeit nicht bemerkt hätte. Wieder war da dieser Kloß, wie süß er war und dass ich am liebsten auf ewig mit ihm zusammenbleiben wollte. Kurz flitzte auch der Gedanke durch, was für eine glückliche Familie wir sein könnten, aber dann war er wieder rasch verschwunden und ersetzt durch dieses ätzende Gewissen. Nein, es klappte nicht. Ich liebte ihn wahrscheinlich zu sehr, denn deswegen hatte ich mehr Angst, verletzt zu werden, wenn irgendetwas zwischen uns schiefging, und ich wollte meinem Kind nicht erzählen, während es heranwuchs, was schiefgegangen war und wie es nun weiterging. Es hätte mir das Herz zerbrochen. Ich musste augenblicklich klare Verhältnisse schaffen. Nur gut, dass Bastien noch in der Arbeit war. Bis er am Abend zurückkam, konnte ich mir überlegen, wie ich es ihm am besten sagte. So zerbrach ich mir den ganzen Nachmittag über den Kopf.

Das Klirren von Bastiens Schlüssel und seine Schritte im Flur kündigten mir seine Ankunft an. Ich stand wie in Zeitlupe vom Sofa auf, meine Worte überschlugen sich in Gedanken, doch ich vergaß alles, als Bastien mit einem Lächeln vor mir stand, und ich würde es zerstören! Sobald er meinen Gesichtsausdruck sah, geschah es dann auch.

„Was ist los?", er wollte näher an mich herantreten, doch ich hielt ihn mit einer Handbewegung davon ab.

„Es ist an der Zeit … Ich habe beschlossen schon morgen ins Krankenhaus zu fahren – nur für den Fall der Fälle. Ich meine, sieh dir mal meine Kugel an."

„Gut, dann pack ich meine Sachen nur noch schnell und begleite dich, vielleicht kann ich mich auch irgendwo in der Nähe einquartieren", er legte eilig seine Schlüssel ab.

„Nein! Ich möchte nicht, dass du mitkommst."

„Okay, dann lass ich dich allein hin und besuch dich einfach öfters", er wollte mich küssen, doch ich blockte ab.

„Verstehst du's denn nicht? Ich möchte weder dass du mit mir kommst noch dass du mich besuchst. Ich möchte allein sein."

„Hm, dann ruf ich dich aber wenigstens an. Ich möchte ja wissen, wie's dir geht …"

„Bastien! Es ist aus! Ich kann nicht länger mit dir zusammen sein", na das hatte ich aber mit viel Feingefühl gesagt.

Egal wie meine Absichten waren, ich schaffte es immer, sie extravagant hervorzubringen.

„Was? Warum? Liebst du mich nicht mehr oder hat das wieder was mit Amanda zu tun?", man sah ihm seine leichte Erzürnung angesichts Amanda an.

„Doch, ich liebe dich. Es hat nichts mit Amanda zu tun, sondern ich kann mir einfach nicht vorstellen, wie es mit dem Kind funktionieren soll, wenn ich daran schuld war, dass ich anderer Glück zerstört habe. Ich kann nicht einfach so tun, als wäre nichts und eine super Familie spielen, wenn ich Falsches getan habe."

„Oh … Herrgott, Jane! Also geht's doch um Amanda. Du hast nichts Falsches getan! Falsch wäre es gewesen, wenn du deine Zuneigung zu mir verleugnet hättest. Das Kind kann doch nicht allein der Grund dafür gewesen sein, warum wir wieder zusammengekommen sind. Soll ich dir was sagen, ich teile die Meinung mit denjenigen, die glauben, einmal vorbei in einer Beziehung, für immer vorbei mit der Person. Auf Dauer kann das nicht mehr klappen, aber wir beide, wir waren nie richtig auseinander. Wir haben nur einen Umweg genommen, um uns richtig zu finden. Glaubst du allen Ernstes, dass Amanda unglücklich ist? Weißt du was? Ich glaube, im Gegensatz zu dir hat sie sich schon längst aufgerappelt und ist bereit für jede andere Beziehung. Allein schon, dass sie nach wie vor noch mit Nico schläft, zeigt dir doch, dass sie es wohl eingesehen hat, dass du recht hattest mit dem, dass ihr zwei nicht länger zusammengehört. Ich weiß das, weil Nico mir ständig in den Ohren liegt, warum er so auf sie abfährt und mit ihr schläft, obwohl er doch eigentlich homosexuell ist. Da hab ich ihm einfach gesagt: *Mein Freund, entweder du bist bisexuell oder ich kann es dir einfach nicht sagen, aber gut nachvollziehen.*"

„Ich weiß nicht …", stotterte ich.

„Du weißt es nicht?! Was gibt es da noch zu überlegen? Ich hatte wirklich viel Verständnis mit dir, aber das kann doch nicht dein Ernst sein. Ist dir eigentlich klar, dass du gerade *uns* aufs Spiel setzt? Willst du das?", seine Stimme triefte nur noch vor Wut.

„Nein, es ist mir nicht klar! Wie sollte es das auch, du lässt mir gar keine Zeit, darüber nachzudenken. Warum musst du es so dramatisieren, als wenn ich der Teufel wäre und nichts zulassen würde! Ich hab's versucht, weil ich dich liebe, und du lässt mir aber keine Gelegenheit dazu, mir freien Kopf darüber zu verschaffen. Ich habe es allmählich satt, dass man mir die Last aufwirft und es nicht einmal einsehen kann, dass ich vielleicht nicht immer gleich richtig damit umzugehen weiß!"

„Jane … Du brauchst doch nur mit mir darüber zu reden. Ich weiß, aber du kannst doch nicht immer gleich alles aufgeben, und das tust du. Du entscheidest gleich, dass es nichts bringt, ohne vorher darüber mit jemandem geredet zu haben", er nahm mich in die Arme.

„Gar nichts weißt du! Jetzt lass mich in Ruhe!", ich entriss mich ihm und sah ihn mit eisigem Blick an.

Er seufzte, doch dann riss er sich zusammen, packte seinen Schlüssel und knallte hinter sich die Haustür zu und ließ mich allein, wie ich es ihm eben an den Kopf geknallt hatte.

Wutentbrannt rannen mir vereinzelt Tränen die Wangen hinab und ich stürmte in mein Zimmer hinauf. Ich setzte mich aufs Bett. Dort konnte ich meine Tränen nicht mehr stoppen und so heulte ich hemmungslos, bis mein Hals kratzig wurde. Immer noch schniefend packte ich meinen Koffer mit meinen ganzen Habseligkeiten. Ich wollte heute schon ins Krankenhaus, hier hielt mich ja nichts mehr auf. Plötzlich klingelte mein Handy. Ich ging ran, ohne etwas zu sagen oder genau hinzusehen, wer es war.
„Jane? Hier ist Amanda. Ich weiß, dass zwischen uns noch nicht alles super geklärt ist, aber ich muss dir was Wichtiges sagen. Es tut mir schrecklich leid, aber sie haben Globby zusammengefahren. Sie war draußen, und als ich heute erst vorhin heimgekommen bin, hab ich ihre … Überreste gefunden. Jane, bitte lass uns reden. Ich sehe jetzt klarer und ich will dich nicht allein damit lassen …", ihre Stimme hörte abrupt auf, als ich sie einfach wegdrückte.

Globby!

Wie in Trance stieg ich samt Koffer die Treppe runter und ging in die Küche, um mir ein Glas Wasser zu holen. Die vor mir aufflammenden Punkte ignorierte ich, als ich mir ein Glas mit Wasser in der Spüle auffüllte. Ich war wie gelähmt und nahm nur einen Schluck. Selbst das kalte Nass konnte mich nicht beruhigen. Das Szenario von vorhin kam immer wieder hoch. Bei mir drehte sich alles und ich nahm kaum wahr, dass mir das Glas aus der Hand entglitt und sich in Scherben in einer Lache auf dem Boden verteilte. Ich griff mir an den Unterleib, er war völlig durchfeuchtet. Ich sah verschwommen, bis alles um mich herum schwarz wurde.

Kapitel 24

"Sie kommt langsam zu sich." Verschwommene Bilder wichen einem nach und nach klaren Licht. Ich blinzelte benommen, soweit ich erkennen konnte, war ich im Krankenhaus. Einige mit Mundschutz bedeckte Gesichter versammelten sich um mich herum. Mit fachmännisch aussehenden Instrumenten in der Hand erkundigten sich ein paar nach meinem momentanen Befinden. Zwar konnte ich noch nicht antworten, dennoch nahm ich die Frage des Arztes, der meinem Kopf am nächsten stand, wahr.

„Können Sie mich verstehen? Jane Hollow, wir führen bei Ihnen einen Kaiserschnitt durch, um Ihr Baby sicher auf die Welt zu bringen. Wir haben Sie in eine Halbnarkose versetzt, damit spüren Sie keinen Schmerz. Entspannen Sie sich einfach. Sie beide sind in guten Händen."

Tatsächlich spürte ich das etwas taube oder stumpfe Gefühl der Nervenlähmung in meiner unteren Körperhälfte. Ich empfand keine Schmerzen und trotzdem war ich vollkommen anwesend. Wie lange war ich bereits hier? Alles kam mir so seltsam vor, als wenn ein Teil meines Lebens wegelassen wurde, einfach abgeschnitten von dem Rest. Sämtlichen Überlegungen wurde Einhalt geboten, als ein herzerschütternder Schrei den Raum füllte. Mein Baby! Ich versuchte mich weiter aufzurichten, doch angesichts dessen, dass die Ärzte es nicht zuließen und ich ja am Unterbauch offen war, wartete ich geduldig, bis sie mir mein Kind in die Arme reichten. Es war eingewickelt in ein weißes Handtuch und noch etwas blutverschmiert, doch ich liebte es vom ersten Moment an, als ich es sah. Es war ein Junge. Die Augen waren noch verschlossen und die Ärzte tupften es mit einem weiteren Handtuch am Kopf ab. Wiederum andere kümmerten sich um meinen noch offenen Unterleib. Doch von alledem bekam ich nichts mehr weiter mit. Für mich zählte nur noch das kleine Geschöpf in meinen Armen, das mir so unglaublich leicht und lebendig vorkam. Ich nahm es auf und teilte mit ihm reine Energie. Eine Verbundenheit, die nur eine Mutter zu ihrem Kind entwickeln kann. Von nun an würde ich es mit jeder Faser meines Körpers beschützen, bis es ausgewachsen und reif genug war und selbst eine Familie gründete. Ich lächelte und war so glücklich wie noch nie auf diese ganz persönliche andere Weise. Nachdem die Ärzte mit mir fertig waren, nahmen sie mein Kind entgegen, brachten es in die Babystation und mich in ein Zimmer. Mir teilte ein Arzt noch mit, dass Amanda und Bastien mich am Boden liegend gefunden hatten, nachdem sich Amanda Sorgen um mich gemacht und sich bei Bastien gemeldet hatte, um schnell bei ihm vorbeizusehen. Er hatte offensichtlich entschlossen, dass er ebenfalls mitging. Er teilte mir auch noch mit, dass bereits alle wichtigen Personen von meiner Entbindung Bescheid wussten, weil Bastien und Amanda alle informiert hatten. Alle, sogar mein Vater wusste es. Mich freute es, das von dem Arzt gehört zu haben. Außerdem sagte er, dass mich bald Besuch erwartete, aber für den Augenblick sollte ich mich mit Ruhe und Schlaf begnügen. Dies fiel mir nicht sonderlich schwer, nachdem ich nach einem Schwindelanfall erstmals im Krankenhaus aufgewacht und dann noch zusätzlich in eine Halbnarkose versetzt worden bin. Ich schlief also schnell ein, als der Arzt mich allein ließ.

Rund einen Tag danach lehnte ich mit dem Oberkörper leicht aufgerichtet gegen den Bettpfosten und sah auf meinen Sohn herunter. Ich hatte mir bereits einen Namen für ihn ausgedacht. Es klopfte an die Tür und Amanda streckte ihren Kopf herein.

„Hallo. Tritt näher!"

Sie machte die Tür ganz auf und kam lächelnd auf mich zu.

„Hey, du siehst gut aus! Na ja. Ich meine nach einer Geburt. Ich freue mich, dass es dir wieder besser geht!"

„Und ich mich erst! Glaub mir, so etwas will ich nie wieder durchstehen müssen. Ich bin vollkommen zufrieden."

„Freut mich zu hören. Na, wo ist denn der Kleine?", sie trat näher ans Bett heran und beugte sich über ihn. Er hatte bereits kleine dunkle Härchen auf dem Kopf, wie sein Vater.

„Ach ist der putzig und er hat die gleichen Augen wie du!"
Inzwischen hatte er schon ein paarmal die Augen geöffnet. Sie waren wunderschön.

„Find ich jetzt eigentlich nicht, bei ihm sind sie wie echte Brillanten, aber danke", lächelte ich glücklich.

Sie lobte meinen Sohn noch, wie gesund und kräftig er doch aussah, und ich musste zugeben, er hatte wirklich ein gesundes Gewicht. Ich sah den beiden noch zu, dann richtete sie sich auf.

„Jane, es tut mir noch mal leid. Alles, wie es verlaufen ist und so."

„Amanda, du musst dich nicht ..."

„Jane, bitte! Ich weiß, dass du wahrscheinlich mehr für Bastien empfindest, als du mir gestanden hast. Doch ich weiß auch, dass ich der Entscheidung zugestimmt habe und auch damit rechnen musste. Du hast recht, würden wir für immer zusammengehören, dann hätten wir uns nicht so verloren. Außerdem habe ich auch dazu beigetragen und allein, dass du dich nur meinetwegen von Bastien trennen wolltest, rührt mich und schockiert mich zugleich. Du tust dir keinen Gefallen damit, wenn du ihn sausen lässt. Das Kind braucht auch einen Vater oder willst du, dass es so aufwächst wie du? Du hattest kaum einen, willst du das deinem Kind wirklich zumuten? Er liebt dich wirklich sehr, das sehe ich und ich stehe auch drüber, glaub mir. Nach dem Streit zwischen uns habe ich viel nachgedacht und bin zu dem Entschluss gekommen, mal eine Zeit zu verreisen. Vielleicht lerne ich ja jemand Nettes kennen oder ... Möglicherweise biete ich auch Nico an, mich zu begleiten. Es kommt, wie's soll. Jedenfalls will ich nicht, dass du dein Glück für mich unnötig aufs Spiel setzt! Also rede noch mal mit ihm. Ich bin sicher, er vergibt dir."

„Das ist schön, wenn du das sagst. Ich dachte wirklich, ich verdiene es nicht, wenn du dabei unglücklich bist."

„Aber schau mich an, ich bin glücklich! Sehr sogar und du solltest es auch sein. Wir bleiben ja immer noch beste Freundinnen und ich bin immer für dich da."

„Danke, aber ich glaube, ich habe Bastien bereits verloren. Ich habe ja nicht mal von den Ärzten gehört, dass er vorhätte mich zu besuchen ..."

Amanda nickte wissend.

„Ach, was! Mach dir nicht so einen Kopf. Es kommt schon noch alles in Lot. Ich muss aber jetzt leider gehen. Wir sehen uns ja dann, sobald ich zurück bin. Mach's gut und du auch ... ähm ..."

„Dwayne. Dwayne Edogawa."

„Gut! Bis dann Dwayne", sie winkte mir noch mal zu und dann war sie verschwunden.

Ich spekulierte eine Weile, während Dwayne ein Schläfchen machte. Wieso sollte ich träumen, wenn ich es in der Realität so wollte? Warum konnte ich es nicht in die Tat umsetzen oder warum liebte ich ihn so sehr, dass es den Schmerz übertraf, der nur aus diesem Grund auftauchte. Ich wusste, wie viel es mir bedeutete, Menschen um mich herum glücklich zu sehen und ihnen ihn schwierigen Zeiten beizustehen, auch wenn das bedeutete, dass man selbst auf etwas verzichten musste. Doch diesmal entschied ich mich anders oder ich hoffte es zu mindestens. Ich nahm mein Handy, das auf einem weißen Kasten lag, und sah einige neue Meldungen. Die erste war eine SMS von Sabine, in der sie schrieb:

Herzlichen Glückwunsch, Jane! Was ist es denn geworden? Melde dich baldmöglichst bei mir. Ich soll dir auch einen schönen Gruß von der Chefin und Co. sagen. Natürlich musst du vorerst mal nicht zur Arbeit gehen, aber sobald du wieder da bist, möchten sie vollen Einsatz von dir! Haha! Na ja. Erzähl mir mal alles in Ruhe, o. k.? Ich muss jetzt wieder an die Arbeit. Also mach's gut und auch viel Spaß mit deiner neuen Familie!

Also hatten die beiden doch nicht alles gesagt! Nico hatte mir auch eine SMS mit Glückwünschen geschrieben. Die nächste Nachricht überraschte mich. Mein Vater hatte angerufen. Schnell wählte ich seine Nummer und nach dreimal Klingeln ging er auch ran.

„Hallo? Jane, bist du das?"

Mein Herz fing wie wild an zu klopfen.

„Ja! Vater, ich bin's. Du hattest angerufen?"

„Hey, mein Schatz. Ja, das habe ich. Herzlichen Glückwunsch! Wie geht's dir und dem Kleinen?"

Seltsam, mein Vater wusste, was es für ein Geschlecht war.

„Mir geht es gut und dem Kleinen auch. Ich werde ihn Dwayne nennen. Sag, woher weißt du überhaupt Bescheid?"

„Deine Freundin Amanda hatte in meiner Firma angerufen und meiner Sekretärin ausrichten lassen, dass sie mich dringend zu sprechen hätte. Ich hab dich gleich angerufen, nachdem ich es erfahren hatte, aber du warst wohl beschäftigt gewesen", ich hörte sein Lachen aus der Leitung.

„Ja, ich war beschäftigt mit Schlafen."

„Ich bin so stolz auf dich! Das weißt du gar nicht und ich komme dich, so schnell es geht, besuchen!"

„Oh, Dad …", mir stiegen die Tränen in die Augen.

„Verzeih mir, dass ich all die Jahre so wenig für dich da war. Umso froher bin ich zu sehen, dass aus dir eine wunderbare Frau geworden ist, die mir sogar noch einen Enkel beschert hat!"

„Ist schon in Ordnung, mir geht es ja gut und ich würde mich freuen dich bald zu sehen."

„Ich mich auch, versprochen! Ich muss leider weiter, aber ich ruf dich an!"

„Ist gut! Ciao Dad!", ich legte auf und weinte vor Freude heiße Tränen.

Leicht wiegte ich meinen Sohn hin und her. Wie sehr ich meinen Vater schon vermisst hatte und nun sah ich ihn bald wieder. Plötzlich klopfte es an die Tür und mit diesem Besuch hatte ich nicht gerechnet. Bastien trat in den Raum. Ich starrte ihn an, als er vor meinem Bett stehen blieb.

„Bastien? Ich dachte nicht, dass du heute kommst. Die Ärzte haben mir nichts gesagt."

„Ich weiß, so habe ich es ja auch eingefädelt. Ich sagte, ich wollte dich überraschen. Ist mir wohl auch gelungen", meinte er monoton.

Ich schluckte gegen den aufsteigenden Kloß. Bitte hasse mich nicht, Bastien!

„Ja, scheint so. Danke, dass du hier bist. Es freut mich", versuchte ich es.

Er nickte nur.

„Ist er das?", er nickte zu seinem Kind herüber.

„Ja, das ist dein Sohn", ganz leicht entspannte ich mich wieder.

„Wie heißt er?"

„Dwayne Edogawa, aber wenn er dir nicht gefällt, suchen wir einen anderen aus."

„Nein, überhaupt nicht! Das ist ein schöner Name", er trat an meine Seite heran und ich hob ihn ihm entgegen.

Er nahm ihn hoch und schaukelte ihn vorsichtig, als wenn er Angst hätte, ihm wehzutun.

„Er sieht genauso schön aus wie du!", er nahm einen Finger und hielt ihn vor sich gestreckt. Dwayne umklammerte ihm mit einer Hand. Es sah herzallerliebst aus.

„Ich finde, er hat den gleichen Charme wie du."

Er grinste angesichts dessen seinem Sohn zu.

„Machst mir wohl jetzt Konkurrenz, du kleines Würmchen. Pass mir aber bloß auf deine Mama auf, wenn ich nicht da sein sollte", er lächelte noch einmal, dann gab er ihn mir zurück.

Automatisch brachte er auch gleich wieder Abstand zwischen uns.

„Bastien ..."

Er ging Richtung Tür, drehte sich aber noch mal um.

„Falls du es dir doch noch anders überlegst mit uns, ich weiß ja, wo ich dich finde", sagte er mir, aber mit einem versprechenden Lächeln.

Er ging raus und schloss die Tür hinter sich. Seine Schritte hallten noch eine Weile, dann kehrte Stille ein. Nun war ich ganz allein mit meinem Sohn. Er gab einen Laut von sich und ich sah zu ihm. Seine Augen waren geöffnet und auf mich gerichtet. Sie waren von einem kräftigen Blaugrün. Ich schmunzelte.

In meinen Armen lag Dwayne Edogawa Hollow. Sein Lächeln erfüllte den Raum und ließ mich wissen, dass er mich dennoch glücklich gemacht hatte, denn dieses Gefühl der Freude und der Verbundenheit konnte mir keiner mehr nehmen.

Ich zog in mein Zuhause wieder ein. Zwei Wochen nach der Geburt besuchte mich mein Vater. Wir verlebten die schönsten Tage, die wir jemals zusammen verbracht hatten. Ich hatte ihm so viel erzählt, und als er wieder zurück ins Ausland musste, hatte ich das Gefühl, dass wir uns näher denn je waren. Er wusste inzwischen, dass einen Mann gab, den ich aufrichtig liebte, und dass es Höhen und Tiefen bis zu dieser Verbundenheit gegeben hatte. Amanda kam glücklich zurück aus Kroatien. Die andere Welt dort hatte ihr gutgetan. Sie fing an ein Buch über die verschiedenen Lebensweisen der Menschen zu schreiben. Es wurde ein Bestseller. Nico hatte sie ebenfalls mit nach Kroatien genommen, doch die beiden sind sich wohl nie nähergekommen, denn Nico hatte sich nur drei Tage danach eine *Frau fürs Leben* gefunden, laut Amanda. Ab und zu hörte man ihre Eifersucht raus, doch im Großen und Ganzen lebte sie für die Arbeit und ihre neuen Fans. Es gefiel ihr. Ich arbeitete inzwischen wieder mit Sabine und erzählte ihr alles. Es gelang mir relativ gut, die Arbeit und die Versorgung meines Kindes unter einen Hut zu bekommen. Natürlich hätte ich gelogen, wenn ich sagte, es gäbe nicht auch mal stressige Situationen, aber von denen ließ ich mich nicht beirren, wenn ich eins gelernt hatte, dann war es, nicht zu voreilig zu entscheiden, und das konnte man auch mit nur einem falschen Wort. Außerdem liebte ich Dwayne Edogawa und ich lebte praktisch von seiner für mich zu schnellen Entwicklung. Bastien und ich trafen uns wieder, nachdem ich mich dazu aufgerafft hatte, ihn zu kontaktieren und ihm meine Liebe zu gestehen. Es war zwar nicht mehr so, wie vor zwei Monaten, aber wir spürten beide unsere Verbundenheit und die Erinnerungen, die uns keiner mehr nehmen konnte.

Die Autorin

Corvette K. wurde 1997 geboren und lässt sich zur Masseurin und medizinischen Bademeisterin ausbilden. Neben ihrem schriftstellerischen Geschick, sind Lesen, Darten, Eislaufen und Tanzen ihre Hobbies.

Der Verlag

> *Wer aufhört*
> *besser zu werden,*
> *hat aufgehört*
> *gut zu sein!*

Basierend auf diesem Motto ist es dem novum Verlag ein Anliegen neue Manuskripte aufzuspüren, zu veröffentlichen und deren Autoren langfristig zu fördern. Mittlerweile gilt der 1997 gegründete und mehrfach prämierte Verlag als Spezialist für Neuautoren in Deutschland, Österreich und der Schweiz.

Für jedes neue Manuskript wird innerhalb weniger Wochen eine kostenfreie, unverbindliche Lektorats-Prüfung erstellt.

Weitere Informationen zum Verlag und seinen Büchern finden Sie im Internet unter:

www.novumverlag.com